新时代

青年思想政治理论课教师核心素养及培育研究

张 磊　李佩洁◎著

新 华 出 版 社

图书在版编目（CIP）数据

新时代青年思想政治理论课教师核心素养及培育研究 /
张磊，李佩洁著．-- 北京：新华出版社，2024.10.
ISBN 978-7-5166-7625-7
Ⅰ．G641；G645.12
中国国家版本馆 CIP 数据核字第 202481NM77 号

新时代青年思想政治理论课教师核心素养及培育研究

作者：张　磊　李佩洁　　**责任编辑：**丁　勇

出版发行：新华出版社有限责任公司
（北京市石景山区京原路 8 号　邮编：100040）

印刷：北京厚诚则铭印刷科技有限公司

成品尺寸：170mm × 240mm　1/16　　**印张：**20.75　**字数：**286 千字
版次：2025 年 2 月第 1 版　　**印次：**2025 年 2 月第 1 次印刷
书号：ISBN 978-7-5166-7625-7　　**定价：**90.00 元

微店

视频号小店

京东旗舰店

微信公众号

喜马拉雅

小红书

淘宝旗舰店

企业微信

前　言

2019年3月18日，习近平总书记在学校思想政治理论课教师座谈会上的重要讲话中指出："办好思想政治理论课关键在教师，关键在发挥教师的积极性、主动性、创造性。"思政课教师要给学生心灵埋下真善美的种子，引导学生扣好人生第一粒扣子。第一，政治要强，让有信仰的人讲信仰，善于从政治上看问题，在大是大非面前保持政治清醒。第二，情怀要深，保持家国情怀，心里装着国家和民族，在党和人民的伟大实践中关注时代、关注社会，汲取养分、丰富思想。第三，思维要新，学会辩证唯物主义和历史唯物主义，创新课堂教学，给学生深刻的学习体验，引导学生树立正确的理想信念、学会正确的思维方法。第四，视野要广，有知识视野、国际视野、历史视野，通过生动、深入、具体的纵横比较，把一些道理讲明白、讲清楚。第五，自律要严，做到课上课下一致、网上网下一致，自觉弘扬主旋律，积极传递正能量。第六，人格要正，有人格才有吸引力。亲其师，才能信其道。要有堂堂正正的人格，用高尚的人格感染学生，用真理的力量感召学生，以深厚的理论功底赢得学生，自觉做为学为人的表率，做让学生喜爱的人。

今年恰逢习近平总书记"3·18"讲话五周年，我们深刻领会习近平总书记重要讲话精神，以本书的写作为契机，认真贯彻落实习近平总书记“六个要”的具体要求。事实上，学校思想政治理论课的作用发挥得如何，关键在于思政课教师综合能力素养是否能够胜任“立德树人”的根本任务。学校思政课教师肩负传播真理和启润新人的双重使命，能否成长为“经师”和“人师”相统一的“大先生”，能否用真善美滋养和雕琢好学生这块璞玉，能否在推进教育现代化、建设教育强国的过程中，引导学生铸牢理想信念之基，把好人生航向之舵，是关系到中国特色社会主义伟大事业能否薪火相传、赓续发展、续写辉煌的重大现实问题。

思政课教师能力素养涉及方方面面，但是最基础、最紧要的素养，我们称其为核心素养。特别是在青年思政课教师的职业发展过程中，需要培育其核心素养以赋能其成为“大先生”。核心素养涵括知识、技能、情感、态度、价值观和身心健康等多种因子，共同构成了青年思政课教师完整的专业发展样态。教师的专业发展不仅需要基础的知识作为支撑，也需要具备对其专业终身追求的主体自觉，即需要以核心素养的持续培育作为内生动力，不断促进自身专业发展。核心素养的赋能作用可以归纳为以下几个方面。

一是核心素养培育赋能青年思政课教师完美胜任职业。从思政课教师的职业基本要求来看，核心素养培育有利于青年思政课教师满足职业基本要求，完成教书育人之任。教师的首要工作是教育教学，青年思政课教师的首要任务就是上好思想政治理论课，核心素养培育能够使青年思政课教师在专业理念与师德、专业知识、专业能力等方面均得到发展，形成胜任优质教育的专业素质。核心素养培育还能使青年思政课教师拥有职业胜任力，也就是青年思政课教师在从事思想政治教育工作时能够满足职业要求并且表现卓越的能力，这是青年思政课教师在瞬息万变的信息型社会中胜任工作和取得职业成功的重要基石。此外，核心素养培育还能提升青年思政课教师的教学能力、生成教育智慧，使青年思政课教师实现有效教学，继而使学生知识得以丰盈，情感得以濡化，心智臻于完善，最终完成立德树人的职业要求。“强化国家责任、政治责任、社会责任和教育责任”是成为一名优秀青年思政课教师的必然要求，核心素养培育能够增强青年思政课教师自觉承担历史使命的责任感与使命感，使思政课教师将从事教育事业、培育合格的社会主义建设者和接班人作为自己的教育梦想，从“小我”走向“大我”，从“教师”走向“人民教师”，为完成思政课教师的历史使命聚势赋能。

二是核心素养培育赋能青年思政课教师个人专业发展。青年思政课教师核心素养培育是教育竞争国际化的时代诉求，也是培育学生发展核心素养的价值导向，更是青年思政课教师自身专业持续发展的现实需要。青年思政课教师是学校思政课教育教学工作的新生力量，也是学校可持续发展的重要力量，他们肩负着思政课未来教育教学工作的重任。青年思政课教师的核心素养形塑着思想政治教育的品质，影响着青年思政课教师的个人专业成长。青年思政课教师核心素养的培育涵养青年思政课教师的人格魅力、价值观念、教育理念和文化素养，指引青年思政课教师提升自身的学习能力、教学能力、实践创造能力，使青年思政课教师明晰自身从新手教师成长为专家教授的努力方向，为成长为专家教授拓宽自身发展的维度、宽度、深度和长度，让青年思政课教师在工作过程中不断更新自己的专业能力和创新能力，提升自身的综合能力，让青年思政课教师各方面均得以发展，切实提升教育质量，使青年思政课教师逐步从新手教师成长为专家教授。

三是核心素养培育赋能青年思政课教师培育教育家精神。教育家精神是在中华民族伟大复兴的实践中扎根中华大地、传承中华优秀文化所形成的智慧结晶，是中华民族生生不息的精神动力。核心素养培育为青年思政课教师完善人格、提升素质、增强本领提供了价值引导力、精神驱动力。从二者的内在联系看，核心素养培育有利于青年思政课教师培育和传承教育家精神。强国必先强教，强教必先强师，强师重在铸魂。首先，核心素养培育可以提升青年思政课教师的适应能力和包容心态，使其积极探索和实施个性化教育方法，提升青年思政课教师的教育情怀。其次，青年思政课教师通过核心素养培育能更加深入理解和掌握教育家精神的内涵和价值，从而激发其成为教育家的积极性和热情。此外，核心素养培育能够使青年思政课教师自觉传承教育家精神，胸怀“国之大者”，铸就自身心有大我、至诚报国的理想信念，立乎其大，高瞻远瞩，勇于在宏阔的时空维度中思考与实践“躬耕教坛，强国有我”的时代命题。

核心素养之于青年思想政治理论课教师的重要性无须过多强调。在当下，从思想政治理论课教师中的比重看，青年教师已经成为各级各类学校思想政治理论课教学工作的中流砥柱，是保障和提高思政课教学质量与效果的关键群体。在课堂观摩中，笔者发现一些青年思政课教师刚走上讲台，关注点放在如何把课本上的内容教给学生，忽视了思政课“讲道理”的本质，很容易让思政课堂成为单纯的“课本灌输”，无法让学生回归课本知识的基础层面，并在思想领域有所收获。思政课教学的职责使命是为党育人、为国育才。因此，青年思政课教师面对新时代教育技术革新的要求、面对党和国家对思政课提质增效的期待、面对学生成长成才的需要、面对培养民族复兴大任时代新人的重大使命和时代责任，应该具备哪些能够让他们完美胜任思政课教学的核心素养呢？

带着这样的问题，我们回溯了过去学界关于思政课教师素养的相关研究，学者们就思政课教师素养的构成或培育有过不少讨论，对思政课教师的核心素养有过零散的研究，但是系统全面、结合案例解析的研究并不多。同时，为了准确把握中华人民共和国成立以来不同时期党和国家对思政课建设的方向以及对思政课教师的具体要求，我们系统梳理并分析了近 75 年来党和国家在思政课建设和思政课教师队伍建设方面的政策文本，为回答思政课教师应该具备哪些核心素养提供了历史遵循。习近平总书记在主持召开学校思想政治理论课教师座谈会时提出，办好思想政治理论课关键在教师，合格的思政课教师要坚持“六个要”标准：政治要强、情怀要深、思维要新、视野要广、自律要严、人格要正。这为回答好广大思政课教师如何培育核心素养、如何帮助青年学生“扣好人生第一粒扣子”提供了根本遵循。

当前，国际形势风云变幻，国家安全和发展环境复杂多变，我国正处于实现中华民族伟大复兴的关键阶段、迈向社会主义现代化强国的关键时期。从国家文化安全的战略高度看，青年思政课教师核心素养在发挥思想政治理论课“铸魂育人”作用上意义重大。因此，无论在学理上还是在实践中，青年思政课教师核心素养的培育都是一项系统工程，本书基于思政课教师的工作现状、相关理论指导、政策文本分析，对新时代青年思政课教师核心素养的构成要素及其培育路径做了初步的梳理和探讨，从凝聚共识、遵循规律、协同共育、现实保障四个方面着手为党政部门及学校提供相关建议，希望能为青年思想政治理论课教师提供职业发展的方向和指南，使广大青年思想政治理论课教师成长为“思政大先生”，引领青年学生走上马克思主义信仰之路有所裨益。然而，由于笔者学识浅薄，难免有所错漏，望广大同行批评指正。

作　者

2024 年 3 月 18 日

目 录

第一章 导 论

第一节 新时代青年思想政治理论课教师与核心素养

思想政治理论课教师在高等学校被定义为“承担高等学校思政课教育教学和研究职责的专兼职教师，是高等学校教师队伍中承担开展马克思主义理论教育、用习近平新时代中国特色社会主义思想铸魂育人的中坚力量”。[①]对于从事中小学思想政治理论课的教师，国家虽然没有明确的定义，但在教育部等五部门印发的《关于加强新时代中小学思想政治理论课教师队伍建设的意见》的通知中也将其称为思想政治理论课教师。因此，在本书中，我们将大中小学各学段从事思想政治理论课教学的教师都统称为思想政治理论课教师。本书的研究对象聚焦于思想政治理论课教师群体中的青年教师（以下简称“青年思政课教师”）。根据教育部统计数据，截至2021年底，高校思政课专兼职教师超过12.7万人，弥补了长期以来的教师数量缺口，改善了师生比例失调，队伍配备总体达到师生比1∶350的要求。其中，49岁以下教师占77.7%；在思政课专职教师里，中级、初级和

① 中华人民共和国国务院：《新时代高等学校思想政治理论课教师队伍建设规定》，《中华人民共和国国务院公报》2020年第13期。

未定职级占总数的 60%[①]。同时，《2020 全国中小学德育现状调研报告》调研发现，兼职思政课教师比例占到 40%，其中小学兼职比例高达 80.59%，初中兼职比例为 10.34%，思政课教师队伍特别是小学阶段教师专业化水平亟待提升[②]。可见，当下我国思政课教师队伍年轻化、学科背景多样化、理论功底的强化成为发展新态势，这就要求在“量”达标的基础上，还需进一步提升“质”。在“两个一百年”的历史交汇期，意识形态工作极端重要，亟须建设一支政治强、情怀深、思维新、视野广、自律严、人格正的青年思政课教师队伍，教育广大青年学生坚定信仰信念信心，主动成长为中国特色社会主义建设事业的主力军。基于此，新时代青年思政课教师核心素养如何提升成为一项极其重要的研究课题。

一、青年思政课教师的角色定位

（一）立德树人根本任务的践行者

“思想政治理论课是落实立德树人根本任务的关键课程。”[③]办好思想政治理论课（以下简称思政课），落实好立德树人的根本任务，关键在思政课教师。与其他学科的教师相比，思政课教师肩负着特殊的政治使命。习近平总书记强调，教师应该“做学生为学、为事、为人的大先生，成为被社会尊重的楷模，成为世人效法的榜样”。思政课教师是立德树人根本任务的践行者，是引导学生立德、立志的关键，应力争做具有大胸怀、大格局、大境界的“大先生”。

---

① 曹建：《我国高校思政课专兼职教师超十二万七千人》，《光明日报》2022 年 3 月 18 日，http://www.moe.gov.cn/fbh/live/2022/54301/mtbd/202203/t20220318_608598.html，2024 年 1 月 24 日。

② 张惠娟：《2020 全国中小学德育现状调研报告》，《人民政协报》2020 年 12 月 16 日。

③ 习近平：《用新时代中国特色社会主义思想铸魂育人 贯彻党的教育方针落实立德树人根本任务——在学校思想政治理论课教师座谈会上的讲话》，《人民日报》2019 年 3 月 19 日第 1 版。

从育人目标看，党的二十大报告指出，“培育造就大批德才兼备的高素质人才，是国家和民族长远发展大计”。“人才培养一定是育人和育才相统一的过程，而育人是本。人无德不立，育人的根本在于立德。”[①] 学生是国家的未来、民族的希望，新时代学生要成长为堪当民族复兴大任的奋进者、开拓者、奉献者，不仅要具有丰富的理论知识，还要具备良好的道德品质。思政课教师必须注重“德育为先”，这是中国特色社会主义教育的责任，是思政课的责任，更是思政课教师义不容辞的崇高使命。学生的德育问题关乎“为谁培养人、培养什么人、怎样培养人”这个根本问题，也决定着学生的一生“在何处用功”“为谁发力”。因此，思政课教师在引导学生立大德、明大志、成大才、担大任，树立科学的世界观和人生观，坚定学生的共产主义远大理想和中国特色社会主义共同理想上责无旁贷。

从办学定位看，方向决定道路，道路决定命运。“坚持什么样的办学方向，则关系到教育事业的兴衰成败和社会主义现代化强国建设的全局。”[②] 为了办好人民满意的教育，建设教育强国，我们必须坚持社会主义办学方向。在这一办学方向的指导下，广大教育工作者，尤其是为实现民族复兴大任培养接班人的思政课教师，必须认清自身肩负的使命和责任。2014 年 5 月，习近平总书记在北京大学师生座谈会上指出：“世界上不会有第二个哈佛、牛津、斯坦福、麻省理工、剑桥，但是有第一个北大、清华、浙大、复旦、南大等中国著名学府。我们要认真吸收世界上先进的办学治学经验，更要遵循教育规律，扎根中国大地办大学。”[③] 因而，新时期，坚持社会主义的办学方向，建设社会主义现代化强国，必须要将“教师队伍建设”作为根本依靠，必须要深刻认识到思政课教师工作的极端重要性。思政课教师是党、国家和人民主流意识形态阵地的坚守者，是马克思主义理论的传播

---

① 邱勇：《自觉履行为党育人为国育才的使命》，《人民日报》2022 年第 9 期。

② 陈宝生：《新时代建设教育强国的根本指针》，《求是》，2020 年。

③ 习近平：《青年要自觉践行社会主义核心价值观——在北京大学师生座谈会上的讲话》，人民出版社 2014 年版，第 13 页。

者，肩负着传递国家主流意识形态和思想观念的重任。“我们的学校是党领导下的学校，是中国特色社会主义学校。办好我们的学校，必须坚持以马克思主义为指导，全面贯彻党的教育方针。”[①]独特的历史、独特的文化、独特的政治属性以及独特的国情决定了我们的教育必须要走符合社情国情的独特教育发展之路，必须坚定办好中国特色社会主义学校。我们的学校是中国特色社会主义的学校，要具有中国智慧、中国特点、中国思想。青年思政课教师应该以当前的教育发展目标、国情目标以及未来国家发展的走向为指导，树立为人民服务、为中国共产党执政服务、为社会主义现代化强国建设和中华民族伟大复兴历史重任服务的理念。

从民族复兴的角度看，学校青年思政课教师承担着为党育人、为国育才的神圣职责，关系到民族复兴伟业的实现方向和进程。新时代大学生作为强国建设、民族复兴进程中的见证者和参与者，是中国特色社会主义事业的接班人。“国将兴，必贵师而重傅。”教师是教育工作的中坚力量。有高质量的教师，才会有高质量的教育。“国家繁荣、民族振兴、教育发展，需要我们大力培养造就一支师德高尚、业务精湛、结构合理、充满活力的高素质专业化教师队伍，需要涌现出一大批好老师。”[②]德“立”起来了，人才能“树”起来，才能真正成长为对国家、对社会有用的人。在全面开启社会主义现代化征程中，我们需要的是德才兼备的时代新人，实施的是以德育、智育、体育、美育、劳动教育相统一的教育，培养的是德智体美劳全面发展的社会主义建设者和接班人。

（二）打造思政金课的奋斗者

近年来，以习近平同志为核心的党中央高度重视思政课，思想政治教育工作被提升到了战略性的高度，习近平总书记也曾多次就思想政治理论

---

① 习近平：《论党的宣传思想工作》，中央文献出版社 2020 年版，第 276 页。

② 习近平：《做党和人民满意的好老师——同北京师范大学师生代表座谈时的讲话》，人民出版社 2014 年版，第 4 页。

课建设发表重要讲话，为新时代思政课建设提供了根本遵循。从 2016 年的全国高校思想政治工作会议、2018 年的全国教育大会、2019 年的学校思想政治理论课教师座谈会，到 2021 年中共中央、国务院印发《关于新时代加强和改进思想政治工作的意见》、2022 年 8 月印发《关于深化新时代学校思想政治理论课改革创新的若干意见》，都从战略理念的层面充分凸显了打造思政“金课”对于中华民族千秋伟业的重要意义，开拓了思政课建设发展的新局面。理念是实践的先导，思政课的教学实践离不开科学的思政课教学理念。打造思政“金课”既是对课程建设的高标准，也是对思政课建设提出的严要求。

从课程性质看，“作为一门以开展马克思主义理论教育为根本任务的课程，思政课既有传道、授业、解惑的教育使命，同时也肩负维护国家意识形态安全、培养社会主义建设者和接班人的政治使命”。[①] 思政课的特殊地位以及思政课教师的特殊作用，体现在肩负“立德”和“树人”的双重使命上。思想政治理论课的双重使命决定着思政课的建设发展程度，关系着党领导人民建立的百年基业是否后继有人。“要坚持不懈传播马克思主义科学理论，抓好马克思主义理论教育，为学生一生成长奠定科学的思想基础。”[②] 思想政治理论课是传播、弘扬马克思主义理论的重要平台，是巩固、强化马克思主义在意识形态领域指导地位的重要渠道。因此，为实现中华民族伟大复兴，思想政治理论课教师必须切实担负起培养社会主义建设者和接班人的重要任务。

从课程要求看，思政课要“讲好中华民族的故事、中国共产党的故事、中华人民共和国的故事、中国特色社会主义的故事、改革开放的故事，特别是要讲好新时代的故事”。[③] 思政课是铸魂育人的主渠道，要求思政课教师要立足于马克思主义的政治立场，将思政课讲出内容深度、讲出政治高

① 冯秀军：《善用“大思政课”的三个维度》，《思想理论教育导刊》2021 年第 8 期。

② 习近平：《论党的宣传思想工作》，中央文献出版社 2020 年版，第 276 页。

③ 习近平：《论党的宣传思想工作》，中央文献出版社 2020 年版，第 386 页。

度、讲出情怀温度。2019 年，习近平总书记在学校思想政治理论课教师座谈会上提出八个统一的要求："坚持政治性和学理性、价值性和知识性、建设性和批判性、理论性和实践性、统一性和多样性、主导性和主体性、灌输性和启发性、显性教育和隐性教育相统一。"[①]这八个统一用对立统一的辩证思维阐述了思政课教学的规律，同时对思政课教师也提出了更高的要求。因此，广大思政课教师要不断强化自身能力和素质，用科学的理念赢得学生，用真理的力量感染学生，努力为发展具有中国特色、世界水平的中国特色社会主义教育，培养一批社会主义现代化建设者和接班人做出更大贡献。

从一体化教育方向看，在学生成长的不同学段，思政课所发挥的作用不同，青年思政课教师在不同学段承担的教学任务也存在一定的差异。虽然各学段思政课的性质相同、课程目的相通，但无论面对的是哪一个学段的学生，青年思政课教师都肩负着立德树人的使命。从学生成长的各个学段分析，青年思政课教师只有明确各自学段所承担的教学责任和任务，只有培育本学段应具有的核心素养，才会在教学的过程中避免教学内容的重复。同时，青年思政课教师要树立整体思维，将学生的成长成才当成一个系统工程，各个学段的教师要守好自己的一段渠，种好责任田。在小学阶段，思政课教师要重视对小学生的启蒙教育。在中学阶段，学生已具备初步的成长意识，思政课教师要重视培养学生的政治认同，强化学生时代新人和接班人的意识，为大学阶段奠定基础。在大学阶段，学生处于价值观形成的重要塑造期，思政课教师要重点帮助学生树立正确的价值观，培养学生的担当意识。因此，要将大中小学青年思政课教师队伍一体化建设作为一项系统性的工程统筹推进。通过大中小学一体化建设落实关键环节。"教师是立教之本、兴教之源，承担着让每个孩子健康成长、办好人民满意教育的重任。"[②]立足学生"拔节孕穗期"的关键阶段，建设好大中小学青年

① 习近平：《用新时代中国特色社会主义思想铸魂育人　贯彻党的教育方针落实立德树人根本任务——在学校思想政治理论课教师座谈会上的讲话》，《人民日报》2019 年 3 月 19 日第 1 版。

②《习近平向全国广大教师致慰问信》，《中国教育报》2013 年 9 月 10 日。

思政课教师队伍一体化是引导青少年茁壮成长的根本，也是在中华民族伟大复兴战略全局和世界百年未有之大变局视域下培育社会主义建设者和接班人的必要保障。

（三）学生成长成才的引导者

学生是祖国发展的未来。党的十八大以来，习近平总书记从实现民族复兴大任的全局出发，对学生的成长成才提出了很多独创性的理论，深刻回答了新时代应该“培养什么人、怎样培养人、为谁培养人”等一系列重大问题，为新时代培养社会主义事业的建设者和接班人指明了方向。青年思政课教师要掌握学生成长成才的规律，把握学生的思想特点和价值诉求，立足于学生发展的需求，在教学过程中阐述马克思主义的真理价值，加强理想信念教育，引领学生走好人生道路。

思政课教师是带领学生“从游”的“大鱼”。清华大学原校长梅贻琦曾在《大学一解》中这样形象生动地形容教师与学生之间的关系：“师生犹鱼也，其行动犹游泳也，大鱼前导，小鱼尾随，是从游也，从游既久，其濡染观摩之效，自不求而至，不为而成。”[①]“大鱼”前导，导的是“为学之方”“为人之道”。青年思政课教师不能只做传授学生知识的教书匠，而是要做塑造品格、塑造人的“人类灵魂工程师”。马克思在《关于费尔巴哈的提纲》中提出“环境是由人来改变的，而教育者本人一定是受教育的”。[②]教育者应首先要受教育，在信息“爆炸”的时代，知识不断迭代更新，青年思政课教师为人师表既要有全面高超的业务能力，也要有用爱传播爱的大胸怀、大格局。在教学中，青年思政课教师要处理好学生和教师之间的“从游”关系，做好“大鱼”前导的工作，要成为学生的领路人，帮助学生扣好人生的第一粒扣子，将学生培养成为德智体美劳全面发展的社会主义

① 梅贻琦：《大学一解》，《清华大学学报》（自然科学版）1941年第1期。

② 中共中央马克思恩格斯列宁斯大林著作编译局：《马克思恩格斯文集》（第1卷），人民出版社2009年版，第500页。

建设者和接班人。

思政课教师是学生共同成长的亲密友人。陶行知先生认为，老师与学生之间就是彼此创造、相互促进的关系。教师创造出值得自己崇拜的学生，学生也促进教师的进步，创造出真善美的、值得自己崇拜的教师，这是集体的创造，是教师和学生的相互塑造。“亲其师，信其道。”学生只有在亲近、尊敬思政课教师时，才会相信思政课教师所传授的理论。思政课教师与学生是平等互动的关系，教师要以亲切平等的态度对待学生。在教学中，思政课教师既要鼓励学生积极参与课堂活动体现出思政课的亲和力，也要主动和学生谈心交流展现出思政课教师的人格魅力，增进师生的友谊。思政课教师与学生之间的关系不是“交钱上学，拿钱教书”的关系，思政课教师就像是培育花木的“花匠”，根据不同花木的习性和特点，区别花木的不同情况进行施肥、培养。在培育花木的同时，也促使花匠学习了更多的专业知识，积攒了培育不同花木的经验。花木的绽放也让花匠对于培育花木有了更多的激情和动力。因此，思政课教师与学生是教学相长、共同进步的亲密友人关系。

思政课教师是学生“梦之队”的引领者。习近平在与北京师范大学师生座谈会时曾说，广大教师要善用课堂讲坛，明晰校园定位，以自身的行动、知识阅历以及自身发展经验等，点燃学生对于真善美的向往，带领学生健康成长。由此可见，思政课教师是学生心灵这方沃土上的第一个耕耘者，为学生播撒梦想，在学生全面发展、健康成长的过程中，扮演着不可或缺的角色，发挥着重要作用。教师是立教之本、兴教之源。“求木之长者，必固其根本。”思政课教师要给学生心灵埋下真善美的种子，引导学生扣好“人生第一粒扣子”。在学生成长的不同阶段，思政课教师既要精心引导和栽培学生，帮助学生通过思政课“补钙壮骨”、固本培元，也要成为学生做人的镜子，努力修炼自身的人格魅力，进而赢得学生的尊重和敬仰。

二、青年思政课教师群体的相关特征

（一）青年思政课教师的年龄区间

2020年，教育部出台了《新时代高等学校思想政治理论课教师队伍建设规定》，强调学校要严格按照师生比不低于1∶350的比例核定专职思政课教师岗位，公办学校要在编制内配足，且不得挪作他用。[①]文件出台后，各学校对标对表，力争配齐“思政课教师师生比”，加快了思政课教师招聘的步伐，大量学校应届毕业生进入思政课教师岗位，青年思政课教师队伍的数量显著增加，思政课教师年轻化成为发展的常态。根据研究的需要，本书将青年思政课教师群体的年龄确定为不超过40周岁。这一界定的依据在于，参考国家的相关政策可以发现，国家社会科学基金和自然科学基金规定的青年项目的申请者年龄不得超过35周岁。教育部人文社会科学基金规定的青年项目的申请者年龄不得超过40周岁。国家“万人计划”青年拔尖人才申请者年龄不得超过40周岁。教育部设立的“学校青年教师奖”获奖者平均年龄为38.3周岁。基于此，本书将青年思政课教师群体的年龄界定为不超过40周岁。

当前，入职各大中小学思想政治理论课教师岗位的学历要求为本科及以上。按照我国学制，个人在不提前入学各个学段顺利衔接的前提下，本科毕业大概是22周岁。基于此，我们可以初步得出结论，青年思政课教师的年龄区间是22周岁到40周岁。根据本书写作的时间，青年思政课教师出生日期的区间则是1983—2001年，主要为“80后”和“90后”两个群体。青年思政课教师群体逐渐成为学校思想政治理论课教学的中坚力量。青年思政课教师思维活跃，能够快速掌握和理解知识，尤其善于学习和接

① 中华人民共和国国务院：《新时代高等学校思想政治理论课教师队伍建设规定》，《中华人民共和国国务院公报》2020年第13期。

受新知识和新技术，善于把握时代脉搏和学生关注的热点话题，在充分理解青年学生所思所想的基础之上，缩小与学生间的代际差异。

（二）青年思政课教师的学科背景

在思政课教师队伍年轻化发展的态势下，青年思政课教师群体的学历结构、学科背景亦成为衡量青年思政课教师教学能力和质量的参考标准。《高校马克思主义理论学科发展报告（2020年）》显示，2020年，在参加调研的全国343家马克思主义理论学科点中，具有博士学位的专职教师11271人，具有硕士学位的专职教师7623人，具有学士学位的专职教师1371人[①]。由此可见，思政课教师队伍学历结构逐步优化。但在学历结构逐渐优化的基础上，青年思政课教师群体仍然存在着学科背景多元化的现状。在青年思政课教师群体中，青年思政课教师的学科背景除马克思主义理论专业学科之外，还涉及教育学、法学、文学、社会学等其他专业背景。学科背景不同也导致青年思政课教师群体在发展的过程中具有一定的特殊性。第一，具备马克思主义理论学科的青年思政课教师群体，这一群体的优势主要体现在政治立场坚定、学科知识扎实、科研基础坚实的特点。这主要源于这部分教师在本科或研究生阶段都进行了系统化的马克思主义理论知识学习、"马学科"科研范式的训练、"马学科"科研活动的参与以及红色文化活动的熏陶等。但这一群体也存在人文知识缺乏、课程感染力低的问题。这就要求青年思政课教师有意识地提升自身素养，将思政课讲得更透彻、更接地气。第二，马克思主义理论学科之外的其他相近的教育学、法学、文学、社会学等专业背景的教师，学历层次基本上是硕士研究生或博士研究生。这一群体的优势有学科背景多样、学历水平高等，也有马克思主义理论储备不足、教学经验不足、专业理论知识薄弱、学科自信不足等劣势。同时部分转岗教师对马克思主义理论学科归属感不强。他们向往

① 艾四林、吴潜涛：《高校马克思主义理论学科发展报告》，人民出版社2022年版，第59页。

加入思政课教师队伍，但也困惑于“加入后还能不能做自己原有学科的研究”。这就要求学校要取长补短，加强这一群体教师的管理与培训，增强其学科认同感与教育能力。

（三）青年思政课教师的工作内容

在职业成长和发展期，青年思政课教师的获得感和幸福感与工作内容息息相关。当前，在学校青年思政课职业成长和发展过程中，教学、科研以及社会认同是其在工作中需要面对的三大现实问题。立足青年思政课教师教育教学的实际和理论研究的实际情况，分析青年思政课教师工作的现实状况是其提升核心素养不可忽视的重要方面。因此，本书从教学工作、科研工作以及社会服务角度对青年思政课教师的相关情况进行了分析，以期更好地促进青年思政课教师核心素养的培育和发展。

在教学工作方面，有如下特征：第一，青年思政课教师善于把握时代脉搏和学生关注的热点话题。青年思政课教师思想解放、思维活跃，容易接受新鲜事物，能紧跟时代潮流把握时代脉搏。同时，青年思政课教师又有着广泛的信息接收渠道，对社会各方面知识信息和社会热点反应敏锐，与学生们之间的思想差距小，能准确掌握学生所关心关注的热点话题。第二，青年思政课教师能够接受新兴数字技术，教法形式多样。青年思政课教师思维新、视野广、学习能力强。因此，在教学过程中，青年思政课教师倾向于运用各种数字技术，采用新颖的教学素材，让学生耳目一新。同时，青年思政课教师教学方式多元化。青年思政课教师群体在教学方式上抛弃了传统思政课单一的“填鸭式”教学模式，采用情境教学、活动教学、议题教学，开展“翻转”课堂，上B站发声等方式，使枯燥的教学内容变得有趣、简单，推动了思想政治理论课的创新发展。

在科研工作方面，有如下特征：第一，青年思政课教师科研积极性较高。青年思政课教师大多数处于职称体系的中下部分。因此，职称晋升的需求和压力也相对较大。在学校职称评价体系之中，科研情况仍然占据着重要的比重。所以，迫于职称晋升的压力和职称待遇，青年思政课教师则会相对积极地投入到科研中以提高职称和待遇。第二，青年思政课教师从事科研精力不足。由于青年教师属于教师队伍中的年富力强群体，所以大部分学校会对青年思政课教师在承担教学任务方面“委以重任”，再加上平时的备课以及日常工作任务，导致青年思政课教师常常处于超工作量状态，不可避免地会影响他们从事科研工作的时间和精力。[①]第三，青年思政课教师群体的心理压力较大。思政课教师队伍年轻化导致青年思政课教师扎堆，同辈压力增加，晋升的通道拥挤，这在一定程度上影响了青年思政课教师安心从教。同时，部分学校为快速补充学校思政课教师队伍，扩招硕士学位，导致后续青年思政课教师集中提升学历的需求扩大。青年思政课教师群体还处在自身成长的时期，生活中要面对婚姻问题、家庭问题等，需要协调各方面的社会关系。来自多方面的压力容易造成青年思政课教师紧张焦虑的情绪，增添其心理负担。

从社会服务的角度看，青年思政课教师群体发挥自身优势，在助力社会发展方面发挥了重要作用。首先，青年思政课教师在志愿服务中奉献自身。志愿服务是新时代弘扬和践行社会主义核心价值观的有效载体。较之于其他群体，青年思政课教师热情高、思维活跃、创新性强、精力充足，是志愿服务的重要力量，能够充分发挥自身的主体性作用，为志愿服务活动注入活力。此外，青年思政课教师群体接受了良好的教育，具备良好的素质，学习能力较强，能够快速学习和适应多种形式的志愿服务。其次，青年思政课教师群体在基层建设中积极奉献。青年思政课教师的年龄较小，精力相对较为旺盛，能够主动深入基层挂职锻炼，挂实职、做实事，充分发挥其理论优势，努力在工作中创新，为社会发展提供有力的思想保障。最后，青年思政课教师是党的政策理论宣讲的主力军。在政策宣讲中，青年思想政治理论课教师能够结合最新的社会形势、中华优秀传统文化，用

① 吴春雷：《青年思政课教师职业发展研究》，《学校党建与思想教育》2017 年第 20 期。

生动、形象的语言，将党的政策讲解清楚，让广大人民群众更好地理解、接受、执行党的政策；同时，面对处在“拔节孕穗期”的青年学生，青年思政课教师与学生之间有更多的共同话题，能够快速融入学生群体，与学生建立良好的学习关系。

三、“六个要”指引青年思政课教师核心素养培育方向

2019 年 3 月 18 日，在全国学校思想政治理论教师座谈会上，习近平强调，思政课教师是办好学校思政课的关键。思政课教师“政治要强”“情怀要深”“思维要新”“视野要广”“自律要严”“人格要正”。[①] 习近平主要从政治上、情怀上、思维上、视野上、纪律上以及人格上凝练和概括了新时代青年思政课教师所具备的素养，这六个方面不仅为青年思政课教师的核心素养勾勒出了画像，同时也体现了党和人民对青年思政课教师队伍建设和发展提出了新的要求以及殷切的期望。

（一）政治要强

政治要强是我们党推动思政课建设的基本经验和传统优势。它作为新时代青年思政课教师必备的根本素质，在青年思政课教师素养体系中占据统领地位。新中国成立初期，我国对于思政课教师人才选拔的标准和要求可以概括为“又红又专”。“红”主要针对的是思政课教师的政治素养，“专”则主要指向思政课教师的业务水平和专业素养。1961 年 9 月发布的《中华人民共和国教育部直属高等学校暂行工作条例（草案）》（“高教十六条”）指出：“高等学校教师要又红又专，必须提高课堂讲授的水平，做到教学相

① 习近平：《用新时代中国特色社会主义思想铸魂育人 贯彻党的教育方针落实立德树人根本任务——在学校思想政治理论课教师座谈会上的讲话》，《人民日报》2019 年 3 月 19 日第 1 版。

长，提高自己的思想政治水平和业务水平。”[①]随着时代的发展，邓小平同志在坚持“又红又专”的基础上，对思政课教师的教学素养提出了新的理念，即德才兼备。他认为，专不一定等同于红，但红一定要专。进入新时代，习近平总书记对于学校思政课教师队伍建设要求更加全面。从方法论的层面进行分析，提出思政课教师要坚持政治性和学理性的统一。综上，人才培养标准对于思政课教师的要求从又红又专发展到德才兼备，再发展到政治性和学理性的统一，在这一发展过程中，政治素质始终是排在第一位的要素。

政治要强首先意味着青年思政课教师的信仰要坚定，即青年思政课教师应该有坚定的政治信仰、鲜明的政治方向以及明确的政治立场。青年思政课教师坚定的政治信仰表现为对于马克思主义信仰的坚定以及践行程度。所谓的政治方向是指思政课教师对于政治信仰的坚定和不懈追求。它对于青年思政课教师的思想行为方向具有决定作用，是强大而持久的人生动力。而政治立场是一个根本性问题，它是青年思政课教师分析和解决问题的根本立足点和支撑点。坚定的政治信仰以及鲜明的政治方向和明确的政治立场就要求青年思政课教师要筑牢信仰的根基，要深入领会、参悟马克思主义理论的智慧和结晶。其次，政治要强还意味着青年思政课教师的政治理论功底要过硬，即思政课教师要具备较高的政治水平和较强的政策水平。政治水平主要指的是青年思政课教师的政治辨别能力和政治敏锐度以及其立足实际，善于正确处理各种政治问题的能力。而较强的政策水平能力主要强调的是青年思政课教师对于党和国家政策的解读能力。青年思政课教师只有具备较高的政治水平和较强的政策能力才能在政治上保持清醒，在谈论政治是非、回应和处理敏感问题时观点、旗帜鲜明。

① 转引自吴潜涛、张磊：《新时代思想政治理论课教师的核心素养及其培育》，《教学与研究》2019年第7期。

（二）情怀要深

习近平总书记在思政课教师座谈会上提到，思政课教师的“情怀要深”。这表明，思政课教师要做一个有深广情怀的人。培根铸魂是青年思政课教师肩负的神圣使命，而这一神圣的使命客观地反映出思政课教师这一职业是一份需要情怀的职业。同时，思政课的课程性质就决定了思政课教师要甘为“人师”，要在传授理论知识的基础上，向学生传授人生之道。因而，青年思政课教师要在自己的一言一行中对学生传递关爱，做学生的贴心人。

思政课教师要有“情怀”，那么情怀到底是什么？青年思政课教师怎样才算是有情怀呢？所谓情怀，简单来说，是指一个人对超出个人利益之外的，对于国家、社会、职业以及学生所表现出来的一种情感上的关切和精神上的追求。青年思政课教师要有情怀，就必须要做到有精神内涵，有广阔的胸襟，同时还要做到心中有大爱。思政课教师不仅要有情怀，更是要有“深情怀”，这是比“有情怀”更具体、更高的要求。关于“情怀”，我们可以从“深”和“广”两个方面来衡量其程度。“深”主要是从人的情感态度方面分析的，它强调的是人的情感达到了很深厚的程度。而“广”主要是针对人的胸怀宽度，强调了人的胸怀宽广。“对于人的情怀来说，深和广是融为一体的。人民教师的情怀特别是青年思政课教师的情怀，不是小情调和小情趣，而是既深且广的大情怀。”①

（三）思维要新

思政课教师思维要新，“学会辩证唯物主义和历史唯物主义，创新课堂教学，给学生深刻的学习体验，引导学生树立正确的理想信念、学会正确的思维方法”。②这是习近平对思政课教师“思维要新”进行的立体性解读，

① 刘建军：《思政课教师要做有深广情怀的人》，《现代教学》2019 年第 8 期。

② 习近平：《用新时代中国特色社会主义思想铸魂育人 贯彻党的教育方针落实立德树人根本任务——在学校思想政治理论课教师座谈会上的讲话》，《人民日报》2019 年 3 月 19 日第 1 版。

这一解释为培养新时代思想政治教师的教学质量奠定了坚实的基础。思政课教师“思维要新”，“新”主要是指思政课教师要顺应时代发展的步伐和潮流，不断解放和创新自己的思想。因此，青年思政课教师要具备创新思维，学会因时而变、因时而进、因时而新。

新时代、新理论、新要求，使得青年思政课教师必须具备历史思维能力、辩证思维能力以及创新思维能力，不断提升思政课的教学实效性。“做好学校思想政治工作，要因事而化、因时而进、因势而新。”① 因此，青年思政课教师在课堂教学中，首先要及时更新教学理念，精心设计课程，提升学生的学习兴趣，提高课堂的“抬头率”。其次，要创新教学内容和话语体系。青年思政课教师要将文件语言运用深入浅出的方式转换为课堂教学语言，融入思政课教学中，从而凸显出教学内容的针对性和前瞻性。最后，要创新教学方式，选用多样化的教学方式，提升学生的课堂参与度，将思政课讲“活”、上“实”、做“强”。

（四）视野要广

视野决定格局，格局决定发展。青年思政课教师所要求的职业责任和工作目标就决定了其在教学中必须具备广阔的视野。只有具备广阔的视野，青年思政课教师才能更好地做学生成长的“指导者”和“引路人”，才能对于学生提出的问题进行充分解答，让学生在老师视野的引导下不断拓宽和提升自己的眼界，同时引发学生承担起真切思考时代的责任。古人云，“见博则不迷”。习近平总书记更是指出，思政课教师“视野要广，有知识视野、国际视野、历史视野，通过生动、深入、具体的纵横比较，把一些道理讲明白、讲清楚”②。其中，“‘视野要广’是时代命题，‘有知识视野、国

① 习近平：《把思想政治工作贯穿教育教学全过程　开创我国高等教育事业发展新局面》，《人民日报》2016年12月9日第1版。

② 习近平：《用新时代中国特色社会主义思想铸魂育人 贯彻党的教育方针落实立德树人根本任务——在学校思想政治理论课教师座谈会上的讲话》，《人民日报》2019年3月19日第1版。

际视野、历史视野’是强大的武器，‘通过生动、深入、具体的纵横比较’是方法路径，‘把一些道理讲明白、讲清楚’是目标指向”[①]。习近平关于“视野要广”的论述，为思政课教师提升教学素养指明了方向。

从思政课教师教学的角度分析，视野在一定程度上体现了思政课教师所必须具备的知识储备、价值追求以及思想境界。青年思政课教师视野要广，主要具备以下三个方面的内容：第一，青年思政课教师必须具有博采众长的知识视野。青年思政课教师履行好职责、承担好使命的前提和基础是具备扎实的专业知识素养。正所谓“根深而枝叶茂”（《中论·贵验》）。扎实的马克思主义理论知识作为知识视野中的“硬核”，是知识视野的重要核心、基础和根本性的知识。因此，青年思政课教师要具备富足的知识，做百科全书式的人物，形成“融通型”的知识结构以及复合型的知识体系，即青年思政课教师要“融通马克思主义资源、中华优秀传统文化资源和国外哲学社会科学资源”[②]。第二，青年思政课教师必须站位高远，具有明辨善思的国际视野。所谓国际视野，是指青年思想政治课教师立足于全球化发展的时代背景，站在世界高峰，运用开放的视角观察和分析问题所具备的综合能力。思想政治教育课是一门意识形态的课程，这就要求青年思政课教师必须具备国际视野，必须站在百年未有之大变局的国际视野的高度讲好思政课，让学生感受到思政课的热度、高度、深度、厚度以及广度，让学生听到有国际视野的思政“金课”。第三，青年思政课教师必须具备立体纵深、知古鉴今的历史视野。历史是最鲜活的人生教材。基于此，青年思政课教师要不断树立历史辩证思维，通过对历史进行深入思考，从中获取知识和智慧。同时，要辩证地看待历史，从历史中汲取知识和营养，指导学生学会运用历史的眼光去分析和解决问题。

---

① 胡庆有：《政治课教师“视野要广”》，《思想政治课教学》2019 年第 10 期。

② 徐奉臻：《视野要广：思政课教师的基本功》，《思想政治教育研究》2019 年第 3 期。

（五）自律要严

自律是指个人根据自身的实际情况，自愿认同社会规范并主动践行的行动。自律既体现为一种能力，又表现为一种优良的品质。青年思政课教师的自律是与其立德树人的使命相联系的，具有鲜明的价值取向。“自律要严”体现的是在道德上对思政课教师的要求和期望。“要”体现了教师必须要自律，“严”则侧重于强调对自律的高标准。“自律要严”体现在思政课教师的方方面面、一言一行之中。古人云：“自律不严，何以服众。”青年思政课教师的自律意识有助于增强自我约束力，从而实现自我完善，并始终能够保持坚定的意志，致力于理论学习，筑牢教学基本功。因此，青年思政课教师只有做到表里如一、言行统一，才能成为学生的榜样示范，做学生成长的引路人。

学高和身正相统一是青年思政课教师自律要严的首要要求。学高是对青年思政课教师学识的要求，而身正则是对青年思政课教师道德的要求。学高为师，身正为范。青年思政课教师要成为学生学识上的老师，道德上的榜样。思政课教师无论是在课上课下，还是网上网下，都要始终坚持学高和身正相统一、表里如一以及言行一致。表里如一是青年思政课教师自律要严的第二位要求。“表”是指青年思政课教师在日常教学和生活中的表现，“里”则是指教师内在的心理活动和道德标准。青年思政课教师身兼多重身份和使命，其一言一行中所表现出来的价值观和正能量都会对学生产生最直观的影响。同时，青年思政课教师内在的道德品质和道德准则会外显于其行为当中。因此，青年思政课教师要牢记自己的身份和使命，对学生要言传身教、表里如一，坚决反对做“两面人”。言行一致是古人对君子的一种尊崇，它不仅是我们中华民族的传统美德，更关系到青年思政课教师个人的成长和道德水准。因此，青年思政课教师只有言行一致，才能让学生信服，才能更有亲和力，对学生更有吸引力。

（六）人格要正

人格集中体现了一个人的道德品质和精神旗帜。高尚的人格修养是教师为人师表终身追求的理想目标。习近平总书记强调，思政课教师“人格要正，有人格，才有吸引力。亲其师，才能信其道。要有堂堂正正的人格，用高尚的人格去感染学生、赢得学生，用真理的力量感召学生……做让学生喜爱的人”[①]。习近平关于思政课教师人格要正的论述，充分表明了党和国家高度重视思政课教师的道德素养，并且进一步回应了新时代青年思政课教师塑造什么样的人格以及怎样去塑造人格这一现实课题。在习近平关于思政课教师的“六个要”中，“人格要正”是其他几个方面的基础和载体。如果没有“人格要正”这一基础，“政治要强”就没有了寄托，其他几个方面就会根基不稳。因此，新时代青年思政课教师要注重自我人格的锤炼，努力提升思政课的感染力和亲和力。

古人云：“亲其师，信其道；尊其师，奉其教；敬其师，效其行。”教师是学生成长道路上的“镜子”和“示范者”。因此，思政课教师要以自身真善美的人格为思政课的课堂教学增添“催化剂”，要增强吸引力、引领力和感染力，用自身所具备的人格魅力感染学生、以自身渊博的知识和深厚的理论功底赢得学生的尊重。思政课教师人格要正，首先要具备求真人格、向善人格、尚美人格。求真人格主要指向青年思政课教师的职业能力。青年思政课教师高尚的师德修养是其一生需要追逐的职责所在。向善的人格是指青年思政课教师要具备高尚的师德，其高尚的道德修养主要体现在教书育人的统一、潜心问道和关心社会的统一。古人云：“其身正，不令而行；其身不正，虽令不从。”尚美的人格主要指向青年思政课教师的职业素养，这是思政课教师“人格要正”的现实指向。

① 习近平：《用新时代中国特色社会主义思想铸魂育人 贯彻党的教育方针落实立德树人根本任务——在学校思想政治理论课教师座谈会上的讲话》，《人民日报》2019 年 3 月 19 日第 1 版。

第二节 相关研究概念

要探究青年思政课教师核心素养的相关问题，首先要对其概念做出清晰的界定，厘清概念之间的关系范围更有利于后期的研究。在本书中，根据写作的需要，必须要厘清“素养”“核心素养”“教师核心素养”“青年思政课教师核心素养”的含义。由于几个概念之间存在递进关系，下位概念的含义基于上位概念而来。因此，本书将先从“素养”一词进行辨析。

一、素养

“素养”一词内涵丰富，根据记载，“素”最初意指白色的且没有进行漂染的丝。《释名·释彩帛》将其译为“素，朴素也，已织则供用，不复加功饰也”,《广雅·释话》将其注为“素，本也”[①]。“养”字最早的意思是人手里拿着鞭子放羊。后来在这一基础上，“养”的含义改变为饲养动物。《说文解字》中对“养”是这样注解的：“养，供养也。从食，羊声。”[②]由此，从本源上探究，“素”字代表着生命中所具备的一种潜能，即它是生命本色的一种代表。“养”则是包含“赡养”“抚养”等意思。随着时间的推移，人们通常将“素养”连用，对于其含义的解释大多为“修习涵养”。《汉书·李寻传》中写道：“马不伏枥，不可以趋道；士不素养，不可以重国。”[③]北宋著名诗人陆游在《上殿札子》中也写道：“气不素养，临事惶遽。”这些记载，都有对其含义的解释。《辞海》对于“素养”一词的解释

①郭树芹、王胜：《老子〈道德经〉释译》，中央编译出版社 2015 年版，第 162 页。

②许慎：《说文解字》，张三夕、刘果整理，岳麓书社 2006 年版，第 107 页。

③陈文强：《核心素养与学校变革》，厦门大学出版社 2016 年版，第 12 页。

为：“谓平日之修养也”[①]，是指素养就是日常生活中表现出来的修养。《现代汉语大词典》对于“素养”的解释为：“经常修习培养。”[②]近年来，关于素养的内涵，学者们将其界定为，素养主要是指对一个人内在素质的一种综合性的描摹，而这些内在素养主要由一个人所具备的学识能力、展现的精神气质以及所具有的修行涵养等。从以上论述中可发现，对于素养内涵的界定，学者们的观点大致相同，都认为素养是个人在日常生活中的练习、培养的内在品质，它不是先天形成的，而是通过后天的练习和培养形成的。

在国外，“素养”一词也有很长的历史，尤其是在欧美国家。20 世纪 90 年代，在人力资源管理领域，素养占据着重要地位。1987 年，英国继续教育部（Further Education Unit）就对素养的内涵和定义进行了相关的界定。他们指出，素养就是成功的人具备的一些知识、技能和经验态度等。1992 年，澳大利亚的梅耶（Mayer）委员会又对素养的概念进行了界定，他们认为，素养就是“一种基于知识及其理解和技能的表现，涉及在一个给定情境下作出表现并能将知识与能力迁移到新情境”。1996 年欧洲关于素养的一份专题研讨报告指出，所谓素养，就是一种综合能力，将其用英文表示为“general capability”。这种综合能力主要是指个人在教育实践中所形成的知识经验、价值观以及倾向等发展而来的。

作为本书的基础概念，“素养”一词还存在着相关的概念族和概念群，如素质、能力等，而且这些概念和定义之间也会经常出现混用的情况。

首先谈谈“素养”与“素质”的区别。在《现代汉语规范词典》中，“素质”主要有四层意思：第一层是将素质看作是人生理上的一种先天性的特点；第二层含义是将素质和素养等同；第三层含义将素质定义为事物本身的特点和性质；第四层含义则将素质定义为人的一些情感能力以及品质等。由于素质与素养两者之间的含义极为相似。所以，经常将它们混用。目前，对于“素质”和“素养”两个词语之间的辨析主要有三种观点：第

①《辞海》，商务印书馆 1989 年版。

②《现代汉语大词典》，上海辞书出版社 2010 年版。

一种是“等同说”，这一观点认为“素质”和“素养”两个概念是等同的关系，两个概念之间的含义大致一样，都是指在先天的生理基础上，经过长时间的积累而形成了相对稳定的内在的特质或者品质。第二种是“包含说”，这种观点将其关系分为两个方面进行阐述：一种观点是“素质”存在于“素养”中，素质的内涵大于素养，是素养的上位概念。另一种观点与之正相反，认为素养是素质的上位概念，素质存在于素养之中。有学者认为，素质偏重人的行为、技能，而素养则更加侧重表现为精神层面。同时，与素质相比较，素养更具有人文精神的意义。不管是在内涵上还是在外延上，素养都要比单一的素质更加丰富和宽泛。第三种观点是广义狭义说，这种观点将两个概念从广义和狭义两个方面进行了分析和阐述。在广义角度上，人们认为素养和素质两者的概念是重合的，都指的是一个人所具有的一种内在稳定的品质。而在狭义角度上，学者们主要是从教育的视角进行分析，将素质与我国实行的素质教育结合在一起分析。

再谈谈“素养”和“能力”的区别，从马克思关于能力范畴的哲学界定视角出发，人的能力是“在社会实践中形成而又潜在于主体内部，并在主体和客体的对象性关系中表现出来的客观的能动的力量，是认识能力和实践能力的统一。正是凭借这种力量，主体能够从事有目的有意识的社会实践活动，并通过这种活动来能动地反映和改变客体，满足自身的需要”。[①] 关于能力和素养关系的辨析上，有学者认为，能力是人的外在表现，主要指个体完成任务和目标所体现出来的一种综合素质。能力以素质为基础，是素质的一部分。

综上，基于学术界的观点，笔者选择“素养”一词作为本书的基础概念。原因在于：首先，在“素质”和“素养”两者之间的选择上，倾向于“素养”一词。在学术界辨析的观点上，笔者更倾向于第三种观点（广义狭义说）。从教育学视角出发，在目标之维上，两者都将促进人的全面发展作

① 欧阳康：《论主体能力》，《哲学研究》1985 年第 7 期。

为发展的宗旨和目标。而在过程之维上，人的素质更多地受到身心发展与社会发展的制约，需要在实践过程中实现由自然性向社会性的转变，逐渐促进智力发展、健全人格；在谈论教师的德与才以及教师的身心状态时，通常都用素养来表示，这些表达已经形成了一种表达的定式。其次，对于“素养”和“能力”的选择，笔者倾向于“素养”一词，通过查阅资料，关于“能力”和“素养”两个概念在内涵和外延的比较过程中，只有小部分学者认为“能力”包含“素养”，是“素养”的上位概念。而大部分学者则认为，“素养”是“能力”的上位概念。同时，根据笔者论文的研究情况，笔者认为，“素养”一词比“能力”一词更能涵盖所表达的内容。

二、核心素养

什么是核心素养？怎么去定义核心素养？在不同的情境中，素养种类繁多，难以穷尽，但最根本最关键的素养称为核心素养，这是高级能力和人性能力的体现，并且它会随着信息时代的需要而诞生新的能力。

核心素养概念的提出和探索最早是从联合国教科文组织、经合组织、欧盟三大国际组织开始的。三大国际组织对核心素养内涵的定义及框架建构为世界各国核心素养模型的建构和发展提供了丰富的理论借鉴，产生了深远的影响。

1996 年联合国教科文组织（UNESCO）在《教育——财富蕴藏其中》报告中以“终身学习”为思想指导，提出了“二十一世纪社会公民必备的基本素质”，首次提出教育的四大支柱，即“学会认知”（Learning to know）、“学会做事”（Learning to do）、“学会共处”（Learning to live together）和“学会做人”（Learning to be）以及后续 2003 年继而提出的第五支柱“学会改变”（Learning to change）（五大支柱及其内涵具体见表 1–1）。此后，UNESCO 在 2010 年启动了基础教育质量分析框架项目（简称 GEQAF），将素养作为重要组成部分并且明确了核心素养的概念，并于 2013 年在《走向终身学习——每位儿童应该学什么》(*Towards Universal Learning: What Every Child Should Learn*)报告中发布了《全球学习领域框架》(*The Global Learning Domains Framework*),其中包含了七个维度,分别是:身体健康、社会情绪、文化艺术、文字沟通、学习方法与认知、数字与数学、科学与技术,为基础教育阶段学生的核心素养培养提供了一套详细的参考指标。①

表 1-1 UNESCO 终身学习五大支柱及其内涵 ②

五大支柱	内 涵
学会求知 Learning to know	它超越了从学校教科书和课堂教学中汲取人类的知识,包括了在个体社会化过程中了解各种社会关系,习得民族文化价值观念,学会遵守社会行为规范,培养学生追求真理的科学精神。
学会做事 Learning to do	不但意味着所学知识的应用和职业技能的养成,而且还强调为适应"智力化"知识经济而学习适应劳动世界变化的综合能力(包括合作精神、创新精神、交流能力),强调从工作实践和人际交往中培养社会行为技能。
学会共处 Learning to live together	意味着学习和了解自身、发现并尊重他人、他国、他种文化,学会关心、学会分享;学会平等对话以及用协商的方法解决多种矛盾冲突的态度,在人的思想中构筑"和平的屏障";学会在参与目标一致的社会活动中获得实际的合作经验。
学会生存 Learning to be	体现了教育和学习的根本目标,它超越了单纯的道德、伦理意义上的"为人处世",而包括了适合个人和社会需要的情感、精神、交际、合作、审美、体能、想象、创造、批判性精神诸方面相对全面而充分的发展,因此,它体现了教育质量的实质和目标就是促进每个学生个体和社会全体的全面而有个性的发展。
学会改变 Learning to change	指个人不仅要学会接受及适应改变,也要展开行动成为积极改变的主体,并且主动引领改变以促进人类的发展。学习不仅可以适应改变,也能创造改变;学习是一种适应的机制,但也具有引发改变的能力。

① https://unesdoc.unesco.org/ark:/48223/pf0000219763?posInSet=2&queryId=07902e6f-7d72-4c8b-8a52-3a932fefd28c. 转引自:张娜:《三大国际组织核心素养指标框架分析与启示》,《教育测量与评价》2017 年第 7 期。

② UNESCO Asia and Pacific Regional Bureau for Education. Learning to be: A holistic and integrated approach to values education for human development〔EB/OL〕.http://unesdoc.unesco.org/images/0012/001279/127914e.pdf. 转引自:张娜:《联合国教科文组织的核心素养研究及其启示》,《教育导刊》,2015 年第 7 期。

经济合作与发展组织（OECD）于1997年启动21世纪核心素养框架的研究工作，即项目“素养的界定与遴选：理论和概念基础”（DeSeCo），当时OECD并未在项目名称中直接使用“核心素养”一词，但在2003年项目的最终研究报告《核心素养促进成功的生活和健全的社会》（*Key Competencies for a Successful Life and a Well-Functioning Society*）中，率先提出了“核心素养”的概念与核心素养的理论框架（见图1-1），确定了三大类型核心素养：互动地使用工具、在社会异质群体中互动、自主行动，并在这三类核心素养之下确定了相关能力指标。该项目对素养的概念和各成员国的教育政策作了充分的研究，对世界各国“核心素养”模型的生成和发展产生了深远影响。2005年，OECD又发布《核心素养的界定与遴选：行动纲要》报告，定义了核心素养的基本内容，增强了核心素养教育实践的可操作性。此后，在2009年、2013年和2015年，OECD对核心素养的发展不仅强调了信息与通信技术，还提出了核心素养与劳动力需求要相适应。

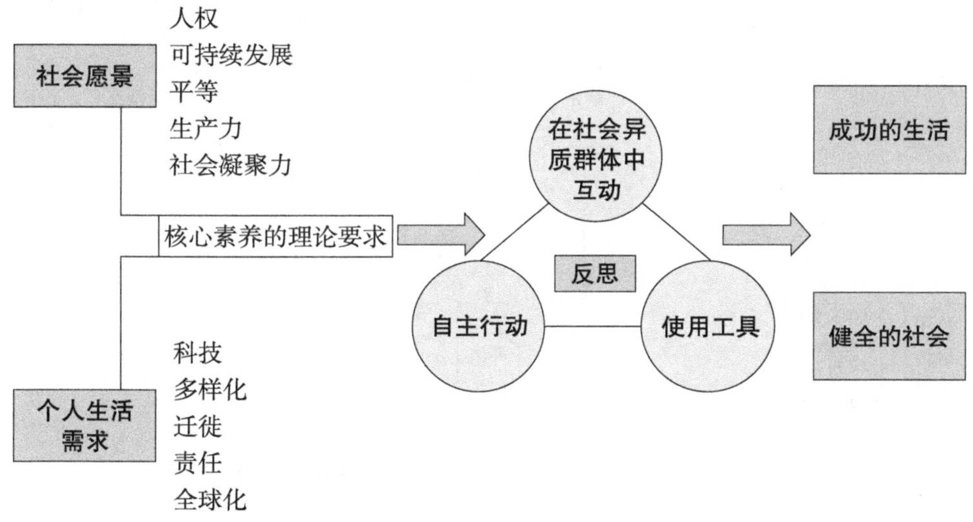

图1-1 DeSeCo核心素养的概念参照框架[①]

① Rychen, Dominique Simone and Laura Hersh Salganik. “Key Competencies for a Successful Life and a Well-Functioning Society.” (2003). 转引自：张娜：《DeSeCo项目关于核心素养的研究及启示》，《教育科学研究》，2013年第10期。

欧盟的一个研究小组受OECD的项目DeSeCo的影响，在2002年3月发布的研究报告《知识经济时代的核心素养》中首次使用了“Key Competencies”（核心素养）这一概念，并认为“核心素养代表了一系列知识、技能和态度的集合，它们是可迁移的、多功能的，这些素养是每个人发展自我、融入社会及胜任工作所必需的；在完成义务教育时这些素养应得以具备，并为终身学习奠定基础”[①]。此后，欧盟又于2005年发表《终身学习核心素养：欧洲参考架构》，正式提出终身学习的八大核心素养（见图1-2），2006年正式出台《欧洲终身学习核心素养建议框架》，2018年又对2006年版核心素养框架进行了重新修订，更新了核心素养的表述，更加强调核心素养发展的支持体系。在欧盟“2006框架”和“2018框架”关于核心素养的表述中，依然可以看出其立足于终身学习，推动核心素养的发展以及核心素养框架如何进一步与实践结合的演变过程。

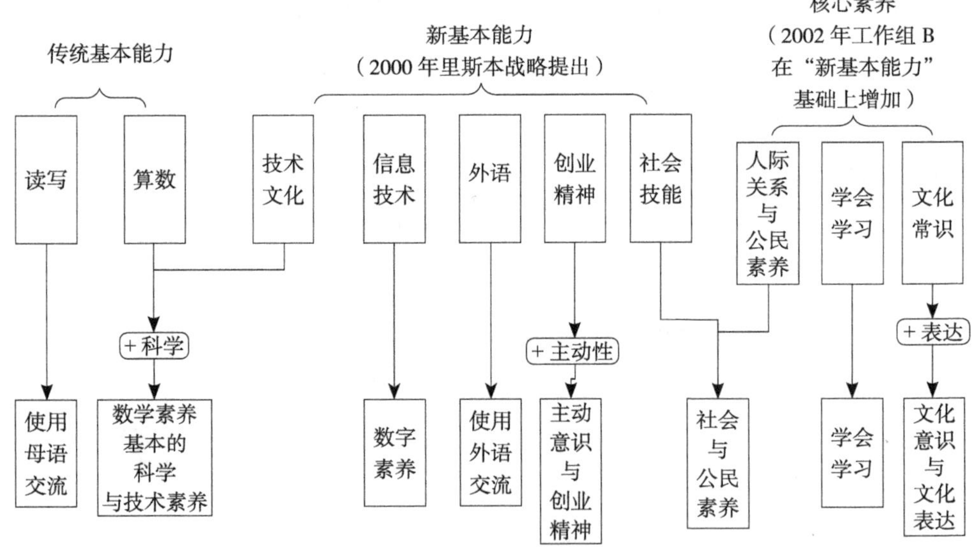

图1-2　欧盟核心素养指标框架的演变过程[②]

① 裴新宁、刘新阳：《为21世纪重建教育——欧盟“核心素养”框架的确立》，《全球教育展望》2013年第12期。

② 裴新宁，刘新阳：《为21世纪重建教育——欧盟“核心素养”框架的确立》，《全球教育展望》2013年第12期。相关内容可参考：Raitskaya, L., & Tikhonova, E. (2019). Skills and Competencies in Higher Education and Beyond. Journal of Language and Education, 5(4), 4-8.

“核心素养”（Key competency）从国外发展到中国，最初以基础教育阶段的学生为主体对象出场。在中国官方文件中首次出现“核心素养”概念，则追溯到2014年3月30日教育部印发的《关于全面深化课程改革落实立德树人根本任务的意见》，在这份文件中，将核心素养作为重要的育人目标。2016年9月13日，核心素养研究课题组在北京师范大学发布了《中国学生发展核心素养》的研究成果，对学生的核心素养进行了一个全面系统的概括总结。随后，教育部在2017年正式颁布了《普通高中课程方案和课程标准（2017年版）》，标志着我国学生发展核心素养由理论走向实践，走进中小学课程。同时，也标志着我们进入了核心素养的教育新时代。

强国必先强教，强教必先强师。核心素养很快就移植到教师群体专业发展中来。教师是课程实施的设计者、组织者，是教育教学最直接的参与者，也是学生核心素养的培育者。习近平总书记指出，教师是人类灵魂的工程师，承担着神圣使命。传道者自己首先要明道、信道。故此，学生能否成功培育和发展核心素养，教师自身的核心素养是一个关键因素。学者们认为，“教师核心素养是涉及教师专业发展的重要问题，是鉴别教师专业素质的关键指标，是衡量教师水平的重要标尺，也是未来教师培养的标准”①。

三、教师核心素养

何谓“教师核心素养”？查阅相关文献，学者们关于教师核心素养的研究主要从内涵界定和构成研究两方面展开。

通过查阅相关文献发现，因学者们关于教师核心素养的研究角度不同，故对其概念的界定也不同。叶澜老师对教师专业素养的内涵做了“教育理念、知识结构和专业能力”的界定②。学者王光明等人将教师素质作为上位概念，认为教师核心素养和能力是教师素质的内核，并对教师核心素养和

① 王振宏、乔瑞：《教师核心素养的四因素结构模型》，《当代教师教育》2023年第3期。

② 叶澜：《新世纪教师专业素养初探》，《教育研究与实验》1998年第1期。

能力作了界定[①]。学者王平通过对比分析，对教师专业能力和教师核心素养进行界定。他认为，教师核心素养是指教师在生活和教育教学场域中，解决教育教学所具备的一种内在信念、知识和技能等。此外，学者们还从教师胜任力的角度以及国际核心素养的角度对教师的核心素养进行了界定和分析。

关于教师核心素养的构成要素，崔振成（2019）认为是教师所具备的一种基础性的品质和能力结构，具备这一品质和能力结构能够使得教师确证伦理身份，实现自身教育理想，进而完成课程价值[②]。王亚（2019）认为，教师首先应当具备良好的道德素养，“德高而身正”，在教学中用自身行动积极引导学生、影响学生。其次，教师要具备深厚的专业功底。要给学生一碗水，教师要有一桶水。如果没有广博的知识储备和对本专业的深入了解，就无法做到“授业”和“解惑”。再次，教师要时常创新教学方法，善于运用现代化的教学手段和技巧，有较强的科研能力、社会实践能力。最后，教师要坚持以学生为本，做到关爱学生。唐思敏（2021）认为教师教学素养主要是指教师在教学实践中展现出来的一种品质和修养，包含理念、态度、知识和能力等，具体地说主要包括教师依据自己的专业知识在课前备课中所表现出的领悟和处理教材的能力、教学过程中所展现的相关知识结构以及教师对课堂的把控和组织能力、教师创新教学的能力、教师本身的人格魅力及其对学生人格培育所产生的强大感染力等[③]。学者王振宏、乔瑞（2023）在分析教师核心素养的基本意涵的基础上建构了教师核心素养四因素结构模型：品格素养、知识素养、文化素养和能力素养等四个方面，四方面缺一不可，完整构成教师核心素养的内在结构。

---

① 王光明、张楠、李健：《教师核心素养和能力的结构体系及发展建议》，《中国教育学刊》2019 年第 3 期。

② 崔振成：《教育知识觉悟下教师教学素养发展智慧》，《教育科学研究》2019 年第 4 期。

③ 唐思敏：《新时代高中思想政治课教师教学素养提升策略研究》，硕士学位论文，湖南科技大学，2021 年，第 5 页。

综上所述，学者们对于教师核心素养的研究具有以下共识：（1）教师核心素养是教师在教学过程中必须具备的一种综合素质，是教师素养中最关键、最必要的素养；（2）教师核心素养能够将教师内在的品质转化为外在的能力和素质，并且会对学生产生直接或者间接的影响；（3）教师核心素养的构成既包含与生俱来的人格成分，也包含其在工作中的反复实践积累。对于教师核心素养概念的界定，学者们的观点虽然存在一些差异，但从深层次进行分析，教师核心素养就是教师在长期教育教学实践工作当中，通过教学实践所培育发展起来的关键、核心的能力素养，实际上指的就是教师在教学过程中“如何教学”所具备的素养。基于上述学者们的观点以及本研究的适切度，本书认为，教师核心素养是指教师在教育教学过程中所具备的一种综合素质。这种素质既包括教师与生俱来的人格成分，即教师自身内在的人格气质、素质涵养以及意志品质等，同时，还包括在日常的教育教学实践中，教师所积累的一些能力和素质。例如，教师实际教学中所形成的自己的工作方法、技能和才干等。教师将这些能力和素质运用在教学过程中，构成了教师教学所需要的素养，而这些素养能够对学生产生直接或者间接的影响。

四、青年思政课教师核心素养

青年思政课教师核心素养特指青年思政课教师这一群体在教育教学过程中所具备的素养。青年思政课教师既具备其他学科教师核心素养的共性特征，又具备思政课赋予青年思政课教师的个性特征。2019 年 3 月 18 日召开的学校思想政治理论课教师座谈会上，习近平总书记对思政课教师提出的六个方面的要求，即“政治强、情怀深、思维新、视野广、自律严、人格正”，为青年思政课教师核心素养的发展指明了方向，也为后续构建青年思政课教师核心素养的框架提供了理论指导。基于此，笔者认为青年思政课教师核心素养特指从事学校思想政治理论课教学的青年教师群体，在长期的教育教学过程中必须具备的一种内在的、综合性的能力和素质，需要青年思政课教师在实践淬炼中巩固提升。这一核心素养既包括广大教师群体进行教育教学所必须具备的素养，也包括思政课教师这一特殊群体由于其职业特性所必须具备的特殊的素养。本书将青年思想政治理论课教师的核心素养内容构成划分为政治理论素养、学科知识素养、专业道德素养、情感态度素养、教育教学素养和数字技术素养六个维度。

第三节　研究学术史

一、思政课教师队伍的建设历程

思想政治教育工作一直是党和国家关注的重点。中华人民共和国成立初期，党和国家就对思想政治教育工作作出了重要指示。在当时，承担意识形态教育的课程是马列主义理论教育和政治理论课等，马列主义理论教育与现在的思政课承担的作用有相同之处。当时党中央对承担马列主义理论教育的师资提出了一定的要求。1952 年中共中央印发《中共中央关于培养高等、中等学校马克思列宁主义理论师资的指示》指出："政治课教师应尽可能由专人担任。"这一指示的出台，厘清了思政课教师与其他教师的职能作用。此后，1978 年《关于加强高等学校马列主义理论教育的意见》对建设思政课教师队伍提出要求，指出培育又红又专的具有一定马列主义水平的高质量后备人才。同年形成的全国教育工作会议的征求意见稿对当时的"马列主义理论课"提出了"教师必须教好，学生必须学好，各级领导必须管好"的教学要求。

改革开放以后，党和国家对于思政课进行了重要改革。20 世纪 80 年代，我国正式创立了思想政治教育学这一专业，将其作为法学门类政治学一级学科中的一个二级学科。学科创设伊始，关于课程设置、教材编写、本科生与第二学士学位学生的培养等各方面的工作的开展，这些都亟须一支专业化的思想政治教育教师队伍。1980年教育部、共青团中央颁布的《关于加强高等学校学生思想政治工作的意见》指出："开设马列主义理论课是社会主义大学的特点之一，那种取消或削弱马列主义理论课的主张是错误的。……在教学中既要讲清马列主义、毛泽东思想的基本原理，又要密切联系实际，深入浅出，努力解决学生思想上存在的问题，使学生爱听、爱读、爱学。要严格执行考试制度，把马列主义理论课的学习成绩作为考核学生能否升级和毕业的根据之一。……教师是政治思想和科学文化知识的传播者，学生尊重知识，尤其尊重把知识传授给他们的教师，这是教师做思想政治工作的有利条件。"[①]该《意见》的颁布，指出思政课教师就是要努力解决学生在思想上存在的问题。同时，教师在思政课教学中要让学生对于思政课爱听、爱读、爱学。这些要求为思政课教师的教育教学指明了方向。同年，教育部印发了《改进和加强高等学校马列主义课的试行办法》，将"教师队伍的建设"作为改进和加强马列主义课的一项主要工作，这是教育部在改革开放新时期对高校思想政治理论课教师队伍建设首次作出的部署。

此后，党中央加强了对于思政课教师队伍的建设情况，对于思政课教师的职责、存在问题及培养路径等作出了要求。1984年，中共中央宣传部和教育部印发了《关于加强和改进高等院校马列主义理论教育的若干规定》，指出："提高教师队伍的政治和业务水平，是提高教学质量的关键；高等院校马列主义课教师是塑造学生思想灵魂的工程师，是宣传科学社会主义的战士。"[②]规定指出，思政课教师具有宣传的职责。1985年，中共中央颁布的《关于改革学校思想品德和政治理论课教学的通知》中指出："实

① 教育部社会科学司：《普通高校思想政治理论课文献（1949—2006）》，中国人民大学出版社2008年版，第81页。

② 教育部社会科学司：《普通高校思想政治理论课文献（1949—2008）》，中国人民大学出版社2008年版，第97页。

现马克思主义思想理论课教学改革任务的主要依靠和根本保证，在于建设一支坚持党的路线、有马克思主义觉悟和理论修养、有比较丰富的社会科学文史知识和必要的自然科学知识、热心于青少年思想理论教育工作的师资队伍。……必须切实提高各级学校思想理论课教师的地位。应当同其他各科教师一样，认真解决他们在工作条件、生活待遇和职务等方面所遇到的实际问题。同时要加速培养新生力量，努力充实师资队伍，切实解决目前教师年龄老化、数量严重不足的问题。”①《通知》的颁布，凸显出思政课教师上好思政课应该具备的素养，即政治上与党中央保持一致，具备丰富的社科知识和自然知识。此外，文件指出，要提高思政课教师的社会地位，关注思政课教师在工作中的困难和问题，培养新生力量等。1986 年，国家教育委员会刊发了关于在高等学校进一步贯彻《中共中央关于改革学校思想品德和政治理论课程教学的通知》的意见，在《意见》中指出：“改革政治理论课教学，关键在于教师。提高现有政治理论课教师的水平，各综合大学、师范院校的马克思主义理论专业和天津大学等五所理工科大学的马克思主义基础专业要根据中央《通知》的精神，改革教学内容和教学方法，为高等学校培养合乎条件的政治理论课师资。”②1987 年国家教育委员会颁布《关于进一步改革高等学校马克思主义理论（公共课）教学的意见》，要求“建设一支政治上坚定、具有马克思主义理论素养、坚持理论联系实际、热心学生思想政治教育的思想政治理论课教师队伍”。1991 年国家教育委员会颁布《关于加强和改进高等学校马克思主义理论教育的若干意见》，指出：“提高教师队伍的政治和业务水平，是提高教学质量的关键。”上述文件对思政课教师在教学方面提出了要求。

在这些文件指导要求下，学术界对于思政课教师队伍展开了一系列的

① 教育部社会科学司：《普通高校思想政治理论课文献（1949—2008）》，中国人民大学出版社 2008 年版，第 108 页。

② 教育部社会科学司：《普通高校思想政治理论课文献（1949—2008）》，中国人民大学出版社 2008 年版，第 111–112 页。

研究。1980年清华大学党委学生工作部在《人民教育》上发表《从学生的实际出发，开展思想政治工作》，在文章中指出，学校开展学生思想政治工作要建立一支稳定的又红又专的学生政治思想工作队伍；高娇妍、杜年玲（1981）认为，做好学生的思想政治工作需要一支精干、稳定的政治工作队伍。张国伟（1994）认为，一支靠得住、教得好的师资队伍不仅可以帮助学生树立正确的人生态度，还有利于培养学生的伟大创业精神，更有利于提高学生贯彻执行党的决定的自觉性。

根据20世纪90年代党和国家的政策要求指向，学者们围绕思政课教师的教学展开了研究。基于当时素质教育的理念和时代发展需求，学者们主要对于学校思政课从教学模式、课堂教学以及"大政治课"的角度进行了探讨。例如，在教学模式的研究中，"灌一启"式教学模式体现了学校思政课教学的目的性、教师"主导"地位和学生"主体"地位的一致性、"知"和"行"的统一性。关于课堂教学方面，学者们提到教师要"更新有关课堂组织教学的观念，综合运用课堂纪律、教学艺术、教师人格力量、非言语行为、学生心理规律等多种手段和方法认真做好课堂组织教学工作"①。同时，思政课教学应该攥住"三点"，即在教学中启发学生思维，发掘教材，"隐点"，启发学生提出"疑点"，引入社会"热点"，这样才能把思政课上得生动活泼。此外，学者们从"大政治课"教学的角度分析，"大政治课"教学必须正确处理八个基本关系：（1）育德和育智的关系；（2）主导性思想体系与多元社会思潮的关系；（3）理论教学与规范教学之间的关系；（4）社会主义制度的先进性与制度功能的多样性之间的关系；（5）直接经验和间接知识之间的关系；（6）教师和学生的关系；（7）课堂教学评价与多元社会评价之间的关系；（8）思政课教学与各科教学之间的关系。②

进入21世纪，党和国家持续关注思政课教师队伍的建设发展。2004年，中共中央、国务院颁布了《关于进一步加强和改进大学生思想政治教

① 徐启斌：《思政课课堂组织教学技能述略》，《上饶师范学院学报》2001第4期。

② 李志：《"大政治课"教学必须正确处理的八个关系》，《山东教育》2002年第11期。

育的意见》（中发〔2004〕16号），强调“思想政治教育工作队伍是加强和改进大学生思想政治教育的组织保证”。在该意见的指导下，中共中央宣传部、教育部联合颁布了两个“5号文件”，即《中共中央宣传部教育部关于进一步加强和改进高等学校思想政治理论课的意见》（教社政〔2005〕5号）和《中共中央宣传部教育部关于进一步加强学校高等学校思想政治理论课教师队伍建设的意见》（教社科〔2008〕5号），两个“5号文件”都突出强调了在提高学校思政课教学的质量和水平方面，思政课教师所具有的重要意义。

在“5号文件”的指导下，对于学校思政课教师的研究涌现出了一大批学者。在提高思政课教学的吸引力方面，学者们认为，思政课是否有吸引力的关键在于思政课教师，在于思政课教师的人格魅力。思政课的吸引力主要指学生在学习马克思主义理论的过程中所展现出来的一种积极性和主动性。思政课是否有吸引力，以及吸引力的大小程度都会对思想政治教育的实效性产生影响。同时，思政课的特点决定了思政课教师不仅要对学生进行世界观、人生观、价值观、思想道德等方面的教育，还要向学生传授马克思主义的基本理论知识。作为思政课教师，要承担好自己肩负的重任，就必须适应新时代的要求，努力提高自身的素质。此外，在增强思想政治教育实效性和针对性方面，学者们认为，学校思想政治教育的针对性和实效性是贯彻“5号文件”的关键。需要思政课教师以现存的实际问题作为牵引，对于学生关注的焦点问题以及讨论的理论热点问题，运用强烈的政治和职业责任感解决实际问题，对大学生开展充满生机、活力和吸引力的思想教育。思政课教师所扮演的角色除了一般教师身份外，还应该是学生政治上的导师，生活中的顾问以及学生发展规划中的高参，甚至是学生品德养成中的参照系。因此，思政课教师不仅要具备一般教师基础素质，还应具备爱与宽容、激情与幽默、信仰与人格、敏锐与机警等这些特质。

党的十八大以来，学校思政课教师队伍建设得到高度重视，引起广泛关注。国家出台了一系列政策文件，发挥了政策的导向作用。推动学校思政课教师队伍建设专业化发展，已经成为党和国家以及社会各界的共识。

2015 年，教育部印发了修订后的《高等学校思想政治理论课建设标准》（教社科〔2015〕3 号），进一步完善了学校思想政治理论课的组织管理、教学管理、队伍管理和学科建设等方面。2016 年 12 月，在具有重要的里程碑意义的全国学校思想政治工作会议上，习近平总书记的讲话为做好学校的思想政治工作指明了方向。2019 年 3 月 18 日，习近平总书记在学校思想政治理论课教师座谈会上发表了重要讲话。这是新中国历史上第一次国家领导人与思政课教师单独召开的一次座谈会，具有开创性意义。在这次座谈会上，习近平为全体思政课教师代表上了一堂“特殊”的思想政治理论课。习近平对思政课教师提出了六个方面的要求，即“政治要强、情怀要深、思维要新、视野要广、自律要严、人格要正”。2019 年 5 月，教育部颁发了最新的《普通高等学校马克思主义学院建设标准（2019 年本）》，对各方面工作进行了完善。其中，提到了思政课教学的师资配备的基本要求，即按照“六个要”的要求，建设一支以专职为主，专兼相结合，数量充足的高素质思政课教师队伍。2021 年 9 月，中共中央办公厅印发了《关于加强新时代马克思主义学院建设的意见》，意见指出，要着力打造一支信仰坚定、具有扎实理论功底、数量充足且结构优化的高素质教师队伍，切实增强使命感、认同感、获得感[①]。同年，《新时代学校思想政治理论课改革创新的若干意见》指出，建立一批“新时代高校思想政治理论课教师研学基地”，组织思政课教师在国内考察调研，在深入了解党和人民伟大实践中汲取养分、丰富思想。组织思政课骨干教师赴国外调研，拓宽国际视野，在比较分析中坚定“四个自信”[②]。2022年教育部等十部门印发的《全面推进“大思政课”建设的工作方案》指出：“构建大师资体系。”同年，《教育部关于进一步加强新时代中小学思政课建设的意见》中指出要“加强教师队

① 中共中央办公厅：《关于加强新时代马克思主义学院建设的意见》，2021 年 9 月 21 日，http://www.moe.gov.cn/jyb_xwfb/s6052/moe_838/202109/t20210922_565443.html.

② 中共中央宣传部、教育部：《新时代学校思想政治理论课改革创新实施方案》（教材〔2020〕6 号），2020 年 12 月 18 日。

伍建设”。这些文件都从建设好思政课的角度对思政课教师的素养提出了新的要求。

综上，通过梳理党和国家关于思想政治理论课的发展要求，也进一步展现了思政课教师素养的发展历程。从新中国成立到进入新时代，党和国家对思政课教师的政治素养、学科知识、教学能力、道德素养、情感素养等提升有着极高的期待。中华人民共和国成立初期，党和国家对于思政课教师提出了“又红又专”的要求，指明思政课教师应该具备坚定的政治素养和专业理论素养；随着改革开放的推进，党和国家对于思政课教师的要求在“又红又专”宏观要求的基础上，逐渐明晰了思政课教师在教育教学中具备的素养。在文件中逐步确定思政课教师要有坚定的政治素养、丰富的社会科学和自然科学的知识，坚持理论联系实际，关注学生思想政治教育等。进入新时代，党和国家明确了思政课的主渠道、主阵地作用。基于此，对于思政课教师队伍建设的要求逐渐规范化、系统化。同时，也明确了思政课教师的核心素养指向，对于后续划分青年思政课教师的核心素养具有重要的指导作用。

二、思政课教师素养培育的政策文本分析

中华人民共和国成立以来，党和国家深切关注思政课教师队伍建设事业，出台了很多思政课教师素养培育的政策文件。基于研究的需要，本书将近 75 年来党和国家关于思政课教师素养培育相关的政策文件和讲话内容按照政治理论素养、学科知识素养、专业道德素养、情感态度素养、教育教学素养、数字技术素养六个方面进行了整理和分析。

（一）政治理论素养相关政策

中华人民共和国成立以来，党中央高度重视思政课教师的政治理论素养。因此，党和国家对于思政课教师政治素养有了一定的要求。中华人民

共和国成立后，各行各业都处在百废待兴之中。思想政治理论课涉及国家的意识形态安全。学校思想政治教育也亟须建设和发展，从事学校思想政治理论课的教师在人数和质量上还需长足发展。基于此，党和国家奠定了以“坚定政治信仰”与“提升理论水平”为核心的思政课教师发展路线（梳理详见表1-2）。1952年，中共中央颁布了《关于培养高等、中等学校马克思列宁主义理论师资的指示》，指出：“需大力动员党委、政府、群众团体中政治理论水平较高的干部到学校兼课，或设专题讲座，帮助政治理论教师备课。”①这一举措促进了学校思想政治理论课的建设和发展，也进一步补充了学校思想政治理论课教师队伍的数量。1961年《中华人民共和国教育部直属高等学校暂行工作条例（草案）》指出：“在教学中，必须发挥教师的主导作用。高等学校必须继续努力培养又红又专的教师队伍。”②自此，党和国家确定了以“坚定政治信仰”与“提升理论水平”为核心的思政课教师发展路线。这一发展路线的确立进一步促进了学校思政课教师队伍的建设发展状况。1964年《中央宣传部、高教部党组、教育部临时党组关于改进高等学校、中等学校政治理论课的意见》指出：“政治理论课教师应当为反修、防修，培养革命接班人服务，成为马克思列宁主义、毛泽东思想的宣传员，兴无灭资的战士。”③《意见》的颁布，充分体现了思想政治理论课教师发挥的意识形态教育作用。同时，《意见》提出了学校思政课教师的工作职责就是思想宣传，工作的目标就是培养接班人。

20世纪80年代后，党和国家对于思政课教师的要求有较为明晰的界定。1984年《中央宣传部、教育部关于加强和改进高等院校马列主义理论教育的若干规定》指出：“马列主义课教师应牢固地树立无产阶级世界观，

① 中共中央文献研究室：《建国以来重要文献选编（第三册）》，中央文献出版社2011年版，第319页。

② 中共中央文献研究室：《建国以来重要文献选编（第十四册）》，中央文献出版社2011年版，第518页。

③ 中共中央文献研究室：《建国以来重要文献选编（第十九册）》，中央文献出版社2011年版，第215页。

坚持四项基本原则，执行党的路线、方针、政策，在政治上同中央保持一致，全心全意为人民服务，忠诚于社会主义教育事业，作风正派，为人师表。[①]”这一规定对高校思政课教师的政治信仰和政治立场提出了明确要求。1987年《关于改进和加强高等学校思想政治工作的决定》指出：“思想政治工作人员要服从党和人民的需要，处处起模范带头作用，发扬献身精神，努力提高思想理论和业务水平，改进工作，以实际行动赢得学生的信任和尊重。”1987年《国家教育委员会关于进一步改革高等学校马克思主义理论（公共课）教学的意见》指出：“建设一支政治上坚定、具有马克思主义理论素养、坚持理论联系实际、热心学生思想政治教育的理论课教师队伍，是改革马克思主义理论课教学的根本保证。”[②]上述两个文件，进一步明确了高校思政课教师政治理论素养的重要性，指出了思政课教师教学的根本在于教师必须在政治上坚定且具有马克思主义的理论素养。1991年《国家教育委员会关于加强和改进高等学校马克思主义理论教育的若干意见》指出：“培养和建设一支有足够数量和较高政治与业务素质的教师队伍，是实现进一步加强和改进马克思主义理论课教学任务的根本保证。”[③]这一时期，党和国家对于思政课教师政治理论素养的要求进一步明确化，对于思政课教师的要求从思想上升到教师的实际行动中，要求思政课教师要在实际的教学行动中做出改变，即要求思政课教师要将理论联系实际，发扬献身精神，起模范带头作用。

党的十八大以来，党和国家高度重视思政课教师队伍建设，出台了一系列文件，为思政课教师政治理论素养建设进一步提供了具体指向，思政课教师队伍建设进入蓬勃发展的时期。2013年，习近平总书记向全国广大

① 教育部社会科学司：《普通高校思想政治理论课文献选编（1949—2008）》，中国人民大学出版社2008年版，第94页。

② 教育部社会科学司：《普通高校思想政治理论课文献选编（1949—2008）》，中国人民大学出版社2008年版，118页。

③ 教育部社会科学司：《普通高校思想政治理论课文献选编（1949—2008）》，中国人民大学出版社2008年版，138页。

教师致慰问信，希望全国广大教师牢固树立中国特色社会主义理想信念，带头践行社会主义核心价值观[①]。这一时期，针对全社会精神层面的滑坡，明确提出教师要坚定理想信念，做全社会的先锋模范。2015年，习近平总书记在全国党校工作会议上的讲话指出："对党校教师来说，首先要做到自觉坚持党校姓党、党校教师姓党。"[②]同年，《关于进一步加强和改进新形势下高校宣传思想工作的意见》指出："要大力提高高校教师队伍思想政治素质。强调要着力加强教师思想政治工作，坚持不懈用中国特色社会主义理论体系武装教师头脑。"[③]这两个文件进一步提出思政课教师要充分运用党的理论武装自己。2016年习近平总书记在全国高校思想政治工作会议上强调："高校教师要坚持教育者先受教育，努力成为先进思想文化的传播者、党执政的坚定支持者。"[④]这些规定要求思政课教师在政治方面要敢为人先，认真学习党和国家的最新路线、方针、政策，并努力践行。

2019年习近平总书记在学校思想政治理论课教师座谈会上的讲话指出："政治要强，让有信仰的人讲信仰，善于从政治上看问题，在大是大非面前保持政治清醒。"[⑤]2020年《新时代高等学校思想政治理论课教师队伍建设规定》指出："思政课教师应当增强'四个意识'、坚定'四个自信'、做到'两个维护'，始终在政治立场、政治方向、政治原则、政治道路上同以习近平同志为核心的党中央保持高度一致，模范践行高等学校教师师德规范。"[⑥]2021年《教育部等六部门关于加强新时代高校教师队伍建设改革的

---

① "习近平向全国广大教师致慰问信 李克强与基层教师座谈"，新华社，2013年9月10日。

② "习近平在全国党校工作会议上强调坚持党校姓党根本工作原则 切实做好新形势下党校工作"，新华社，2015年12月13日。

③ 中共中央宣传部、中共教育部党组：《关于加强和改进高校宣传思想工作队伍建设的意见》（教党〔2015〕31号），2015年9月30日。

④ "习近平在全国高校思想政治工作会议上强调 把思想政治工作贯穿教育教学全过程 开创我国高等教育事业发展新局面"，新华社，2016年12月8日。

⑤ 习近平：《用新时代中国特色社会主义思想铸魂育人 贯彻党的教育方针落实立德树人根本任务——在学校思想政治理论课教师座谈会上的讲话》，《人民日报》2019年3月19日第1版。

⑥ 中华人民共和国教育部：《新时代高等学校思想政治理论课教师队伍建设规定》，中华人民共和国教育部令第46号，2020年1月16日。

指导意见》指出："全面加强党的领导，不断提升教师思想政治素质和师德素养：加强思想政治引领、培育弘扬高尚师德、强化师德考评落实。"①这些政策文件对于思政课教师政治理论素养的要求更为明确，并对思政课教师政治理论素养的培育提出了更高的要求。

综上，不同时期，党和国家对于思政课教师政治理论素养的要求不同，内容表述也不同。从数量上促进思政课教师队伍的建设发展，到从思想层面对于思政课教师提出要求，即增强政治信仰、坚定理想信念，与党中央在思想上保持一致等要求，再到从思想和行动两方面提出思政课教师队伍建设的标准。这些对思政课教师政治理论素养要求的核心内容主要是围绕着党和国家当时的路线、方针、政策展开的，是为具体的政治实践服务的。同时，党和国家对于思政课教师政治理论素养的要求不仅体现在教师思想的认同方面，更体现在行为的认同和践行方面。期望通过思政课教师的模范带头作用，带动学生政治素质的提高，带动全社会政治理论素养的提升。

表 1-2 政治理论素养相关政策文件

素养	年份	文件名	文件内容（节选）
政治理论素养	1952	《中共中央关于培养高等、中等学校马克思列宁主义理论师资的指示》	需大力动员党委、政府、群众团体中政治理论水平较高的干部到学校兼课，或设专题讲座，帮助政治理论教师备课。
	1961	《中华人民共和国教育部直属高等学校暂行工作条例（草案）》	在教学中，必须发挥教师的主导作用。高等学校必须继续努力培养又红又专的教师队伍。
	1964	《中央宣传部、高教部党组、教育部临时党组关于改进高等学校、中等学校政治理论课的意见》	政治理论课教师应当为反修、防修，培养革命接班人服务，成为马克思列宁主义、毛泽东思想的宣传员，兴无灭资的战士。

① 教育部等六部门：《教育部等六部门关于加强新时代高校教师队伍建设改革的指导意见》（教师〔2020〕10号），2021年1月4日。

（续表）

素养	年份	文件名	文件内容（节选）
政治理论素养	1980	《教育部、共青团中央关于加强和改进高等院校学生思想政治工作的意见的联合通知》	加强学生的思想政治工作，必须建立一支坚强的、有战斗力的政治工作队伍。
	1984	《中央宣传部、教育部关于加强和改进高等院校马列主义理论教育的若干规定》	马列主义课教师应牢固地树立无产阶级世界观，坚持四项基本原则，执行党的路线、方针、政策，在政治上同中央保持一致，全心全意为人民服务，忠诚于社会主义教育事业，作风正派，为人师表。
	1987	《关于改进和加强高等学校思想政治工作的决定》	思想政治工作人员要服从党和人民的需要，处处起模范带头作用，发扬献身精神，努力提高思想理论和业务水平，改进工作，以实际行动赢得学生的信任和尊重。
	1987	《国家教育委员会关于进一步改革高等学校马克思主义理论（公共课）教学的意见》	建设一支政治上坚定、具有马克思主义理论素养、坚持理论联系实际、热心学生思想政治教育的理论课教师队伍，是改革马克思主义理论课教学的根本保证。
	1991	《国家教育委员会关于加强和改进高等学校马克思主义理论教育的若干意见》	培养和建设一支有足够数量和较高政治与业务素质的教师队伍，是实现进一步加强和改进马克思主义理论课教学任务的根本保证。
	2013	习近平向全国广大教师致慰问信	希望全国广大教师牢固树立中国特色社会主义理想信念，带头践行社会主义核心价值观。
	2014	《做党和人民满意的好老师——同北京师范大学师生代表座谈时的讲话》	做好老师，要有理想信念。好老师心中要有国家和民族，要明确意识到肩负的国家使命和社会责任。
	2015	在全国党校工作会议上的讲话	对党校教师来说，首先要做到自觉坚持党校姓党、党校教师姓党。
	2015	《关于进一步加强和改进新形势下高校宣传思想工作的意见》	要大力提高高校教师队伍思想政治素质。强调要着力加强教师思想政治工作，坚持不懈用中国特色社会主义理论体系武装教师头脑。

（续表）

素养	年份	文件名	文件内容（节选）
政治理论素养	2016	《习近平在全国高校思想政治工作会议上强调 把思想政治工作贯穿教育教学全过程开创我国高等教育事业发展新局面》	高校教师要坚持教育者先受教育，努力成为先进思想文化的传播者、党执政的坚定支持者。
	2019	《习近平在学校思想政治理论课教师座谈会上的讲话》	政治要强，让有信仰的人讲信仰，善于从政治上看问题，在大是大非面前保持政治清醒。
	2019	《新时代学校思想政治理论课改革创新的若干意见》	建立一批“新时代高校思想政治理论课教师研学基地”，组织思政课教师在国内考察调研，在深入了解党和人民伟大实践中汲取养分、丰富思想。组织思政课骨干教师赴国外调研，拓宽国际视野，在比较分析中坚定“四个自信”。
	2020	《新时代高等学校思想政治理论课教师队伍建设规定》	思政课教师应当增强“四个意识”、坚定“四个自信”、做到“两个维护”，始终在政治立场、政治方向、政治原则、政治道路上同以习近平同志为核心的党中央保持高度一致，模范践行高等学校教师师德规范。
	2021	《教育部等六部门关于加强新时代高校教师队伍建设改革的指导意见》	全面加强党的领导，不断提升教师思想政治素质和师德素养：加强思想政治引领、培育弘扬高尚师德、强化师德考评落实。

（二）学科知识素养相关政策

学科知识素养是青年思政课教师教学的基础和底线。梳理党和国家关于学校思政课教师的相关政策发现（详见表 1–3），青年思政课教师的“理论水平”也是关注的重点素养之一。1952 年，《中共中央关于培养高等、中等学校马克思列宁主义理论师资的指示》指出：“有系统地学习马克思列宁主义的理论，逐渐培养他们成为高等、中等学校新的政治理论师资。”[①]由此可以看出，青年思政课教师的马克思主义理论水平是其具备教师资格的基本条件。1978年《教育部办公厅关于加强高等学校马列主义理论教育的意见》指出：“必须提高理论课教师的水平。办法是：①根据理论课教师教学工作的需要，在阅读文件和听传达报告方面，应予照顾。②采取多种形式分期分批地培训现有教师。”[②]《意见》的出台，对学校思政课教师的学科知识素养的培养指明了方向，即思政课教师做好教学工作的基础是提高理论水平。同时，指明思政课教师学科知识素养的培训形式。

随着党和国家对于思想政治理论课建设的系统化和体系化程度的提高，思政课教师的学科知识素养要求也进一步提升。例如，1984年，《关于加强和改进高等院校马列主义理论教育的若干规定》指出：“要深谙马列主义理论，具有较广博的中外历史、教育学、伦理学等社会科学知识和自然科学的基础知识；要有一定的实际工作锻炼（包括做学生的思想政治工作）。”[③]1987年，国家教育委员会《关于进一步改革高等学校马克思主义理论（公共课）教学的意见》指出：“建设一支政治上坚定、具有马克思主义理论素养、坚持理论联系实际、热心学生思想政治教育的理论课教师队伍，是改革马克思主义理论课教学的根本保证。”[④]上述两个文件要求青年思政课教师不仅要具备本学科的专业理论知识，还要具备广博的社会科学知识和自然科学知识。同时，要求青年思政课教师肩负起做好学生思想政治工作的责任。

20世纪90年代开始，党和国家对思政课教学质量和教学效果的要求不

---

① 中共中央文献研究室：《建国以来重要文献选编（第三册）》，中央文献出版社2011年版，第319页。

② 教育部社会科学司：《普通高校思想政治理论课文献选编（1949—2008）》，中国人民大学出版社2008年版，第70页。

③ 教育部社会科学司：《普通高校思想政治理论课文献选编（1949—2008）》，中国人民大学出版社2008年版，第94页。

④ 教育部社会科学司：《普通高校思想政治理论课文献选编（1949—2008）》，中国人民大学出版社2008年版，第118页。

断提高。1991年《国家教育委员会关于加强和改进高等学校马克思主义理论教育的若干意见》指出："提高教师队伍的政治和业务水平，是提高教学质量的关键。"[①]1995年《关于高校马克思主义理论课和思想品德课教学改革的若干意见》指出："推动教学改革、加强学科建设的主要依靠和基本保证，在于培养和建设一支坚信马克思主义，政治上同党中央保持高度一致，有扎实的马克思主义理论基础和一定的科研能力、比较丰富的人文社会科学知识和必要的自然科学基础知识以及一定的思想政治教育经验、献身思想理论教育事业的教师队伍。"[②]基于此，基于建设高质量的学校思想政治理论课，党和国家从政策层面对思政课教师的学科知识素养提出了明确要求，即思政课教师要具备马克思主义理论知识以及人文社会学科和自然学科的知识。学科知识素养是思政课教师提升教学质量的着力点。

党的十八大以后，党和国家关于教师学科知识素养的要求进入了新的发展阶段。根据思政课教学发展的实际情况、党和国家面临的新情况、新挑战，党和国家对教师学科知识素养的要求进一步提高，内容进一步细化，要求思政课教师具备知识储备到拓宽知识视野、更新知识体系，指出了提高思政课教师的学科知识素养是提高教学质量、推动教学改革的重要方向。例如，对思政课教师提出"一岗双能""一身二任"的要求，这为双师型教师的建设和发展奠定了基础。在理念方面，2013年《习近平向全国广大教师致慰问信》指出："牢固树立终身学习理念，加强学习，拓宽视野，更新知识，不断提高业务能力和教育教学质量，努力成为业务精湛、学生喜爱的高素质教师。"[③]终身学习习惯的养成和国际视野的培育成为思政课教师学科知识素养的重要内容。在内容方面，2014年《关于进一步加强和改进

① 教育部社会科学司：《普通高校思想政治理论课文献选编（1949—2008）》，中国人民大学出版社2008年版，第138页。

② 教育部社会科学司：《普通高校思想政治理论课文献选编（1949—2008）》，中国人民大学出版社2008年版，第157页。

③"习近平向全国广大教师致慰问信 李克强与基层教师座谈"，新华社，2013年9月10日。

新形势下高校宣传思想工作的意见》指出："要大力提高高校教师队伍思想政治素质。强调要着力加强教师思想政治工作，坚持不懈用中国特色社会主义理论体系武装教师头脑，进一步健全教师政治理论学习制度。"[①]同年，《做党和人民满意的好老师——同北京师范大学师生代表座谈时的讲话》中，习近平总书记指出："扎实的知识功底、过硬的教学能力、勤勉的教学态度、科学的教学方法是老师的基本素质，其中知识是根本基础。"[②]这一讲话明确了学科知识素养是青年思政课教师素养的根本。此后，2019 年，在学校思想政治理论课教师座谈会上，习近平总书记指出："要坚持政治性和学理性相统一，以透彻的学理分析回应学生，以彻底的思想理论说服学生，用真理的强大力量引导学生。要坚持价值性和知识性相统一，寓价值观引导于知识传授之中。"[③]这一讲话指出了思政课教师应具备扎实理论功底的重要观点。思政课是一门讲道理的课程，而老师要给学生将道理讲清楚，说服学生，就需要教师有扎实的理论基础，渊博的知识。唯有如此，学生才能心悦诚服。2021 年《教育部等六部门关于加强新时代高校教师队伍建设改革的指导意见》指出："建设高校教师发展平台，着力提升教师专业素质能力：健全高校教师发展制度。夯实高校教师发展支持服务体系。"[④]从搭建平台，健全制度方面为思政课教师学科知识素养的提升进一步提供了具体路径。2021 年，习近平在看望参加全国政协十三届四次会议的医药卫生界、教育界委员时的讲话时指出："'大思政课'我们要善用之，一定要跟

① 中共中央宣传部 中共教育部党组：《关于加强和改进高校宣传思想工作队伍建设的意见》（教党〔2015〕31 号），2015 年 9 月 30 日。

② "习近平：做党和人民满意的好老师——同北京师范大学师生代表座谈时的讲话"，新华社，2014 年 9 月 10 日。

③ 习近平：《用新时代中国特色社会主义思想铸魂育人 贯彻党的教育方针落实立德树人根本任务——在学校思想政治理论课教师座谈会上的讲话》，《人民日报》2019 年 3 月 19 日第 1 版。

④ 教育部等六部门：《教育部等六部门关于加强新时代高校教师队伍建设改革的指导意见》（教师〔2020〕10 号），2021 年 1 月 4 日。

现实结合起来。上思政课不能拿着文件宣读，没有生命、干巴巴的。”[①]从侧面凸显了思政课教师必须具备知识理论素养。思政课的政治性和学理性、抽象性决定了思政课教师必须是一个知识素养深厚的人。

表 1-3　学科知识素养相关政策文件

素养	年份	文件名	文件内容（节选）
学科知识素养	1952	《中共中央关于培养高等、中等学校马克思列宁主义理论师资的指示》	有系统地学习马克思列宁主义的理论，逐渐培养他们成为高等、中等学校新的政治理论师资。
	1978	《教育部办公厅关于加强高等学校马列主义理论教育的意见》	必须提高理论课教师的水平。办法是：①根据理论课教师教学工作的需要，在阅读文件和听传达报告方面，应予照顾。②采取多种形式分期分批地培训现有教师。
	1984	《关于加强和改进高等院校马列主义理论教育的若干规定》	要深谙马列主义理论，具有较广博的中外历史、教育学、伦理学等社会科学知识和自然科学的基础知识；要有一定的实际工作锻炼（包括做学生的思想政治工作）。
	1987	《国家教育委员会关于进一步改革高等学校马克思主义理论（公共课）教学的意见》	建设一支政治上坚定、具有马克思主义理论素养、坚持理论联系实际、热心学生思想政治教育的理论课教师队伍，是改革马克思主义理论课教学的根本保证。
	1991	《国家教育委员会关于加强和改进高等学校马克思主义理论教育的若干意见》	提高教师队伍的政治和业务水平，是提高教学质量的关键。
	1995	《关于高校马克思主义理论课和思想品德课教学改革的若干意见》	推动教学改革加强学科建设的主要依靠和基本保证，在于培养和建设一支坚信马克思主义，政治上同党中央保持高度一致，有扎实的马克思主义理论基础和一定的科研能力、比较丰富的人文社会科学知识和必要的自然科学基础知识以及一定的思想政治教育经验、献身思想理论教育事业的教师队伍。

① “办好人民满意的医疗教育事业——习近平总书记在政协医药卫生界、教育界委员联组会上的重要讲话鼓舞人心”，新华社，2021 年 3 月 7 日。

（续表）

素养	年份	文件名	文件内容（节选）
学科知识素养	2012	《关于进一步加强高校马克思主义理论学科建设的意见》	要按照“一岗双能”“一身二任”的要求，努力提高教师自身的理论素养、业务能力和道德修养，不断强化学科意识，积极参与学科建设。
	2013	《习近平向全国广大教师致慰问信》	牢固树立终身学习理念，加强学习，拓宽视野，更新知识，不断提高业务能力和教育教学质量，努力成为业务精湛、学生喜爱的高素质教师。
	2014	《关于进一步加强和改进新形势下高校宣传思想工作的意见》	要大力提高高校教师队伍思想政治素质。强调要着力加强教师思想政治工作，坚持不懈用中国特色社会主义理论体系武装教师头脑，进一步健全教师政治理论学习制度。
	2014	《做党和人民满意的好老师——同北京师范大学师生代表座谈时的讲话》	扎实的知识功底、过硬的教学能力、勤勉的教学态度、科学的教学方法是老师的基本素质，其中知识是根本基础。
	2018	习近平在北京大学师生座谈会上的讲话	建设政治素质过硬、业务能力精湛、育人水平高超的高素质教师队伍是大学建设的基础性工作。
	2019	习近平在学校思想政治理论课教师座谈会上的讲话	要坚持政治性和学理性相统一，以透彻的学理分析回应学生，以彻底的思想理论说服学生，用真理的强大力量引导学生。要坚持价值性和知识性相统一，寓价值观引导于知识传授之中。
	2020	《新时代高等学校思想政治理论课教师队伍建设规定》	思政课教师应当用好国家统编教材。思政课教师应当加强教学研究。思政课教师应当深化教学改革创新。
	2021	《教育部等六部门关于加强新时代高校教师队伍建设改革的指导意见》	建设高校教师发展平台，着力提升教师专业素质能力：健全高校教师发展制度。夯实高校教师发展支持服务体系。
	2021	习近平在看望参加全国政协十三届四次会议的医药卫生界、教育界委员时的讲话	“大思政课”我们要善用之，一定要跟现实结合起来。上思政课不能拿着文件宣读，没有生命、干巴巴的。

（三）专业道德素养相关政策

师德师风建设工作是教师队伍建设的核心工作，也是教师最基本的道德情感素养。党和国家对于教师专业道德建设的政策文本也较多，对此，我们对相关内容进行了分析和梳理（详见表 1–4）。

专业道德素养主要侧重于师德师风建设中师德的部分。早期，1991 年，国家教育委员会颁布了《关于加强和改进高等学校马克思主义理论教育的若干意见》,《意见》指出："要根据教学工作和提高教师业务素质的需要，引导教师以严谨的科学态度和勇于创新的求实精神。"①针对思政课教学的特殊情况,《意见》明确指出思政课教师在教学中所体现的教学责任感，即教师应该在教学中保持严谨科学态度，具备创新求实精神，进而促进思政课的建设和发展。1995 年《关于高校马克思主义理论课和思想品德课教学改革的若干意见》指出，"要建立表彰奖励制度，增强'两课'教师队伍的事业心和使命感"。②这从更高的使命感和事业心的层面对于思政课教师的道德素养提出了要求。进入新时代，随着学校思想政治教育事业的纵深发展，对思政课教师的专业道德素养提出了新要求。例如，2013 年，习近平总书记在向全国广大教师致慰问信中指出，要"牢固树立改革创新意识，踊跃投身教育创新实践，为发展具有中国特色、世界水平的现代教育作出贡献"。③2015 年，中共中央印发关于《进一步加强和改进新形势下高校宣传思想工作的意见》，首次明确提出"要扎实推进师德建设，落实高校教师职业道德规范"④。由此，专业道德素养培育成为思政课教师核心素养的重要面向。

---

① 教育部社会科学司:《普通高校思想政治理论课文献选编（1949—2008）》，中国人民大学出版社 2008 年版，第 138 页。

② 教育部社会科学司:《普通高校思想政治理论课文献选编（1949—2008）》，中国人民大学出版社 2008 年版，第 157 页。

③ "习近平向全国广大教师致慰问信　李克强与基层教师座谈"，新华社，2013 年 9 月 10 日。

④ "中共中央 国务院印发《关于新时代加强和改进思想政治工作的意见》"，新华社，2021 年 7 月 12 日。

表 1–4 专业道德素养相关政策文件

素养	年份	文件名	文件内容（节选）
专业道德素养	1991	《国家教育委员会关于加强和改进高等学校马克思主义理论教育的若干意见》	要根据教学工作和提高教师业务素质的需要，引导教师以严谨的科学态度和勇于创新的求实精神，树立理论联系实际的良好学风，研究教学中的疑难问题，调查和分析学生的思想状况，研究教学规律和教学方法。
	1995	《关于高校马克思主义理论课和思想品德课教学改革的若干意见》	要建立表彰奖励制度，增强“两课”教师队伍的事业心和使命感。
	2013	《习近平向全国广大教师致慰问信》	自觉增强立德树人、教书育人的荣誉感和责任感，学为人师，行为世范，做学生健康成长的指导者和引路人。
	2014	《做党和人民满意的好老师——同北京师范大学师生代表座谈时的讲话》	合格的老师首先应该是道德上的合格者，好老师首先应该是以德施教、以德立身的楷模。好老师应该取法乎上、见贤思齐，不断提高道德修养，提升人格品质，并把正确的道德观传授给学生。
	2015	《关于进一步加强和改进新形势下高校宣传思想工作的意见》	要扎实推进师德建设，落实高校教师职业道德规范，完善师德建设长效机制，实行师德一票否决制，完善加强高校学风建设办法，健全学术不端行为监督查处机制。
	2016	《习近平在全国高校思想政治工作会议上强调把思想政治工作贯穿教育教学全过程开创我国高等教育事业发展新局面》	要加强师德师风建设，坚持教书和育人相统一，坚持言传和身教相统一，坚持潜心问道和关注社会相统一，坚持学术自由和学术规范相统一，引导广大教师以德立身、以德立学、以德施教。
	2017	《决胜全面建成小康社会 夺取新时代中国特色社会主义伟大胜利——在中国共产党第十九次全国代表大会上的报告》	加强师德师风建设，培养高素质教师队伍，倡导全社会尊师重教。

（续表）

素养	年份	文件名	文件内容（节选）
专业道德素养	2018	《习近平在全国教育大会上强调　坚持中国特色社会主义教育发展道路　培养德智体美劳全面发展的社会主义建设者和接班人》	要把立德树人融入思想道德教育、文化知识教育、社会实践教育各环节，贯穿基础教育、职业教育、高等教育各领域，学科体系、教学体系、教材体系、管理体系要围绕这个目标来设计，教师要围绕这个目标来教，学生要围绕这个目标来学。
	2019	《习近平在学校思想政治理论课教师座谈会上的讲话》	自律要严，做到课上课下一致、网上网下一致，自觉弘扬主旋律，积极传递正能量。
	2019	《关于深化新时代学校思想政治理论课改革创新的若干意见》	增强教师的职业认同感、荣誉感、责任感，把思政课教师和辅导员中的优秀分子纳入各类高层次人才项目，在“万人计划”“长江学者奖励计划”“四个一批”等人才项目中加大倾斜支持力度。
	2021	《中华人民共和国国民经济和社会发展第十四个五年规划和2035年远景目标纲要》	建立高水平现代教师教育体系，加强师德师风建设，完善教师管理和发展政策体系，提升教师教书育人能力与素质。
	2021	《教育部等六部门关于加强新时代高校教师队伍建设改革的指导意见》	1. 培育弘扬高尚师德； 2. 强化师德考评落实。

（四）情感态度素养的相关政策

情感态度素养主要体现在师德师风建设中的师风部分。师德师风对于教师的职业发展以及学生的健康成长具有重要的推动作用。教师情感态度素养是教师进行有效教学的影响因素之一。在长久的研究发展中，最初，教师的情感态度素养鲜少有研究。但随着教育技术的高度发展，人们越来越发现教育教学需要热情和激情。充满情感的课堂教学和学校管理不仅能够促进和谐教育，同时也会给老师和学生带来更多的福祉。关于教师的情感态度素养，国家从爱家国、爱人民、爱事业的角度提出了具体要求（详见表 1-5）。2014 年，习近平总书记在同北京师范大学师生代表座谈时的讲话中，指出："好老师要用爱培育爱、激发爱、传播爱，通过真情、真心、真诚拉近同学生的距离，滋润学生的心田，使自己成为学生的好朋友和贴心人。"[①] 这一论述明确地指出教师的情感态度素养是好老师的标准之一。2016 年，在北京市八一学校考察时，习近平强调，"希望广大教师认清肩负的使命和责任，教育和引导学生热爱祖国、热爱人民、热爱中国共产党。"[②] 这一论述对教师教育情感培养的内容提出了具体要求。2019 年《关于深化新时代学校思想政治理论课改革创新的若干意见》指出："增强教师的职业认同感、荣誉感、责任感。"[③] 思政课教师对于职业的认同感、荣誉感和责任感有利于促进教师获得感和幸福感提升。在思政课教师的职业认同感方面，提到思政课教师要"牢固树立改革创新意识，踊跃投身教育创新实践，为发展具有中国特色、世界水平的现代教育作出贡献"。思政课教师要在调查实践中拓宽视野。在比较和分析的过程中，坚定"四个自信"。关于荣誉感，提到思政课教师要"以教育家为榜样，大力弘扬教育家精神，牢记为党育人、为国育才的初心使命"。关于责任感和使命感提到，好教师要做学生的"好朋友""贴心人"。要"教育和引导学生热爱祖国、热爱人民、热爱中国共产党"。思政课教师要为强国建设和民族复兴伟业作出更大贡献。此后，2021 年《教育部等六部门关于加强新时代高校教师队伍建设改革的指导意见》指出，"培育弘扬高尚师德""强化师德考评落实"[④]。

---

① "做党和人民满意的好老师——同北京师范大学师生代表座谈时的讲话"，新华社，2014 年 9 月 10 日。

② "习近平：全面贯彻落实党的教育方针 努力把我国基础教育越办越好"，新华社，2016 年 9 月 9 日。

③ "中共中央办公厅 国务院办公厅印发《关于深化新时代学校思想政治理论课改革创新的若干意见》"，新华社，2019 年 8 月 14 日。

④ 教育部等六部门：《教育部等六部门关于加强新时代高校教师队伍建设改革的指导意见》（教师〔2020〕10 号），2021 年 1 月 4 日。

2023年，习近平总书记创新性提出中国特有的教育家精神，提出中国广大教师要有“乐教爱生，甘于奉献的仁爱之心”，应关爱学生，乐于奉献。由此，对于思政课教师的情感态度素养也提出了更高一层的要求，并对思政课教师提出考评机制以此来促进思政课教师的发展。思政课是一门有温度的课程，思政课教学也需要教师注入情感，在教学过程中引起学生的情感共鸣，进而达到有效教学的效果。

总之，党和国家对思政课教师师德师风建设要求的历史沿革可以看作一个不断加强、不断完善的过程。从职业认同感、荣誉感、责任感和使命感等方面对思政课教师的情感态度素养提出了要求，旨在通过发挥思政课教师的模范作用，更好地履行教育使命，提高思想政治教育的实效性，为培养高素质人才做出积极贡献。

表1–5　情感态度素养相关政策文件

素养	年份	文件名	文件内容（节选）
情感态度素养	1995	《关于高校马克思主义理论课和思想品德课教学改革的若干意见》	要建立表彰奖励制度，增强“两课”教师队伍的事业心和使命感，并使他们的工作得到社会的高度尊重。
	2013	《习近平向全国广大教师致慰问信》	牢固树立改革创新意识，踊跃投身教育创新实践，为发展具有中国特色、世界水平的现代教育作出贡献。
	2014	《做党和人民满意的好老师——同北京师范大学师生代表座谈时的讲话》	好老师要用爱培育爱、激发爱、传播爱，通过真情、真心、真诚拉近同学生的距离，滋润学生的心田，使自己成为学生的好朋友和贴心人。
	2016	《习近平在北京市八一学校考察时强调　全面贯彻落实党的教育方针　努力把我国基础教育越办越好》	希望广大教师认清肩负的使命和责任，教育和引导学生热爱祖国、热爱人民、热爱中国共产党。
	2019	《习近平在学校思想政治理论课教师座谈会上的讲话》	情怀要深，保持家国情怀，心里装着国家和民族，在党和人民的伟大实践中关注时代、关注社会，汲取养分、丰富思想。

（续表）

素养	年份	文件名	文件内容（节选）
情感态度素养	2019	《新时代学校思想政治理论课改革创新的若干意见》	建立一批“新时代高校思想政治理论课教师研学基地”，组织思政课教师在国内考察调研，在深入了解党和人民伟大实践中汲取养分、丰富思想。组织思政课骨干教师赴国外调研，拓宽国际视野，在比较分析中坚定“四个自信”。
	2021	习近平在看望参加全国政协十三届四次会议的医药卫生界、教育界委员时的讲话	“大思政课”我们要善用之，一定要跟现实结合起来。上思政课不能拿着文件宣读，没有生命、干巴巴的。
	2023	习近平总书记在第三十九个教师节致全国优秀教师代表的信	新征程上，希望你们和全国广大教师以教育家为榜样，大力弘扬教育家精神，牢记为党育人、为国育才的初心使命，树立“躬耕教坛、强国有我”的志向和抱负，自信自强、踔厉奋发，为强国建设、民族复兴伟业作出新的更大贡献。

（五）教育教学素养相关政策

教育教学素养是青年思政课教师教育教学的重要素养要求。因此，本书对与教育教学素养相关的政策文件也进行了梳理（详见表 1–6）。

最早，关于思政课教师教育教学素养的相关政策文本内容指向能力素养的培养上。例如，1978 年，教育部办公厅关于《加强高等学校马列主义理论教育的意见》指出：“教育部和省、市教育部门有计划地组织各种形式和规模的马列主义理论讨论会、报告会、教学经验交流会，以及组织马列主义水平较高的教师到各地讲学。”①1984 年《关于加强和改进高等院校马列主义理论教育的若干规定》指出：“教师的培养和进修要形成制度。每个

① 教育部社会科学司：《普通高校思想政治理论课文献选编（1949—2008）》，中国人民大学出版社 2008 年版，第 70 页。

教师教学三年可以脱产学习半年（包括科学研究和社会调查）。学校要帮助教师制定个人进修计划，并规定具体的考核办法。”[①]1995年《关于高校马克思主义理论课和思想品德课教学改革的若干意见》指出：“要建立相应的培训体制，采取脱产进修、在职培训、挂职锻炼等形式，抓紧中青年骨干教师和‘两课’教学部门负责人的培养。”[②]这些政策论述不断丰富着思政课教师教育教学素养的形式，为提高思政课教师教学水平，强化思政课程育人效果起到了重要作用。

进入新时代，思政课教师的能力素养要求“按照‘一岗双能’‘一身二任’的要求，努力提高教师自身的理论素养、业务能力和道德修养，不断强化学科意识，积极参与学科建设”。[③]此后，为培养学校思政课教师的能力素养，党和国家建立一批“新时代高校思想政治理论课教师研学基地”，促使思政课教师提升能力素养，完善国家、省（自治区、直辖市）、学校三级培训体系。2020年《新时代高等学校思想政治理论课教师队伍建设规定》指出：“思政课教师应当用好国家统编教材。思政课教师应当加强教学研究。思政课教师应当深化教学改革创新。”[④]这一要求，提出思政课教师在教学中必须注重教学创新，对传统的教学模式和教学方式要进行变革，从而更加适应社会发展的需求以及课程建设的要求。2021年《中华人民共和国国民经济和社会发展第十四个五年规划和2035年远景目标纲要》指出：“建立高水平现代教师教育体系，加强师德师风建设，完善教师管理和发展

① 教育部社会科学司：《普通高校思想政治理论课文献选编（1949—2008）》，中国人民大学出版社2008年版，第94页。

② 教育部社会科学司：《普通高校思想政治理论课文献选编（1949—2008）》，中国人民大学出版社2008年版，第157页。

③ 国务院学位委员会：《关于进一步加强高校马克思主义理论学科建设的意见》（学位〔2012〕17号），2012年6月6日。

④ 中华人民共和国教育部：《新时代高等学校思想政治理论课教师队伍建设规定》，中华人民共和国教育部令第46号，2020年1月16日。

政策体系，提升教师教书育人能力素质。”[①]这些重要论述和政策为提高青年思政课教师的教育教学素养指明了内容、路径和意义。

表 1–6 教育教学素养相关政策文件

素养	年份	文件名	文件内容（节选）
教育教学素养	1978	《教育部办公厅关于加强高等学校马列主义理论教育的意见》	教育部和省、市教育部门有计划地组织各种形式和规模的马列主义理论讨论会、报告会、教学经验交流会，以及组织马列主义水平较高的教师到各地讲学。
	1984	《关于加强和改进高等院校马列主义理论教育的若干规定》	教师的培养和进修要形成制度。每个教师教学三年可以脱产学习半年（包括科学研究和社会调查）。学校要帮助教师制定个人进修计划，并规定具体的考核办法。
	1995	《关于高校马克思主义理论课和思想品德课教学改革的若干意见》	要建立相应的培训体制，采取脱产进修、在职培训、挂职锻炼等形式，抓紧中青年骨干教师和“两课”教学部门负责人的培养。
	2012	《关于进一步加强高校马克思主义理论学科建设的意见》	努力提高教师自身的理论素养、业务能力和道德修养，不断强化学科意识，积极参与学科建设。
	2019	《新时代学校思想政治理论课改革创新的若干意见》	切实提高思政课教师综合素质。以培育一大批优秀马克思主义理论教育家为目标，制定思政课教师队伍培养培训规划。建强高校思政课教师研修基地。建立一批“新时代高校思想政治理论课教师研学基地”。完善国家、省（自治区、直辖市）、学校三级培训体系。
	2020	《新时代高等学校思想政治理论课教师队伍建设规定》	思政课教师应当用好国家统编教材。思政课教师应当加强教学研究。思政课教师应当深化教学改革创新。
	2021	《中华人民共和国国民经济和社会发展第十四个五年规划和 2035 年远景目标纲要》	建立高水平现代教师教育体系，加强师德师风建设，完善教师管理和发展政策体系，提升教师教书育人能力素质。

①《中华人民共和国国民经济和社会发展第十四个五年规划和 2035 年远景目标纲要》，新华社，2021 年 3 月 13 日。

（六）数字技术素养相关政策

随着教育智能化、现代化的发展，着眼于数字化意识养成与数字教学能力掌握的数字素养是思政课教师适应时代发展，掌握现代化教学技术手段的必要前提，是当代青年思政课教师核心素养培育的重要课题。同时，教师数字素养直接决定着教育现代化进程。与之前提到的几个素养相比，思政课教师的数字技术素养具有鲜明的时代性，数智化时代青年思政课教师需要将自身的数字技术素养与时代发展的需求紧密结合起来，充分体现与数字时代深度融合的理念。此外，数字技术素养进一步促进了教学的创新性。意识是行动的指挥棒，有了创新意识，则有可能产出创新行动。因此，本书对于数字技术素养的相关政策文本进行了梳理（详见表 1–7）。2019 年《普通高等学校思想政治理论课教师队伍培养规划（2019—2023 年）》指出："依托'全国高校思政课教师网络集体备课平台'，根据培训需要及时开展网络直播培训，每年直播 50 场次以上，覆盖全国高校思政课专兼职教师。开发在线学习频道，供思政课教师自主选学、精细备课。"[①]这为思政课教师提升素养提供了保障。2022 年《教育部关于进一步加强新时代中小学思政课建设的意见》指出："用好数字化资源平台。不断拓展国家中小学智慧教育平台及地方教育资源平台服务功能，广泛汇聚各类优质思政课数字化教学资源，促进优质资源共建共享，并健全资源迭代更新与应用激励机制。"[②]同年，《全面推进"大思政课"建设的工作方案》指出，"建设全国高校思政课教研系统"，"推进国家智慧教育平台建设使用"，"打造网络教育宣传云平台"。[③]其中既有地方资源也有全国性的资源，既有科研类型的平台

---

① 中华人民共和国教育部：《教育部关于印发〈普通高等学校思想政治理论课教师队伍培养规划（2019—2023 年）〉的通知》（教社科函〔2019〕10 号），2019 年 4 月 18 日。

② 中华人民共和国教育部：《教育部关于进一步加强新时代中小学思政课建设的意见》（教基〔2022〕5 号），2022 年 11 月 8 日。

③ 教育部等十部门：《全面推进"大思政课"建设的工作方案》（教社科〔2022〕3 号），2022 年 8 月 10 日。

也有教学类型的平台，为思政课教师提高数字素养提供了丰富的资源。上述文件的出台，表明数字技术素养已成为青年思政课教师必备的素养之一。

表 1-7　数字技术素养相关政策文件

素养	年份	文件名	文件内容（节选）
数字技术素养	2019	《普通高等学校思想政治理论课教师队伍培养规划（2019—2023 年）》	依托“全国高校思政课教师网络集体备课平台”，根据培训需要及时开展网络直播培训，每年直播 50 场次以上，覆盖全国高校思政课专兼职教师。开发在线学习频道，供思政课教师自主选学、精细备课。
	2022	《教育部关于进一步加强新时代中小学思政课建设的意见》	用好数字化资源平台。不断拓展国家中小学智慧教育平台及地方教育资源平台服务功能，广泛汇聚各类优质思政课数字化教学资源，促进优质资源共建共享，并健全资源迭代更新与应用激励机制。
	2022	《全面推进“大思政课”建设的工作方案》	1. 建设全国高校思政课教研系统。 2. 推进国家智慧教育平台建设使用。 3. 打造网络教育宣传云平台。
	2022	《数字化赋能“大思政课”》	数字化技术为“大思政课”打开了更广阔的发展空间，为把道理讲深、讲透、讲活提供了有效助力。运用数字化技术赋能思政课堂，丰富“大思政课”教学内容、创新“大思政课”育人方式、完善“大思政课”教学评价体系，将有效推进“大思政课”高质量发展，为培养德智体美劳全面发展的社会主义建设者和接班人提供坚实支撑。

三、思政课教师核心素养的研究现状

“教师是人类灵魂的工程师，承担着神圣的使命。”[①]加强青年思政课教师队伍的建设，对于完成学校立德树人的教育使命具有重要意义。通过对 CNKI 数据库（2000—2024）中有关思政课教师素养的相关文献进行可视

①《中共中央、国务院〈关于全面深化新时代教师队伍建设改革的意见〉》，《人民日报》2018 年 2 月 1 日。

化分析（见图 1-3）。学术界关于思政课教师的研究从 2014 年以后逐渐呈上升趋势。从近几年的发文数量上来看，思政课教师逐渐成为学术界热议的话题之一。

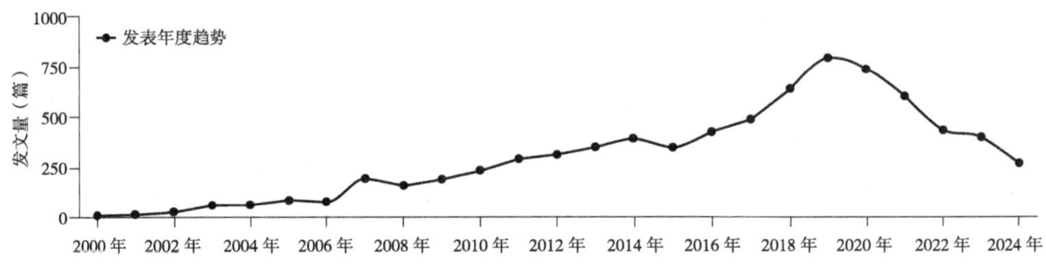

图 1-3　思政课教师素养相关文献的可视化分析

根据中国知网的查询结果，笔者对思政课教师核心素养的相关文献进行了梳理，分析整理文献发现，2000 年以后学界逐渐开始关注思政课教师的“素养”“素质”“能力”，然而聚焦于“思政课教师核心素养”以及“青年思政课教师核心素养”的相关研究则起步不久。当前，对于青年思政课教师核心素养的聚焦点主要落在核心素养的内涵研究、要素构成、价值意蕴和素养存在问题及提升策略等方面，具体的梳理情况如下。

（一）青年思政课教师核心素养的内涵研究

学界对于思政课教师核心素养研究的关注和兴起主要伴随着学生核心素养的研究而不断推进。对于学校思政课教师核心素养的内涵研究，学者们基于不同的角度对其进行了阐释。

基于教师核心素养概念衍生出学校思政课教师核心素养的内涵界定。学者认为，思政课教师核心素养是指：“思想政治理论课教师在已有的、所形成的较为稳定的基本素质的基础上通过教学实践活动和自身修养而形成和发展起来的相对稳定的优秀品质。”①而思政课教师素质是提高思想政治理论课教学质量的关键，也是思政课教育教学现代化和实效性的关键。同时，

① 孟德成：《新时期高校思想政治理论课教师素质建设的现状与对策分析》，硕士学位论文，山东理工大学，2011 年，第 11 页。

学者们将“六个要”作为思政课教师核心素养内涵界定的基本遵循，将思政课教师的核心素养内涵归纳为“‘过硬的政治素养’、‘专深’与‘博通’兼具的学科素养、促进知识转化的教学素养、立足社会实践的社会参与和贡献素养”①。基于专业素养的角度，学者们认为思政教师的核心素养指的是思政课教师具备的马克思主义理论的水平高低，对于马克思主义的相关基本理论的了解程度以及将这些理论运用于实践的能力。②“主要是指思想政治理论课教师具备坚定的马克思主义信仰，忠诚于党的教育事业，能自觉运用马克思主义的原则、立场、观点和方法指导个人教学行为，熟练掌握马克思主义理论体系，具备深厚的相关学科知识储备和合理的知识结构，能够与时俱进，熟练掌握思想政治理论课教学手段和教学方法，积极实现思想政治理论课教学目标的认知、能力和素质的综合。”③针对青年教师群体的核心素养主要从内涵和外延两方面进行分析。就内涵方面而言，青年思政课教师群体素养是指他们顺利完成所有的教学工作，实现教育基本目标应该拥有的能力和素养。在外延方面则主要表现为政治素养、师德素质以及知识素养和能力素养等方面。

（二）青年思政课教师核心素养的构成要素研究

整理查阅文献，对于学校思政课教师核心素养的要素构成，学术界没有系统的总结。但大体上研究主要集中在政治理论素养、专业道德素养、教师情感素养、知识素养以及教育教学能力素养几个方面。其中，政治理论素养是思政课教师必备的首要和核心素质，决定着思政课教师的任职资格；专业道德素养是根本，是“第一标准”；情感教育能力是教师职业的天

① 张宗兰、梁大伟：《“双一流”视域下高校思政课教师核心素养的价值、内涵与提升路径》，《教育理论与实践》2021年第3期。

② 陈莉：《高校思政课教师素养提升的问题与对策》，《高教学刊》2016年第13期。

③ 邓国彬、杨鲜丽：《高校思想政治理论课教师专业素养评价体系构建探析》，《高教论坛》2014年第2期。

然要求。教学中蕴藏的情感因素是学生乐学、教师乐教的关键；知识素养是教师核心素养的基础和底线要求；教育教学能力则是教师核心素养的支撑。例如，张雷声（2006）认为可以将思政课教师的素质划分为基本层面（教育科研）、必要方面（人格魅力）、重要内容（创新精神）和内容（道德风范）四个部分。从专业化发展的角度分析，郭秀丽、蔡中宏（2011）将学校思政课教师的专业素质划分为三个维度，即思想政治素质（最重要的素质）、职业道德素质（最核心的素质）、业务和能力素质（最根本的素质）。郑世坤（2001）认为教师的素质如何在一定程度上决定所培养的学生的素质。因此，作为一名思政课教师要有较高的马克思主义理论修养、严谨认真的教学作风、博学的知识、高尚的道德情操、豁达的心胸。陈福昌、彭向阳（2006）认为应该构建完善的学校思政课师资队伍素质结构，将其素质结构划分为：良好的思想道德素质、深厚的理论功底、广博的知识储备、高尚的人格魅力。邵宪梅（2013）认为思政理论课教师必须具备信仰坚定、学识渊博、思辨能力、实践能力四种素养。学者郑永廷（2017）在《思想政治教育学原理》一书中指出思想政治教育者应具备的四个素质为“思想政治教育素质、本职业务素质、科学文化素质和身心健康素质”。①熊晓琳、孙希芳（2022）提出思政课教师应具备站定讲台的政治素养、站稳讲台的情怀素养、站好讲台的教学素养以及站实讲台的科研素养等基本素养。②

（三）青年思政课教师核心素养的价值意蕴研究

教师核心素养的水平、层次决定了教师教育教学的成效和价值。聚焦青年思政课教师核心素养的研究，不仅是对社会变革诉求的积极回应，也是完善青年思政课教师标准体系的迫切需要，同时为建设高质量的思政课提供重要保障，更为青年思政课教师评价行为提供了“基本尺度”。学者们

① 郑永廷：《思想政治教育学原理》，高等教育出版社 2017 年版，第 371 页。

② 熊晓琳、孙希芳：《高校思政课教师的核心素养及提升路径》，《思想理论教育导刊》2022 年第 7 期。

认为，教师核心素养的生成价值取向是融入教学情境的实际教育需要、面向专业持续发展的基础性需要、基于教育实践和反思的创新需要和围绕学生发展为本的价值需要[①]。立足于“双一流”视域，学者们认为，思政课教师的核心素养培育是一流学生价值观形成的关键，在“双一流”高校建设中起到政治指引的作用。因此，教师核心素养的培育既在学生发展核心素养培育过程中起到价值导向的作用，也满足了教师专业持续发展的现实需要，更回应了教育竞争国际化提出的时代诉求。立足于中国特色社会主义新时代，提高思政课教师素养与能力是新时代教育发展的必然要求，是新时代人才成长的内在要求，是解决思政课教师队伍发展不平衡、不充分问题的必由之路。[②]

（四）青年思政课教师核心素养存在的相关问题研究

关于思政课教师核心素养存在的相关问题。学者们普遍认为，增强学校思政课的实效性，关键在于提升学校思政课教师的整体素质。然而不可否认的是，当下各个学段学校思政课教师素质参差不齐。在外部环境冲击下，教师个人的理想信念、道德情操、知识素养、育人观念等也受到影响。主要表现在政治信仰不坚定、政治意识淡漠、难以发挥感染力；理论功底不扎实、难以产生说服力、知识结构单一，难以将内容讲深、讲透、讲活，缺乏吸引力；道德情操下滑，缺乏教学责任感和使命感；育人意识淡薄，缺乏对学生关爱和课程的热爱。例如，蔡亮（2014）从发展的角度对思政课教师的素质进行了分析，他认为当前思政课教师素质整体发展态势是向好的，但是在职称、学历结构以及培训和制度保证方面还存在一定的问题。邵西梅（2017）认为，当前在思政课教师素养发展方面存在的问题主要表现为：政治素质不够坚定、专业理论知识的掌握上不够扎实、教育教学技能

① 曾文茜、罗生全：《教师核心素养的生成逻辑与价值取向》,《教学与管理》2017年第28期。

② 张俊霞：《新时代思政课教师队伍核心能力结构及其优化》,《中学政治教学参考》2021年第28期。

方面技能不够高等方面。郑玲玲（2017）认为，当前思政课教师的素质有下降的趋势，教师缺乏创新的动力和能力，同时师德也受到一定的冲击。

（五）青年思政课教师核心素养的培育路径研究

青年思政课教师核心教学素养的提升是涉及多方面、多角度的综合性问题，从任何单一的角度提升都难以奏效。因此，必须从政策支持、质量工程、学科建设、社会服务、科学研究、自我提升以及整体性建设等多视角、多维度出发形成合力。例如，有学者提出，提升思政课教师的素质需要从四个方面着手：（1）通过加强社会主义价值体系的引领，以此来提高教师的思想政治素质；（2）提高思政课教师的创新素质需要发挥批判精神；（3）提升教师的社会实践素质要在老师和学生互动的基础上，了解学生的需求；（4）充分利用丰富的道德体验和实践感受，从而提升教师的师德素质。从个体角度出发，有学者认为，提升教师素质的关键在于要不断促进思政课教师自我效能感的提升，而教师自我效能感的提升则要求必须要坚定教师的信念，培养教师良好的心理素质，完善教师培训体系，增强教师的集体效能感以及职业认同感。还有学者以习近平总书记提出的高素质教师队伍要求为基本遵循，同时结合思政理论课自身的特点，主张从政治素质、业务能力以及育人水平三个方面促进思政课教师素质的提升。其中，国家政策制度的实施贯穿思政课教师核心素养提升的全过程，具体通过系列专项培训、思政课一体化建设以及各个部门协同配合的方式来提升思政课教师的素养。还有学者从校本教研角度出发建构教师核心素养培育路径：一是确立立德树人价值观，提高教师的育人素养；二是营造民主平等合作氛围，增强教师的人际素养；三是研究具有校本特色的问题，形成教师的组织素养；四是规范校本教研，培育教师的专业素养。①

① 水菊芳、张阳：《提升教师素养的校本教研理解与建构》，《基础教育课程》2023年第11期。

（六）学校思政课教师队伍建设研究

青年思政课教师核心素养培育与学校思政课教师队伍建设紧密相关。培育和提升青年思政课教师的核心素养是推动学校思政课教师队伍建设的重要着力点之一。对于探究青年思政课教师核心素养的培育状况需对思政课教师队伍建设发展的相关文献进行分析。因此，本书对于学校思政课教师队伍建设的相关情况从以下几个方面展开了研究。

关于学校思政课教师队伍建设的历史经验研究。对于这一问题的研究，学者们主要将时间轴作为研究的主线，通过纵横两方面对思政课教师队伍建设的历史轨迹进行了思考和回溯。从中华人民共和国成立初（1949—1964 年）、拨乱反正（1978—1984 年）以及改革开放以后（1985 年至今）三个阶段对思政课教师队伍建设进行了划分。要充分发挥思政课教师的主观能动性，则需要从政策、思想以及生活上对思政课教师进行真切关心。学者顾海良（2001）在整理文献的基础上，对改革开放之后思政课教师队伍建设所取得的成就、历次思政课改革的重点和显著特点等进行了梳理。学者们对于历史经验的研究有利于我们分阶段研究党和国家对于思政课教师核心素养的要求。因此，有利于后续建构思政课教师核心素养的体系。

学校思政课教师队伍建设存在的问题。随着时代的发展，思政课教师队伍建设面临新形势，存在着队伍管理、建设的机制体制尚未完善，教师角色转换与自身职业认同的过程尚不顺畅等问题。杨子强、单文鹏（2018）认为新时代学校思政课教师队伍建设中存在着“失范”“脱节”“失味”“失衡”的问题。杨怀彦（2018）认为当前思想政治理论课教师队伍建设存在专业素质不足、师德失范、地位待遇较低等问题。李文涛（2019）认为，思政课教师队伍建设存在的问题主要表现为三个方面，分别是数量素质不适应、学科发展不平衡、体制机制不完善。

学校思政课教师队伍建设对于学校思政课教学具有重要意义。关于学校思政课教师的重要作用很早就有学者关注到。学者们认为，马克思主义理论课程是高等教育中的主阵地和主渠道。在学校的课程教学中，思想政治理论课承担着帮助学生树立正确的世界观以及树立为人民服务的人生观的重要使命。同时，政治理论课教师还具备着引导学生紧跟国家发展制定的路线方针的责任。基于此，从根本上来说，一支靠得住、教得好的思政课教师队伍则是上述使命和责任最重要的保证。姚亚平、胡伯项（1998）提出，要把邓小平理论化为青年教师的伟大实践，使他们增强学习的自觉性，提高他们实际运用的能力，并大力培养一批通晓马列主义、毛泽东思想特别是邓小平理论的新型理论家和教育家[①]。

关于学校思政课教师队伍建设发挥重要作用的分析。进入新时代，国家对于学校思政课教师队伍建设的重视程度不断加深。故而，学校思政课教师队伍的重要作用也成为学术界关注的焦点。学者们认为重视思政课教师队伍建设不仅有利于提升思政课教师的自信心，而且对于打通全面建成小康社会教育的“最后一公里”具有重要作用。同时，在推动学校意识形态工作、培养时代新人以及推进习近平新时代中国特色社会主义思想“三进”工作等方面，思政课教师发挥了突出和关键的作用。

综上，学者们对思政课教师核心素养的内涵界定、要素构成、价值意蕴、问题聚焦以及提升策略等方面都有一定的研究，这对后续开展青年思政课教师核心素养研究具有很好的借鉴作用。首先，关于青年思政课教师核心素养的内涵界定愈加清晰，更加具有针对性和专业性。其次，关于青年思政课教师素养的构成要素研究方面，大部分将 3・18 座谈会精神与相关学术成果紧密结合，会议精神贯穿学术研究之中，近年来研究成果更加丰富，体现较强的时代性。最后，在青年思政课教师素养培育路径的研究上，学者们从不同角度切入，视角新颖。虽然，目前的研究已经取得了明显进步，但也留下了一些深入研究的空间：第一，当前研究大多以思政课教师的培育价值为切入点，但少有学者进行核心素养培育的学术史梳理。

① 姚亚平、胡伯项：《把邓小平理论化为跨世纪青年教师思想政治建设的伟大实践—对江西学校教师思想政治状况调查的深层思考》，《南昌大学学报》（社会科学版）1998 年第 1 期。

第二，当下提出的相关要素构成大多基于学者的经验和观察，具有一定的主观性，缺乏实践逻辑支撑。因此，可以基于各类研究方法系统开展学界共识和现实需求的探索。第三，近年来，思政课教师队伍呈现年轻化态势，可以将研究对象聚焦到青年教师的职业发展和素养培育上。

第四节 理论基础

一、马克思主义关于教育工作者的论述

教育工作者的素质事关教育的质量。习近平总书记指出，百年大计，教育为本。教育大计，教师为本。我们党的指导思想是马克思主义。因而，对于教育工作者（教师）的研究首先应该从马克思主义理论中寻找，从马克思主义经典作家的思想及其文献宝库中挖掘其价值。

（一）马克思主义经典作家关于教育工作者的论述

马克思、恩格斯是全世界无产阶级和被剥削被压迫群众的伟大导师，他们在推动无产阶级革命实践的过程中，以及社会主义和共产主义理想的奋斗中，科学地阐述了许多重大的、带有根本性的教育理论问题。在马克思、恩格斯关于教育的重要论述中，虽然没有明确提出关于教育工作者的论述，但是其关于教育的论述对推动无产阶级取得革命胜利发挥了重要作用。同时，也成为广大教育工作者进行教育理论研究以及进行教育实际工作的指南。

在马克思、恩格斯关于教育工作论述的基础上，列宁针对当时俄国发展的现实需要，对教师工作者的各方面进行了一系列的阐述，这些理论不仅促进了俄国的社会主义建设发展。同时，丰富了马克思主义教育观的理

论内容。在列宁关于教育的理论中，他论述了教师在无产阶级建设发展中的重要地位及其作用，为推动俄国教育工作者的发展，制定了正确的政策。同时，列宁还分析了俄国教师队伍的发展状况，他认为，对教师队伍应该实施“团结、教育、改造和建设”的政策。在此基础上，列宁还多次出席各种教师间的会议，并在会议上发表了重要的讲话。针对国内资产阶级思想存在于广大教师的头脑之中，列宁在《全俄国际主义者教师第二次代表大会》的讲话中指出，教师之间要建立一个联合会，将所有教师都吸纳到联合会这个大家庭中，而这个联合会的主要任务则是通过对大家庭中落后的教师进行教育，使得这些教师在思想上和行动上都服从和服务于整个无产阶级的政治。同时，他还指出“现在应该把你们的联合会建成一个广泛的、把广大教师都包括在内的、坚决拥护苏维埃、坚决拥护通过无产阶级专政来实现社会主义的教师工会”。[①]之后，列宁在《在全俄省、县国民教育局政治教育委员会工作会议上的讲话》中，对教育工作者的基本任务和其所处的地位和作用进行了阐述。列宁认为，一方面，教育工作者（教师）和先锋队共产党的基本任务是对劳动群众进行教育，剔除存在于群众心中的，在旧的制度下所形成的一些根深蒂固的私有者的思想和风气。应帮助他们接受新的思想的洗礼。另一方面，应该“培养出一支新的教育大军，它应紧密地同党和党的思想结合起来，完全贯彻党的精神，它应该把工人群众团结在自己周围，以共产主义的精神教育他们，使他们关心共产党员所做的事情”。[②]列宁关于教育工作者的论述在一定程度上促进了俄国的发展。在关于教育与政治之间的关系问题上，列宁也做了一系列的阐述。他指出，教育脱离政治这种思想在资产阶级的社会里占据着主导地位，而“教育‘脱离政治’，教育‘不问政治’，都是资产阶级的伪善的说法……我们的基本任务就是用我们的真理来反对资产阶级的‘真理’，使人们承认我

①《列宁全集》第 35 卷，人民出版社 1992 年版，第 421 页。

②《列宁选集》第 4 卷，人民出版社 2012 年版，第 367 页。

们的真理”。[①] 关于教师在思想政治工作中的作用，列宁在《致卡普里学校学员们》一文中对卡普里学校的现状进行分析时指出：“在任何学校里，最重要的是课程的思想政治方向。这个方向由什么来决定呢？完全而且只能由教学人员来决定……任何监督、任何教学大纲等等绝对不能改变由教学人员所决定的课程的方向。”[②]针对教师在社会中所发挥的重要作用，列宁指出全社会要高度尊重教师，并且加大了对教师物质上的关怀，重视提高教师的社会地位。他认为，如果教师的地位得不到提高，那么任何文化也将无从谈起。因此，人民教师的地位应该得到全方位的提高，并且要将其社会地位提高到在资产阶级社会都不可能出现的新高度。同时，对于教师的思想意识以及各方面素质的提升，列宁都非常重视。

斯大林在列宁教育思想的指导下，也充分重视教师的发展，进行了一系列阐述，推动理论向纵深发展。斯大林关于教育工作者的论述主要体现在知识分子和教师这两个方面。斯大林认为，应该将知识分子看作社会的一个阶层，在社会历史条件的变迁下，知识分子的成分和活动性质也会在这一变迁中发生变化。对于教师，斯大林充分肯定教师在实现文化革命任务中发挥的巨大作用。在《致教师代表大会》（1925）的信中，斯大林指出：“人民教师的队伍是正在成为按照社会主义原则建设新生活的劳动大军中的一个最必需的部分；乡村教师是连接农民群众和工人阶级的环节。”基于此，斯大林认为，国家还应该建立一支教师大军，这支教师大军的主要任务就是为国民普及教育。

综上，马克思主义经典作家关于教育工作者的相关论述指明了教师在教育发展以及国家发展过程中所发挥的重要作用。基于此，在马克思主义教育观的指引下，历代中国共产党人对于教育工作者的发展状况以及教师在社会发展中所发挥的重要作用都高度重视，并进行了一系列的论述。

---

①《列宁论教育》，人民出版社 1979 年版，第 245 页。

②《列宁全集》第 45 卷，人民出版社 1990 年版，第 249—250 页。

（二）历代中国共产党人关于教育工作者的论述

历代中国共产党人高度重视教育工作，他们在马克思主义教育观的指导下，继承了马克思主义教育观的理论，并在此基础上，立足于中国教育的实际情况，为马克思主义教育观增添了新的理论内容，促使其进一步完善和发展。1949 年 6 月，毛泽东发表了《论人民民主专政》，在文章中他指出："十月革命帮助中国的先进分子，用无产阶级的宇宙观作为观察国家命运的工具，重新考虑自己的问题。"①同时，他还论述了"文化、教育、知识分子"的问题："为着扫除民族压迫和封建压迫，为着建立新民主主义的国家，需要大批的人民的教育家和教师……他们必须具有为人民服务的精神，从事艰苦的工作。"②在这里，他指明了教育工作者在国家建设发展中所要发挥的作用。

在社会主义建设时期，为推动学校教师队伍的恢复和发展，邓小平提出了"知识分子是工人阶级的一部分"的重要论断。改革开放初期，着手建立一支高素质的教师队伍是重建思想政治工作的重点。邓小平明确指出了教师的重要地位和作用。他说："一个学校能不能为社会主义建设培养合格的人才……关键在教师。"③1985 年，中共中央《关于改革学校思想品德和政治理论课程教学的通知》指出："实现马克思主义思想理论课教学改革任务的主要依靠和根本保证，在于建设一支坚持党的路线、有马克思主义觉悟和理论修养……师资队伍。"④这些论述推动了教育工作者的进一步发展。进入 21 世纪，江泽民指出："教育是一个系统工程……教师作为'人类灵魂的工程师'……各方面要为人师表。"⑤2004 年，中共中央、国务院

①《毛泽东选集》第 4 卷，人民出版社 1991 年版，第 1471 页。

②《毛泽东选集》第 3 卷，人民出版社 1991 年版，第 626 页。

③《邓小平文选》第 2 卷，人民出版社 1994 年版，第 108 页。

④ 转引自冯刚：《改革开放以来学校思想政治教育发展史》，人民出版社 2018 年版，第 321—322 页。

⑤《江泽民文选》第 2 卷，人民出版社 2006 年版，第 588 页。

发布《关于进一步加强和改进大学生思想政治教育的意见》，指出："广大教师要以高度负责的态度，率先垂范，言传身教，以良好的思想、道德、品格和人格给大学生以潜移默化的影响。"

在新时代的背景下，习近平总书记更是对教育工作者进行了一系列的阐述。提到好老师的重要性，习近平讲道："一个人遇到好老师是人生的幸运，一个学校拥有好老师是学校的光荣，一个民族源源不断涌现出一批又一批好老师则是民族的希望。"[①]2018 年的全国教育大会上，习近平总书记指出，"做老师要执着于教书育人，有热爱教育的定力、淡泊名利的坚守"。[②]这为广大教师的职业追求指明了方向。习近平总书记还强调："全党全社会要弘扬尊师重教的社会风尚，努力提高教师政治地位、社会地位、职业地位，让广大教师享有应有的社会声望，在教书育人岗位上为党和人民事业作出新的更大的贡献。"[③]关于教师所肩负的重任，习近平指出："教师是人类灵魂的工程师，承担着神圣使命……""教师要成为大先生，做学生为学、为事、为人的示范，促进学生成长为全面发展的人。"[④]"培养社会主义建设者和接班人，迫切需要我们的教师既精通专业知识、做好'经师'，又涵养德行、成为'人师'，努力做精于'传道受业解惑'的'经师'和'人师'的统一者。"[⑤]此外，2023 年 9 月教师节前夕，习近平总书记致信全国优秀教师代表，指出："教师群体中涌现出一批教育家和优秀教师，他们具有心有大我、至诚报国的理想信念，言为士则、行为世范的道德情

① 习近平：《做党和人民满意的好老师——同北京师范大学师生代表座谈时的讲话》，《人民日报》2014 年 9 月 9 日第 1 版。

② 习近平：《坚持中国特色社会主义教育发展道路　培养德智体美劳全面发展的社会主义建设者和接班人》，《人民日报》2018 年 9 月 11 日第 1 版。

③ 习近平：《坚持中国特色社会主义教育发展道路　培养德智体美劳全面发展的社会主义建设者和接班人》，《人民日报》2018 年 9 月 11 日第 1 版。

④ 习近平：《习近平在清华大学考察时强调：坚持中国特色世界一流大学建设目标方向，为服务国家富强民族复兴人民幸福贡献力量》，《人民日报》2021 年 4 月 20 日第 1 版。

⑤ 习近平：《习近平在中国人民大学考察时强调：坚持党的领导传承红色基因扎根中国大地，走出一条建设中国特色世界一流大学新路》，《人民日报》2022 年 4 月 26 日第 1 版。

操，启智润心、因材施教的育人智慧，勤学笃行、求是创新的躬耕态度，乐教爱生、甘于奉献的仁爱之心，胸怀天下、以文化人的弘道追求，展现了中国特有的教育家精神。”①在新征程上，大力弘扬“教育家精神”，牢记为党育人、为国育才的初心使命。②习近平对于教育工作者的论述进一步丰富了马克思主义教育理论，为新时代教育工作者的建设和发展指明了方向。

二、思政课教师专业化发展

（一）教师专业化回溯

1. 教师专业化的缘起与发展

在长久的教育发展史中，教师这一职业所扮演的社会角色在漫长的发展过程中，经历了从社会化发展至职业化直至最终形成专业化的过程。最初，在没有形成制度化教育之前，教师对于教育内容的把握并不需要借助外在力量，通过对现实生活的模仿和实践基本就能够满足教育的需要。同时，简单的教育内容使得教学方法的问题并不突出。而由于当时社会发展的需求，教师这一职业大多是兼职。例如，中国古代所实行的“官师一体”的政教制度。因此，政府官员也是官学的老师，而私学的老师则大多数是清贫的知识分子。这些知识分子为了维持生计不得已开馆授徒，他们的“初志本不愿教书，然今出门教书者，为糊口计而”③。而与此同时的西方社会，正处于神恩感化天下的中世纪，教会学校在当时的教育体制中占据着重要地位。因而，教师的任务自然而然地落在了神父、牧师以及僧侣的肩上，他们的主要任务则是向学生灌输宗教知识和宗教意识。同时，他们认为，在宗教正统的教师在道德上也是可靠的。据此，不论从古代中国“官

① 习近平：《习近平致全国优秀教师代表的信》，《光明日报》2023 年 9 月 10 日第 1 版。

② 习近平：《习近平致全国优秀教师代表的信》，《光明日报》2023 年 9 月 10 日第 1 版。

③ 刘大鹏：《退想斋日记》，山西人民出版社 1990 年版，第 55 页。

师一体”的政教制度上看，还是从古代西方“僧师一体”的教会教育体制上看，教师这一职业的发展并没有形成一整套完整的体系。

随着教育的不断发展，教师逐渐从兼职发展成为专职，即出现了专职教师。

所谓专职教师，是指将教师进行职业化。而职业化的过程，则要求教师成为专门从事教学活动的人，并且教师以教学活动所得作为自己生存的手段。17 世纪末是教师职业化发展的开端。法国“基督教兄弟会”神甫拉萨尔（La Salle）在 1681 年创办了世界上第一所师资培训学校。这一培训学校的创立，标志着师范教育的诞生。此后，基于社会发展的需求，各国政府开始兴建学校，这使得教师需求量日益增加。世界各国也出现了各种短期培训机构，如奥地利的“师范学校”、德国的“教师进修班”等。这些培训学校对于教师专业培训形式是“艺徒式”，这是一种口耳相传的训练模式。因此，经验性和随意性特征较为凸显。在缺乏科学理论指导的情况下，教师主要凭借个人的经验，在实际教学中不具备专业化的教育理念和教学行为。18 世纪中下叶，在教育科学文化运动的推动下，教育科学被纳入了教师教育课程之中，教育理论有了长足发展，从理论和实践两方面为教师从事职业训练提供了依据。这促使教学作为一种专业，开始有了自己的独立特征，得到社会的认可，进而使得教学从其他行业里分离出来。随着义务教育的广泛普及以及班级授课制的实施，之前的教育弊端日益凸显出来，人们对于教育的现状产生了强烈的不满。为了提高教育的质量，国家要求从事学校教学工作的教学人员禁止从事非教学的其他职业。这也使得人们开始意识到教师不仅需要具备知识，还需要具备教学技能。因此，对教师进行专业培训的师范教育机构也随着初等学校的兴起而如雨后春笋般在欧美各国出现。例如，德国在 1765 年创办的公立师范学校；英国在 19 世纪初创办的职前教育机构；美国在 1839 年在马萨诸塞州创立的第一所公立师范学校等。与此同时，许多国家实施义务教育法令，颁布了师范教育的法规。包括师资训练、教师资格证书、教师社会地位、教师的选定和工资福利待遇等，使得教师职业呈现出系统化、制度化的特征。这些师范学校的出现代表了教师专业化的肇始。

20世纪六七十年代，专业化发展成为世界各国教师教育发展的趋势。第二次世界大战以后，世界政治格局发生巨大变迁，教育被认为是衡量一个国家综合国力的重要指标。关于教育改革和发展的呼声蜂拥而至，教师专业发展和专业教育也引起了广泛关注。1966年联合国教科文组织和国际劳工组织在法国巴黎召开了“教师地位政府间特别会议”。会议明确提出教师的专业地位，即“应把教育工作视为专门的职业，这种职业要求教师经过严格地、持续地学习，获得并保持专门的知识和特别的技术，它是一种公共的业务”。[①] 这是教师专业地位在世界范围内的首次探讨。教师专业地位的明确规定对世界各国提高教师地位具有深远影响。自此，教师专业化研究在世界上拉开了序幕。进入80年代，教师专业发展问题日趋成为人们关注的焦点。1980年，世界教育年鉴以“教师专业发展”为主题，发表了一系列的研究报告，引发了以提高教师素质为核心的教育改革。1986年、1990年、1995年这三年，美国霍姆斯小组发表了一系列报告：《明天的教师》《明日之学校》《明日之教育学院》等。同时，1986年卡内基教育和经济论坛“教育作为一种专门职业”工作组也发表了一份《国家为培养21世纪的教师做准备》的报告，共同倡导以确立教学工作的专业地位的方式，培养训练有素的专业化教师，从而提高了美国教育教学的质量，由此引发了声势浩大的教师专业化运动。这场专业化运动波及了整个西方乃至全世界教师的专业化发展。此后，联合国教科文组织在1996年召开的第45届国际教育大会上指出，专业化是提高教师地位的政策中最具有前途的中长期策略。至此，教师这一职业的专业化发展进入兴盛时期。

2. 教师专业化的意涵

“专业”是“教师专业化”中一个最基本的概念。在汉语的解释中，专

① 转引自蔡中宏、麻艳香：《高校思想政治理论课教师专业化发展研究》，人民出版社2019年版，第134页。

业包含两层含义，即专门从事某种学业或专门的学问。而在德语中，专业则被解释为一种社会职业，这种社会职业具有学术、自由以及文明的特点。我国学者刘捷（2003）在《专业化：挑战 21 世纪的教师》这本书中，对专业进行了定义，即专业是指经过对一群人专门的教育或培训，使得他们具有高水平的、深厚而独特的专业知识和技术，并按照一定的标准进行专门的加工活动的专门职业。学者凯尔·桑德斯（A.M.Carr–Saunders）也对专业进行了界定，他认为，所谓的职业是指人们在社会生活中所从事的、需要一门专业技术的职业，这种职业的目的是为社会提供专门化的服务。日本学者石村善助对专门职业的内涵进行了界定，他认为，专业职业是指通过一些特殊的教育或者培训，掌握了经证明过的知识，具有一定基本理论的特殊技能，以便按照广大公民自发表达的各委托人的具体要求，从事特定的服务工作，为整个社会的利益服务。

与专业相对应的专业化，指的是一个普通的职业群体逐渐专业化的过程，在这一过程中，普通的职业群体逐渐发展为符合行业以及专业的标准，并且在这一过程中其获得了相应的专业地位。而具备专业化还需要一定的条件，即拥有一套完整的专门知识和技能体系，健全的专业教育和专业资格认证制度，同时具备规范的职业伦理以及专业的组织机构等。专业化又有“群体专业化”和“个体专业化”之分，而“群体专业化”的基础则由“个体专业化”构成。

教师专业化从本质上分析，实质上指的就是教师这一职业的专业化程度。关于教师的专业化，学者们对其进行了界定。邓金（1989）认为，教师专业化是指教师“个人成为教学专业的成员并且在教学中具有越来越成熟的作用这样一个转变过程”[①]。孙菊如（2006）认为，教师专业化是指教师在专业组织的指导下，对知识和技能等方面进行培训，最后通过教学实践活动不断提升自己专业素质的动态化过程。在这一动态化发展过程中，

① 邓金：《培格曼最新国际教师百科全书》，学苑出版社 1989 年版，第 553 页。

教师实现了专业上的自主性。综上，所谓教师专业化，实质上是多主体之间共同努力的过程，应该将其放在整个社会大背景之中去考虑，让教师专业化进程的发展成为全社会的职责。教育事业的发展事关整个社会的发展。因此，教师专业化的结果是否成功取决于其是否能够获得全社会的认可。

从广义的角度对教师专业发展和教师专业化两个概念进行分析，两者的意思是相通的。从狭义角度分析，“教师专业化”主要倾向于从社会学的角度进行界定。而“教师专业发展”则更多是倾向于从教育学的维度加以界定。也就是说，教师的专业发展是指个别教师成长为专业人员的过程，教师个人内在专业水平的提高应更加重视。综上，教师专业发展是一个动态发展过程，连续性和终身性是其固有的特点。教师在从教过程中，通过接受专业的训练，获得了新知识，增强了专业能力，提高了专业水平，从而成长为一名优秀的、成熟的教育工作者。

3. 教师的专业素质

在教师专业化的进程中，教师的专业素质也是学者们热议的话题之一。专业素质指的是对从事专门职业人员的总体要求。而所谓的教师素质是指教师在自身所具有的特性的基础上，通过运用正确严格的教育方式获得的一种知识能力和信念的集合体。而关于教师的专业素质构成，通过查阅相关文献，综合学者们的观点，发现优秀或者成功教师所具备的专业素质主要包括专业知识、专业技能以及专业态度三个方面。

一是教师的专业知识。教师的专业知识是指从事教学工作的教师所具备的最基本的知识。可以将其归纳为普通文化知识、所教学科知识以及教育学科知识三个方面。其中，教师具备普通文化知识的原因在于教师教育教学的对象是人，普通文化知识蕴含的内在价值能够陶冶人文情操。因此，要注重教师对于普通文化知识的掌握。其次，专业教师必须具备所教学科的知识。“资之深，则取之左右逢其原”，教师首先要对自己所教学科知识进行彻底的了解，然后才能熟练精通地将知识传授给学生，进而成功地完成自己的教学任务。最后，教师必须具备教育学科知识。我们知道，教学工作是一种专门培养人的工作。如果教师只关注自己本专业的知识，未必能够成为自己学科的佼佼者。正所谓“学者未必是良师”。因此，教师要在教学中扮演好自己的角色，必须在精通自己学科知识的基础上，学习教育学科知识。

二是教师的专业技能。教师的专业技能是指教师在教育教学过程中所具备的专业化的教学技能和教学能力。教师将教学的技巧运用于课堂教学中，有利于营造和控制课堂氛围，从而吸引学生的课堂注意力，进而促使课堂教学工作的顺利进行。而教师的教学能力主要由三部分组成，即教学设计、教学实施和学业检查评价。教学设计的能力是指教师按照教学大纲的要求，依据自身所拥有的专业知识和教学技能，设计出适当的教学计划的能力；教学实施能力是指教师能够有效实施设计的教学计划，并拥有控制实际教学情境的能力；学业检查能力是指教师具备的检查学生对于知识的掌握程度以及反思自己教学工作完成情况的能力。

三是教师的专业态度。在教师专业素质的构成中，“专业知识”“专业技能”主要侧重于教师后天的客观学习情况，即主要强调教师会不会、能不能的问题。而“专业态度”则侧重于教师的主观意愿，即强调教师愿不愿意教学的问题。换句话说，专业态度考虑的是教师“乐教”的情况。在教师专业发展中，教师只有真正理解自己从事教学的价值，在心理上产生认同，并且愿意为了教学付出，才能够在教育教学的道路上走得更远。

教师的专业态度主要包含四个部分，即专业理想、专业情操、专业性向和专业自我。教师的专业理想是指教师向往和追求成为一名成熟且专业化的教育教学工作者。这一专业理想不仅代表了教师发展的目标，同时，也为教师的职业发展提供了强大的动力。而有专业理想的教师对教学具有强烈的认同感，会对教学投入更多的时间和精力。教师的专业情操由理智的情操和道德的情操两部分组成。所谓理智的情操指的是教师在深刻认识教育的功能和作用的基础上而产生的一种自豪感和光荣感；道德的情操则侧重于教师所具有的责任感及义务感，这种责任感和义务感主要源于教师对本职业所具有的道德规范的认同。从某种程度上说，专业情操是教师专业情意发展成熟的标志，同时，它还为教师价值观的形成奠定了基础。专业性向指的是教师适合教学工作所展现出来的一种个性倾向，或者说是教师想要成功从事教育教学工作应该具有的一些人格特征。专业自我指的是教师在教学活动中所具有的一种心理倾向，教师的教学行为以及教学工作的效果都会受到这种心理倾向的影响。

（二）思政课教师专业化理论发展

在前文，我们整理和论述了教师专业化发展的相关理论，同时，我们对教师专业化发展的相关概念之间的关系也进行了厘清，为接下来更好地梳理和论述思政课教师专业化理论发展奠定了基础。思政课教师是教师队伍建设中的特殊分支，思政课教师的专业化实则是教师专业化理论中的一部分，它特指思政课教师的专业化成长和专业化发展。近年来，随着我们国家对思政课建设和发展的高度重视，推动思政课教师队伍专业化发展成为学校思政课教师队伍发展的主流倾向和趋势。

“在任何学校里，最重要的是课程的思想政治方向。这个方向是由什么来决定呢？ 完全只能由教学人员来决定。”[①] 而堪称“灵魂工程师”的思政课教师应该德才兼备、训练有素。但是从个体专业化养成的角度，其成长、发展、形成必然要经历“青涩”到“成熟”的转变。从最初的“边缘化”地位逐渐发展到现在的“主体”关键地位；从最初学生对于思政课的漠视到现在学生逐渐对思政课感兴趣，思政课教师也从最初的“道德圣人”发展到现在的“立德树人的铸造者”。思政课教师的专业地位一直存疑。近年来，随着国家对于思政课课程建设的高度重视，与思政课课程建设密切相关的思政课教师也被高度重视。因而，思政课教师的专业化发展也逐渐成为学界谈论的教育热点问题之一。全社会对于思政课教师的期许和要求

---

① 列宁：《列宁教育文集：上卷》，人民教育出版社 1984 年版，第 184 页。

在逐渐提高。全社会通过反复强调“思政建设”的主体责任，进而力求扭转“重专业课轻思政课的问题”，并希望通过专业训练来使思政课教师转变为“专家型教师”[①]。为更好地研究青年思政课教师的核心素养，故从思政课教师专业化发展的理论视域进行探究，指导青年思政课教师核心素养的培育和提升。

对于思政课教师的专业化历程，本书按照时间线进行专业化程度和要求进行梳理，将其分为“社会主义革命和建设时期，改革开放和社会主义现代化建设时期，新时代中国特色社会主义建设时期”。

中华人民共和国成立初期，我国的教育事业百废待兴，关于思政课教师专业化的衡量指标主要依据国家政策文件。最初将其称为“政治教员”，即“从事政治理论教学、宣传党的路线、方针、政策和做政治思想教育工作的人”[②]。论述明确划分了思政课教师的职能就是在解读时事政治的同时，进行政治理论的宣讲。这一时期，思政课教师专业化的雏形得以形成，即思政课教师的专业化要求必须具备坚定的政治素养以及崇高的思想觉悟。但是，由于中华人民共和国成立初期生产力水平的制约，教师的主观能动性被忽视。因而，这一时期，教师只是简单、僵化的政策理论的宣传员和政治任务的执行者。1956 年，随着“三大改造”的完成，我国社会主义建设也在曲折艰难探索中发展。这一时期，受到“教育革命化”“左”倾思想的影响，思政课教师的角色定位逐渐偏离教育专业化发展范畴，思政课教师队伍建设经历了曲折。最初，“在阶级斗争扩大化的影响下，思政课教师的培养虽在政治运动的笼罩中未能及时纠正偏差，但仍然是把传播马列主义、毛泽东思想与揭露资本主义本质视为立身之本”[③]，但在持续影响下，思政课教师的工作

① 张利荣、刘艳平：《高校思政课教师专业化发展的困惑与对策》，《教育与职业》2012 年第 24 期。

② 教育部社会科学司：《普通高校思想政治理论课文献选编（1949–2008）》，中国人民大学出版社 2008 年版，第 38 页。

③ 教育部社会科学司：《普通高校思想政治理论课文献选编（1949–2008）》，中国人民大学出版社 2008 年版，第 53 页。

和声誉被严重影响，其专业化发展和身份也无法得到鉴定和认同。

党的十一届三中全会召开以后，我国的社会主义探索也进入改革开放的新时期。这一时期，思政课教师队伍建设存在数量不足、知识水平不高且队伍建设梯度不合理等问题。为重新塑造思政课教师专业化发展的信心，凸显思政课教师的社会价值，党和国家在政策文件中对思政课教师的地位和作用重新进行了界定，将其称为“塑造学生思想灵魂的工程师，宣传科学共产主义的战士”[①]，这为定位迷茫的思政课教师指明了方向。同时，党和国家对思政课教师的工作职能也进行了界定，思政课教师“既是马克思主义理论的宣传者，又是思想政治工作者”[②]。这表明思政课教师肩负双重职能，主要致力于教育教学本身和引导并提升学生的思想政治素养。因此，这一时期，在党和国家的重视和推动之下，思政课教师的社会价值逐渐明晰，且其专业化身份和角色也逐渐得到认同和理解。1992 年以后，改革开放建设进入全新时期，思政课教师的专业化建设也日益系统化。在此基础上，中共中央首次提出“两课”的课程规定，开始课程改革和建设。“98 方案”的颁布让“两课”在层次和体系上更加完备。这一时期，党和国家为建设的需要，亟须打造一支“两课”教师队伍。故而，思政课教师专业化发展呈现多元发展趋势。

进入 21 世纪以后，党和国家提出“科教兴国、人才强国”的战略，“16 号文件”中更是第一次把“两课”修改为“思想政治理论课”。而“05 方案”的学科建设章程中，思政课教师则被定义为具有马克思主义属性的育人职业，并被视为理论的宣讲者、传播者以及学生的引路者和指导人。[③]2008 年以后，党和国家认为，思政课教师除了要对党的方针、路线、政策展开必要

① 教育部社会科学司：《普通高校思想政治理论课文献选编（1949—2008）》，中国人民大学出版社 2008 年版，第 97 页。

② 教育部社会科学司：《普通高校思想政治理论课文献选编（1949—2008）》，中国人民大学出版社 2008 年版，第 111 页。

③ 教育部社会科学司：《普通高校思想政治理论课文献选编（1949—2008）》，中国人民大学出版社 2008 年版，第 216 页。

的理论剖析之外，还要对学生的身心成长给予充分的关注和帮助。[①]这一意见明确地规定了思政课教师肩负的责任和使命。这一时期，政治素养、专业道德、教育教学能力以及学科知识是对思政课教师的专业化要求。

党的十八大以后，中国特色社会主义进入新时代，在党和国家的高度重视下，思政课教师的专业化向着更加制度化、规范化、系统化、法治化的方向发展。例如，2015 年，国家第一次提出了针对思政课教师建设的"三级培训体系"，并在《普通高校思想政治理论课建设体系创新计划》中对思政课教师的岗前培训、课程培训及在职研修等内容进行了详细的阐释。2019 年，习近平总书记在学校思政课教师座谈会上提出的"三为、六要、八统一"，更是对思政课教师专业化发展的最新概述。2020 年颁布的《新时代高等学校思想政治理论课教师队伍建设规定》中，对思政课教师概念界定、职责要求、配备选聘、培养培训、职称评定等进行了详细论述。

从思政课教师专业化发展的历程中，我们可以看到，思政课教师成为一个特殊的职业。同时，我们可以发现，思政课教师的专业化与专业化发展紧密相关，两者相互联系、不可分割的。因此，在研究的过程中，对两者之间的关系辨析是思政课教师专业化发展不可回避的问题。弄清两者之间的关系，更有利于进一步促进青年思政课教师队伍的建设。在之前的论述中，我们知道教师专业发展是以教师的成长发展为导向，以教师职业的专业化为发展目标，以培养和提升教师的专业素质为主要内容而不断发展的过程。而思政课教师专业发展是指思政课教师在现有的教师品质之上，以自身的成长发展为导向，结合思政课课程的特殊性，通过接受一定的专业训练，从而获得相应的专业知识和教学技能；专业化发展是思政课教师"在从教的过程中，以知识、技能、信念、态度、情意等专业素质提高为内容，遵守职业道德、实施专业自主，不断完善自我的过程"[②]。由此可见，教

① 中共中央宣传部、教育部：《关于进一步加强高等学校思想政治理论课教师队伍建设的意见》（教社科〔2008〕5 号），2008 年 9 月 23 日。

② 蔡中宏、麻艳香：《学校思想政治理论课教师专业化发展研究》，人民出版社 2019 年版，第 129 页。

师专业化是思政课教师专业发展的根本，随着发展思政课教师职业从“边缘化”到“主体、核心”，在提高思政课教师地位的整体政策中，“专业化是最有前途的中长期策略”。[①] 同时，思政课教师个体的专业发展是群体专业发展的基础，最终目标是要实现思政课教师群体的专业化。

第五节　方法路线

青年思政课教师的核心素养及培育需要集合多学科的视角和方法。本书集合了马克思主义理论、教育学、心理学和社会学等相关学科的理论、观点和方法，针对青年思政课教师的现状，注重理论研究和案例分析。

一、研究对象与核心问题

研究对象聚焦青年思政课教师，他们是最积极、最热情、最有生气的力量。在国际形势波诡云谲、中华民族伟大复兴蓄势待发之际，需要增强自身政治定力、适应数字化时代新要求、练就上好思政课的过硬本领，从而担负起培养时代新人的使命。核心素养有着后天习得性，能够助力青年思政课教师统合认知、情感、态度与价值观，具备有效认识、分析和解决问题的高级心智能力。因此，本研究尝试解决以下三个问题：（1）基于共识和需要，明确新时代青年思政课教师应该具备哪些核心素养？（2）探寻核心素养在学校思政课教师职业发展中的实际应用？（3）思政课内涵式发展背景下应该如何有效提升青年思政课教师的核心素养？

① 徐继存：《教师尊严的境遇与提升》,《山东师范大学学报》（社会科学版），2024 年第 3 期。

二、主要内容与技术路线

本书主要包括以下几个方面内容：一是厘清青年思政课教师和核心素养的关系。从核心素养的概念出发，客观研判思想政治教育内涵式发展对青年思政课教师核心素养培育的要求，分析核心素养如何赋能青年思政课教师成为“大先生”。二是研究学术史及理论基础的论述。首先，通过梳理中华人民共和国成立以来党和国家在思想政治理论课建设方面的进展、党和国家对思政课教师在素养提升方面的具体要求以及近年来学界对青年思政课教师核心素养及培育的相关研究，分析提炼青年思政课教师核心素养研究的全貌。其次，从马克思主义教育观、核心素养相关理论、思政课教师专业化发展理论等方面进行剖析，为研究青年思政课教师核心素养提供理论指导。最后，交代本研究的研究对象、核心问题、主要内容及技术路线等。三是将新时代青年思政课教师核心素养的构成要素具体化：政治理论素养、学科知识素养、专业道德素养、情感态度素养、教育教学素养、数字技术素养。以上六种素养是基于学界相对集中的观点以及习近平总书记在学校思想政治理论课教师座谈会上提出的“六个要”的要求基础上提出来的。本书的第二至第七章分别详细分析了每种素养的概念、内涵、对青年思政课教师专业成长的支撑作用，以及剖析其在大中小学思政课教师具体工作实践中的指导作用。四是借鉴“冰山模型”理论视域对青年思政课教师的六种核心素养进行建构分析。“冰山模型”已经被广泛运用于职业素养相关研究，在理论中是否容易被考察和培养分成显性素养和隐性素养。其中，学科知识素养、教育教学素养和数字技术素养构成了显性素养，政治理论素养、专业道德素养和情感态度素养构成了隐性素养。分析发现素养之间不是孤立存在，而是相互联动。五是基于多维视角提出青年思政课教师核心素养提升策略，从凝聚共识、遵循规律、协同共育、现实保障四个方面着手，为党政部门及学校提供决策性建议，为青年思想政治理论课

教师提供职业发展的方向和指南。（见图 1–4）

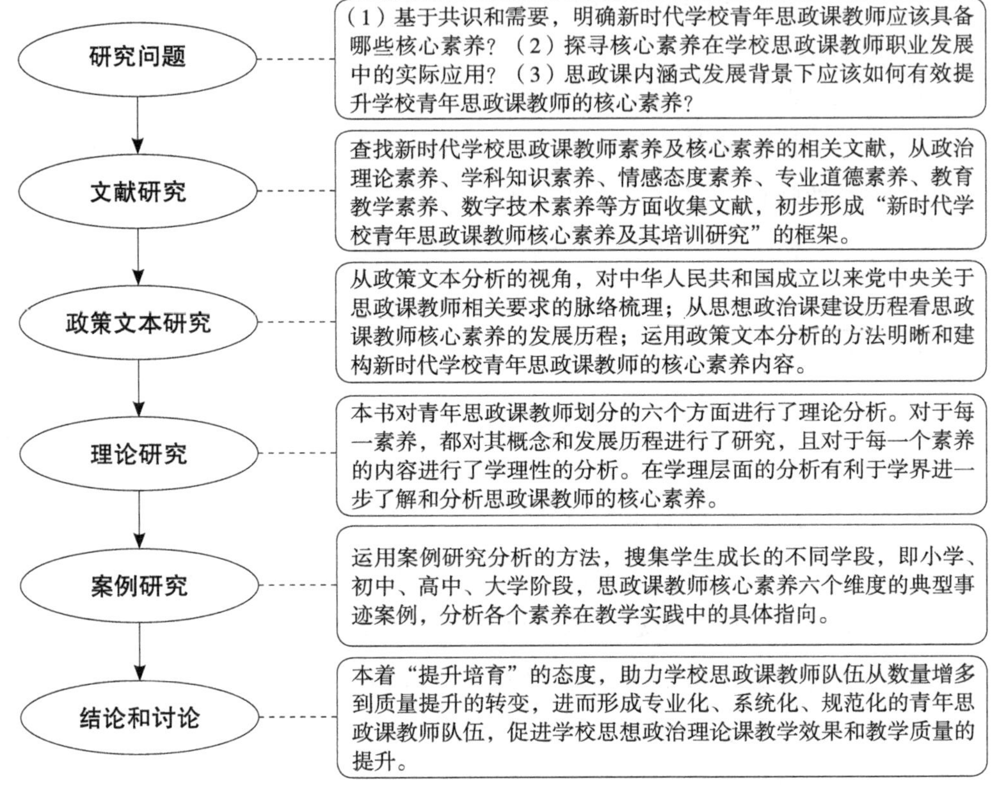

图 1–4　技术路线

在本书中，根据论文开展的需要，主要运用了文献研究法、政策文本分析法、案例分析法三种研究方法。

文献研究法：文献研究作为一种常见的研究方法，对于论文的研究具有重要作用。通过文献研究，可以掌握当前学者们关于青年思政课教师素养研究的情况，便于我们在前人的基础上，继续推进青年思政课教师核心素养的培育发展。同时，在本书的研究中，通过大量阅读文献对于研究的学术史以及理论基础以及青年思政课教师核心素养内容，即六个素养研究，也查找和阅读了大量的青年思政课教师核心素养方面的文献材料，在此基础上构建出青年思政课教师教学素养的构成要素。因此，文献研究是本书开展必不可少的研究方法。

政策文本分析法：政策文本分析法是指对国家颁布的各种法律、规章制度的文件和相关论述、文本进行分析，从而指明研究内容的方向。在本书的论述中，对于中华人民共和国成立以来党中央对于思政课教师颁布的相关政策进行了脉络分析，为青年思政课教师核心素养的研究指明了方向。从学校思想政治理论课的建设历程角度对思政课教师的核心素养发展历程进行了分析。通过上述分析，明确了党和国家对学校思政课教师队伍建设的要求，对后续搭建青年思政课教师核心素养的要素构成的框架具有一定指导作用。

案例分析法：是对有代表性的事物和现象进行深入、周密而仔细地研究，在此基础上获得总体认识的一种科学分析方法。案例分析法具有代表性、系统性、深刻性、具体性等特点，是学术研究中常见的一种研究方法。在本书的运用中，主要是对构建出来的青年思政课教师核心素养中各个素养进行分析。通过查找各个学段全国优秀思政课教师的相关案例，分析案例中优秀思政课教师的核心素养在实践中的应用。

合适的研究方法是论文展开的重要前提。在论文写作中，研究方法主要服从于研究的方向和目的。研究开展确定方向和目的后，方法就在其中发挥了决定性的作用。研究方法运用得当，有利于研究沿着正确的方向，进而达到研究的目的。同时，研究方法决定了研究的可信度、合理性和科学性。因此，针对不同选题，选择恰当的研究方法至关重要。学校青年思政课教师核心素养的研究是一个系统性的工程。本书根据研究的需求和目的选择了文献研究、政策文本分析以及案例分析三种研究方法对其进行研究。尝试从政策沿革、历史发展、学理分析以及实践应用的角度全方位、多方面地为读者清晰地呈现学校青年思政课教师研究的相关情况。

第二章 政治理论素养

“政治要强”是习近平对学校思政课教师提出的六点要求中的第一位。由此可见，政治理论素养在青年思政课教师素养中的重要地位。这就要求青年思政课教师必须在政治上坚决拥护党的领导，在大是大非面前必须保持清醒的头脑。从教书育人的角度看，作为一名青年思政课教师，若是自身的政治立场、政治方向、政治大局把握得不准确、不够坚定，则在对学生进行政治态度、政治立场、政治信仰、政治能力、政治情感等的培育方面有可能会存在问题。从行业性质看，政治性是思想政治理论课的重要属性。思想政治教育是学生形成正确的政治方向、政治观点、政治信仰和政治立场的重要渠道。

第一节 政治理论素养概述

一、政治

一直以来，学界关于“政治”一词的内涵众说纷纭，没有形成统一的定义，大致归纳为以下几个方面。

在中国古代，政治在一定程度上指统治者进行顺应天命的统治管理活动。政治一词最早出现在《尚书·毕命》中，其中对于政治的表述有“道治政治，泽润生民”[①]。从中国古代学者对于政治的理解分析上，“政”和“治”代表不同的含义，两者结合起来的大意为政事治理或者治理措施。其中，“政”主要有三层含义：一是指一定朝代的制度和秩序；二是统治和管理的手段；三是统治的修养的教化。“治”具有两种含义：“一是秩序稳定的一种状态；二是统治和管理。”[②]辞典《新尔雅》中对“政治”的解释为：“统治机关之运营，谓之政治。确定表明政治之理想者，谓之立法；实行政治之理想者，谓之行政。”[③]这一解释虽未说明政治的本质特征，但点明了政治有着治国理政的功能。演变到现代社会，“政治”的内涵指的是政府、政党等机构和党派进行治理社会和国家的一种行为；是以经济为基础的上层建筑，政治决定经济，是经济的集中表现；是以国家的主要权力为核心而进行的各种社会活动以及各种社会关系的总和；是因社会成员的利益所需而牵动其行为表现的一种社会力量。例如，《现代汉语词典》（第 7 版）中，关于“政治”的定义为：“政治是政府、政党、社会团体和个人在内政及国际关系方面的活动。政治是经济的集中表现，它产生于一定的经济基础，并为经济基础服务，同时极大地影响经济的发展。任何阶级的政治都是以维护本阶级的经济利益、建立和巩固本阶级的统治为目的。”[④]在《政治学概论》一书中，对“政治”的阐释为：“根据马克思主义政治观，我们可以对政治的含义作出如下概述：‘政治是建立在一定经济基础之上的上层建筑的核心组成部分，是社会成员社会经济利益和要求的集中体现。在阶级社会，政治是以一定的阶级关系为基本内容，通过谋取和运用国家政权治理国家和社会来实现社会成员阶级利益和其他利益而形成的各种社会联系和活动。’”[⑤]中国政治学家吴恩裕在《政治学问题研究》中说道：“政治乃是用

① 戴昀主编：《尚书·毕命》，线装书局 2007 年版，第 25 页。

② 孙关宏、胡春雨：《政治学》，复旦大学出版社 2010 年版，第 5 页。

③ 汪荣宝、叶澜：《新尔雅》，上海明权社 1903 年版。

④ 中国社会科学院语言研究所词典编辑室编修，吕叔湘、丁声树主编：《现代汉语词典（第七版）》，商务印书馆 2016 年版。

⑤《政治学概论》编写组：《政治学概论（第二版）》，高等教育出版社 2020 年版，第 5 页。

公共的强制力对于众人之事的治理。”[①]

在西方，“政治”最早来源于古希腊语的“polis”，即城邦。故而，政治最早与“城邦”“国家”相联系，本质上指的是一种受国家约束的活动。近现代以来，伴随着西方国家社会化程度的提高，政治的概念内涵也发生了变化，在一定程度上，政治被等同于现代化和民主化。卡特林认为，在谈论政治时，应当回到亚里士多德的理解，政治应当包括城邦国家所起的作用、氏族结构、奴隶管制、革命形态，以及对“纯粹民主”的评论。[②]这在一定程度上说明，政治思想是具有一定的政治性的，而政治性又要体现在对于政治实践的选择，那应该有一个特定的标准，这就在一定程度上体现了价值与规范性。有学者认为政治是与“集体决策”“约束力”“公共政策”等要义相联系，指出：“政治可以被简要地定义为一群在观点或利益方面本来很不一致的人们做出集体决策的过程，这个决策一般被认为对这个群体具有约束力，并作为公共政策加以实施。”[③]这种观点与我国政治学家吴恩裕提到的政治的内涵几乎相同。

政治性是马克思主义执政党的鲜明特征。“所谓政治，按照现在的理解是上层建筑领域中各种权力主体维护自身利益的特定行为以及由此结成的特定关系。政治不是从来就有的，而是人类历史发展到一定时期产生的一种重要社会现象。随着社会的发展，经济生活对政治生活产生了控制，政治需要从经济中寻求合法性的支持，于是政治变成了经济发展的产物，是经济的集中表现。在人类发展的历史长河里，经历了原始社会、奴隶社会、封建社会、资本主义社会和社会主义社会的过程，在以不同生产力水平决定的不同社会制度中，政治的含义都不相同。”[④]列宁认为：“政治就是参与

①《吴恩裕文集》第2卷，商务印书馆2019年版，第44页。

②[美]詹姆斯·A.古尔德、文森特·V.瑟斯比主编：《现代政治思想》，商务印书馆1985年版，第26页。

③[英]戴维·米勒：《布莱克维尔政治思想百科全书》，邓正来等译，中国政法大学出版社2011年版，第439—440页。

④许博：《政治含义探究》，《法制与社会》2012年第2期。

国家事务，给国家定方向，确定国家活动的形式、任务和内容。”[①]因此，马克思主义政党的理论观点认为，人本身就具备政治，且政治现象既是社会生活的存在方式，还是上层建筑和社会主流意识形态的一种。

马克思、恩格斯在谈到政治的起源时，强调人类文明的发展，国家、城市、群体等的出现，“必然要有行政机关、警察、赋税等等，必然要有公共的政治机构，从而也就必然要有一般政治”。[②]政治源自人类的社会生活实践，来自人类本身的社会物质生产。政治制度、政治规则的制定、政治文化思想的形成等都是在政治实践发展的基础上形成的。依据唯物史观的思想理论，由物质资料生产与再生产的实践所构成的社会经济关系，是人类社会存在的基础。因此，任何一种政治现象的出现都离不开一定的经济关系。在此基础上，列宁进一步总结得出：“政治是经济的集中表现。”[③]进一步揭示了政治的社会本质属性。进而将“政治”的内涵界定延伸为“一定社会生产关系中经济上占主导地位的社会集团的权威性统治”。在这一内涵特征作用下，马克思主义理论所探索的“政治”就是这种“一定经济基础上社会公共权威的活动、关系和形势的发展规律”[④]。

二、政治理论素养概述

古希腊哲学家亚里士多德在《政治学》中阐明：人是一种具有天生的政治性的动物。人的生活必然存在于政治生活中，是离不开政治生活的，政治是人生活中不可分割的一部分。可见，政治理论素养是人不可或缺的素养，同时又具有自身独特的表现形式。基于学界当下对该问题的分析，拟从政治理论素养的内涵、构成要素及特殊性重要性等方面进行分析。

①《列宁全集》第 32 卷，人民出版社 1992 年版，第 71 页。

②《马克思恩格斯选集》第 1 卷，人民出版社 1995 年版，第 104 页。

③《列宁选集》第 4 卷，人民出版社 2012 年版，第 407 页。

④ 王沪宁：《政治的逻辑》，上海人民出版社 2016 年版，第 7—9 页。

政治理论素养的内涵研究在学界没有统一定论，学者们主要从政治认同、政治教育角度几个方面对其进行分析。

政治认同是指人对于政治治理在态度上赞同、在行为上支持。政治认同是政治理论素养的组成部分。例如，亚里士多德在《政治学》中首次谈及“政治认同”时指出：“一个国家要想长久地保持稳定，就必须让所有的公民都能保持它的存在和延续。”[①]美国政治学家阿尔蒙德也指出，政治认同是指人民对于政治制度的依赖。著名教育学家苏霍姆林斯基在《给教师的建议》一书中也提到政治认同与教师政治理论素养的关系。他认为，“政治认同应该归类到教师的思想道德素养里面。教育的真正目的是把我们的下一代培养成全面发展的具有高尚精神境界的公民，有创造能力的人才，将来不仅能为社会做贡献，而且能实现自己的个人价值。”[②]以上几位学者虽然没有对政治理论素养的概念进行直接概述，但通过论述政治认同也在一定程度上反映了政治理论素养的重要性。

政治教育就是指有意识地传输参与政治过程所需要的知识、价值、态度和技能。学者兰格维尔德指出，运用历史辩证法分析，所有的教育都具有政治功能。任何一个阶级的政治教育都是为本阶级发展服务的，都是为了维护本阶级在社会中的地位。政治教育的内容包括了解这一阶级的国家制度，明确每一个社会成员的权利和义务等。1955 年，德国颁布了《关于政治教育和社会化的报告》，在报告中明确要求，“学校的每一门课程都应结合自身特点进行政治教育，以增强学科对国家和社会的政治意义”。[③]由此可见，不管国家实行什么样的制度，学校所扮演的角色和进行的功能都是为了学生成长成才以及本国的阶级发展而服务的。学者贝恩德·鲁德克麦尔也指出：“政治教育简单来说就是使得我们自己自觉融入政治生活中去，自觉地去了解国家制度及其运行的方式，增强公民对于政治责任的意

①[古希腊]亚里士多德：《政治学》，商务印书馆 2016 年版，第 115 页。

②[苏]B.A. 苏霍姆林斯基：《给教师的建议》，周蕖译，长江文艺出版社 2014 年版。

③[美]贾诺维茨、韦斯布鲁克：《军人的政治教育》，谭晓雯，郭力译，北京解放军出版社 1987 年版，第 192 页。

识，同样也要注重培养公民的宽容品格和精神，让国家公民能够积极地参与到国家事情的讨论中”。[①] 上述学者虽然没有直接对教师的政治理论素养概念进行阐释，但通过论述教师政治教育的目的对教师的政治理论素养所发挥的作用侧面反映了政治理论素养的内涵。素养与政治理论素养两者之间体现了矛盾的普遍性与特殊性的关系。鉴于此，结合研究的适切性，我们可以将政治理论素养界定为，政治理论素养是指人的素养在政治领域中的详细而具体的体现，表现为人们对社会和政治生活中的与辩证唯物主义、历史唯物主义和方法论的世界观相一致的认知态度。在中国是指对中国共产党、对中央文件的精神认同。政治理论素养关乎个体对于政治理论知识、政治态度、政治纪律的价值取向，也关乎个体在政治生活中所体现的政治能力。

政治理论素养作为一个广泛抽象的概念，其自身也体现一定的特殊性。特殊性主要体现在方向性、实践性、主体性、可塑性、渗透性几个方面。其中，方向性是指有明确的指引目标，正确的目标方向能够确保个体在前进的道路上不偏航、不脱轨。实践性主要表现为，政治理论素养是个体在后天学习过程中，通过接受教育、学习积累的基础上形成的素养。这种素养的养成最终要经过实践的检验，并在此基础上不断发展完善。主体性是指个体的自觉能动性，主要表现为个体在素养养成阶段接受教育的主动性，一旦形成稳固的观念后难以再改变。可塑性可以简单理解为个人的政治理论素养是通过个体自身发挥自觉能动性在政治社会实践中逐渐形成并发展起来的。它不是一成不变的，而是会随着接受教育以及外部环境的影响而加以改变。可塑性是思想政治理论素养的一个突出特性。渗透性是指学校、家庭和社会等有目的、有计划、有组织地对个体进行教育。马克思认为，“人创造了环境，同样，环境也创造了人”[②]。政治理论素养是在后天接受教

① 阮一帆、李战胜：《联邦德国政治教育思想理论变迁的历史回顾》，《中国地质大学学报》（社会科学版）2015 年第 1 期。

②《马克思恩格斯选集》第 1 卷，人民出版社 1995 年版，第 59–98 页。

育的过程中逐渐习得的，周围环境会潜移默化、润物细无声地影响其发展，而个体的政治理论素养也会在不知不觉中对周围的人或环境产生影响。

政治理论素养是青年思政课教师最鲜明的品格和特征，是青年思政课教师核心素养的根和魂，在教育教学育人过程中发挥着定向作用。对于政治理论素养的要素构成，学术界没有系统性地总结和归纳，但研究主要集中在政治立场、政治认同、政治情怀和政治信仰、政治担当等方面。按照马克思主义认识论原理，“人作为认识主体是有意志的、有情感的、有认知能力的统一整体，人的知、情、意等各要素都对在观念中实现主观与客观的统一起作用”。[①] 政治立场是指个体在政治生活中对于国家政治价值观的认知。因此，政治立场解决的是个体的“认知”及“高度”问题。政治认同是主体通过理性思维能力对国家政治价值观在认知基础上的认同。其解决的是个体对于国家政治价值观的“深度”和“理性认同”问题。政治情怀是指在国家政治价值认知和评价高度结合的基础上，个体对其产生的强烈“情感共鸣”。它解决的是个体对政治立场的“情感认同”和“温度”问题。政治信仰是指个体自觉地将实现国家政治理想作为其目的的“意志”，是培育社会主义合格建设者的关键。政治信仰解决的是青年思政课教师对国家政治价值观的“终极确信”和“向度”问题。政治担当指的是个体在实践中形成的使命责任、价值观念、思维方式以及行为表现等，具体包括政治忠诚、政治定力、政治能力以及政治自律等。现代心理学认为：“认知是意志产生的前提，意志调节认知过程；情感可以成为意志的动力，意志对情感起控制作用。”[②] 因此，学者们对于政治理论素养构成的分析具有一定的合理性。

政治理论素养是在青年思政课教师教育教学、育人过程中既必不可少，又起关键性作用的政治品格。政治理论素养彰显了青年思政课教师的政治本色，是对青年思政课教师最基本的要求。政治理论素养的重要性主要体

① 马克思主义哲学编写组：《马克思主义哲学》，高等教育出版社、人民出版社 2009 年版，第 263 页。

② 李德顺：《价值论：一种主体性的研究》，中国人民大学出版社 2013 年版，第 136 页。

现在以下几个方面：一是党和国家有明确的要求。近年来，党和国家针对思政课教师建设发展出台了一系列文件。文件明确包含了党中央和国家对青年思政课教师政治理论素养的高要求、高期待、严标准。过硬的政治理论素养既是思政课教师核心素养的首要素养，也是其核心素质。二是保证中国特色社会主义办学方向的要求。所谓“师者，传道受业解惑也”。青年思政课教师对于学生的世界观、人生观、价值观的塑造具有直接的影响。为确保中国特色社会主义的办学方向，培养国家栋梁，就必须对青年思政课教师的政治理论素养给予足够的重视。在教育教学过程中引导学生深刻认识到马克思主义的精神实质和思想精髓，学习运用马克思主义的立场、观点、方法去看待我国的社会主义和当今世界的发展变化，了解马克思主义对我国革命、建设和发展的指导意义，认识中国特色社会主义的制度优势，确保社会主义教育的正确方向。三是学校思政课课程性质和教学内容的内在要求。学校思政课具有政治性、思想性、科学性、理论性、实践性等多重特性，其中政治性是其最鲜明的特性，是第一特性。之所以如此，是由教育的根本任务决定的。

第二节　政治理论素养的内容

一、坚定的政治信仰

“政治信仰，指的是对一定政治意识形态的认同，对某种政治制度、政治体系、政治决策等的推崇和坚信。”[①]政治信仰隶属于意识形态领域，属于社会的主流意识。它由社会存在所决定的，而又反作用于社会存在，且具有相对独立性。

---

① 刘江宁：《自我、自由与存在：当代中国青少年政治信仰研究》，山东人民出版社 2015 年版，第 39 页。

坚定的政治信仰是青年思政课教师从事教学的第一位要求。青年思政课教师坚定的政治信仰是关系学校思政课建设质量的重要因素。从思想政治理论课的课程性质分析，思政课具有鲜明的意识形态属性。“意识形态工作是党的一项极端重要的工作。”[①]学校就是意识形态工作的主要建设之地，是目前主流社会意识形态形成的主要阵地。学校思想政治理论课作为社会意识形态工作建设的主渠道，具有鲜明的意识形态属性。

青年思政课教师站稳思政课讲台的前提是具备坚定的政治信仰，坚定对马克思主义和共产主义的信仰。只有具备坚定政治信仰的人，才能讲好有温度、有活力的思政课；才能讲得有底气、有志气、有魄力；才能在系统性、全面性的课堂教学中，增强学生对马克思主义的坚定信仰，增强对中国特色社会主义的坚定认同，增强对中国式现代化道路的坚定认可，进而增强实现民族复兴重任的决心和信心。青年思政课教师队伍是学校“开展马克思主义理论教育、用习近平新时代中国特色社会主义思想铸魂育人的中坚力量”。[②]青年思政课教师政治信仰的坚定程度直接关系到学生对思政课的接受度、认可度和满意度，直接关系到思政课教学的质量和育人实效。因此，青年思政课教师必须在强化自身政治理论知识学习的基础上，坚定政治信仰、提高政治理论水平、站稳政治立场，成为先进文化的传播者、党执政的坚定支持者、学生健康成长的指导者。

坚定的政治信仰关系到青年思政课教师能否落实好立德树人根本任务。从思政课的育人属性出发，青年思政课教师肩负着“守土人”的责任，落实“立德树人”的根本任务。思想政治理论课是进一步落实学校立德树人根本任务的关键性课程，青年思政课教师承担着培养党和国家需要的人才重任，育人先育己。其自身也要符合人才培养的标准。“教师在课堂上展现的情怀最能打动人，甚至会影响学生一生。真心才有真情，真情才能感染

①《习近平谈治国理政》第一卷，外文出版社 2018 年版，第 153 页。

② 教育部：《新时代高等学校思想政治理论课教师队伍建设规定》，2020 年 1 月 16 日，https://www.gov.cn/gongbao/content/2020/content_5509718.htm

人。”可见，青年思政课教师是实施思政课的中流砥柱。政治信仰的缺失，可能导致青年思政课教师无法寓价值观引导于各门课程的知识传授和能力培养中。这就要求青年思政课教师必须拥有坚定的政治信仰，解决好自己的信念问题，充分挖掘每一门课程的丰富资源，为学生做好榜样表率作用。守好一段渠、种好责任田，以坚定的理想信念影响和感染学生。

坚定的政治信仰是青年思政课教师的红色底线。思想政治理论课是一门政治性、价值性导向非常明确的课程。如果思想政治理论课不讲政治，那么思想政治教育这一活动就失去了灵魂。因此，青年思政课教师作为一名“传道者”，要在“明道”的基础上始终坚持“信道”。做到“明道”，就是要认真学习和领会马克思主义，真正弄懂马克思主义；做到“信道”，就是在真学真懂马克思主义理论的基础上，做到坚定地信仰马克思主义。只有真正对马克思主义有坚定信仰的教师才能培养出真正信仰马克思主义的学生。作为一名青年思政课教师，如果自己没有思想，那么教师在课堂上就讲不出有思想、高水平的理论课；如果思政课教师自己没有坚定的政治信仰，那么在课堂上也讲不出信仰对于人生发展的重要性。青年思政课教师如果不具备坚定的政治信仰，就不具有成为一名学校思政课教师的资格。同时，我们正面对着百年未有之大变局的时代背景，国际政治形势复杂多变，各种社会思潮不断涌动。在这样一种时代背景下，作为青年思政课教师，自身如果不具备过硬的政治素养，缺乏信仰的坚定性，很容易就迷失在各种政治思潮的“噪声”和“杂音”中，在错误的方向里迷失自我，进而会影响青年大学生的价值取向。

“广大思政课教师要教育青年学生成为有信仰的时代新人，成为中国特色社会主义建设者和接班人，必须有坚定的政治信仰。我们认为，在当代中国，这种政治信仰的对象就是马克思主义，就是共产主义，就是中国特色社会主义，在当下就是习近平新时代中国特色社会主义思想。”①故而，对

① 秦宣：《思想政治理论课教师应树立坚定的政治信仰》，《思想理论教育导刊》2019 年第 5 期。

于青年思政课教师而言，坚定的政治信仰主要体现在以下几个方面。

坚定对马克思主义理论的信仰。马克思主义是科学的理论，是人民的理论，是实践的理论，是不断发展的开放的理论，习近平同志指出："对马克思主义的信仰，对社会主义和共产主义的信念，是共产党人的政治灵魂，是共产党人经受住任何考验的精神支柱。"我们要坚信马克思主义是揭示人类社会发展规律且与时俱进的科学理论；坚信马克思主义的人民立场和为人类求解放的终极追求；坚信马克思主义始终"是我们认识世界、把握规律、追求真理、改造世界的强大思想武器"。青年思政课教师只有将马克思主义牢牢扎根在思想中，筑牢信仰之基，使之成为"征服我们心智的、支配我们信念的、我们的良心通过理智与之紧紧相连的思想"，才能坚守培养社会主义事业建设者和接班人的政治方向，才能理直气壮地在思政课堂上高举马克思主义旗帜、传播马克思主义理论、弘扬社会主义核心价值观、批判各种错误观点和思潮，用马克思主义真理的光芒照耀学生，以坚定的理想信念教育和影响学生，让思政课堂真正成为传播马克思主义真理的主战场。马克思主义科学地解释了人类社会发展的一般规律，为人类的解放指明了方向和道路，且马克思主义是与时俱进的，在不同时期赋予不同的内容，在时代更新发展的过程中体现出强大的生命力。广大青年思政课教师教育学生要坚定对马克思主义的信仰的前提就是自身必须有坚定的信仰。

坚定对共产主义的信仰。共产主义正是我们一直探求和奋斗实现的远大理想和最终目标。正如习近平总书记曾讲的："如果大家都觉得这是看不见摸不着的东西，没有必要为之奋斗和牺牲，那共产主义就真的永远实现不了了。我们现在坚持和发展中国特色社会主义，就是向着最高理想所进行的实实在在努力。"① 因此，青年思政课教师要树立远大的理想目标，树立共产主义远大理想，需要进一步补好精神之"钙"，补好理想信念这个

① 习近平：《坚定理想信念，补足理想之钙》，《求是》2021 年第 21 期。

“钙”，不然就会得“软骨病”，并且要把握好远大理想和共同理想之间的辩证关系。

坚定对中国特色社会主义的信念。青年思政课教师要将教育事业融入中国特色社会主义伟大实践中、社会主义现代化国家建设中和实现中华民族伟大复兴的奋斗中。社会主义和共产主义作为马克思主义的重要组成部分，它们既是一种科学的理论和这种理论指导下的现实运动，也是一种社会制度和社会形态。中国特色社会主义是我们党不断开辟马克思主义中国化时代化的理论成果，是党在长期奋斗进程中得出的根本成就，是适应中国国情和中国具体实际的具有中国特色的发展成果。青年思政课教师要教育学生坚定政治信仰，首先自己要坚定对中国特色社会主义的信念，要进一步坚定中国特色社会主义道路自信、理论自信、制度自信和文化自信。

坚定对习近平新时代中国特色社会主义思想的信仰。习近平新时代中国特色社会主义思想是马克思主义中国化时代化的最新成果，是21世纪的马克思主义和当代中国的马克思主义。广大青年思政课教师要用习近平新时代中国特色社会主义思想铸魂育人，必须首先要坚定对习近平新时代中国特色社会主义思想的信仰。以坚定的“四个自信”、鲜明的人民立场、强烈的责任担当、过硬的能力本领，为推进中国特色社会主义伟大事业贡献智慧和力量。“青年思政课教师作为‘传道者’，必须‘信道’，必须信仰马克思主义、共产主义、习近平新时代中国特色社会主义思想，必须对中国特色社会主义事业充满信心，而且必须是真信、恒信，对这些思想和理论心悦诚服、理直气壮，且坚守以恒，而不是假信、不是时而信时而不信。只有信仰坚定的人才能讲好信仰；只有信仰坚定的教师才能引导学生树立正确的信仰和人生目标。”①

① 林媛红、张君辉：《论新时代高校思政课教师的素养》，《广西社会科学》2021年第4期。

二、明确的政治立场

立场问题是根本问题，是任何人都无法回避的。政治立场就是指立足于一定的阶级、政治集团、派别，反映其利益和要求的政治立足点和出发点。简单来说，政治立场就是一个人对社会的生活方式、利益分配、意识形态的综合态度。是一种从个人基本需求上升为对家庭团体的要求，再上升为对族群、国家的诉求。作为青年思政课教师就必须拥有坚定的马克思主义政治立场，掌握马克思主义基本科学方法，深入系统地研究马克思主义的科学原理和科学精神，研究马克思主义基本原理在中国的运用和发展，研究习近平新时代中国特色社会主义思想的科学内涵、精神品质和理论体系，研究社会思潮中不断涌现的新问题新情况，研究学生关注的最新热点和时事政策。习近平总书记也曾指出："讲政治最根本就是要讲党性，在思想政治上讲政治立场、政治方向、政治原则、政治道路，在行动实践上讲维护党中央权威、执行党的政治路线、严格遵守党的政治纪律和政治规矩。"①作为青年思政课教师，必须明确讲政治才能进一步表明自身的立场和方向，只有讲好政治才能在前进道路中遇到艰难坎坷时勇于战胜困难，不断发展。

青年思政课教师站稳讲台需要有明确的政治立场。"教师时刻保持政治自省，以习近平新时代中国特色社会主义思想充实武装自己的头脑，以科学的思想认识和扎实的理论知识来坚定自己的政治信仰，提升对党和国家的理想认同和制度认同，把握当今中国和世界的发展大势，在准确理解并践行社会主义核心价值观基础上，辨析主流价值观和非主流价值观的边界，辨别虚拟世界中的迷惑性思想和观点，把坚定的政治信念和正确的政治立场贯穿到教书育人的全过程中。"②进行思政教育教学的过程中，青年思政课

① 习近平：《总结党的历史经验，加强党的政治建设》，《求是》2021 年第 16 期。

② 陈道红：《教师的政治素养》，《成才》2022 年第 18 期。

教师要时刻站稳自身的政治立场，不能有所忽视，做到“以透彻的学理分析回应学生、以彻底的思想理论说服学生、用真理的强大力量引导学生”。正如马克思所言，理论只有彻底，才能说服人。青年思政课教师要不断传达社会主流意识形态，要敢于面对各种社会思潮，在回答学生问题时要做到透彻和全面，不能避重就轻，顾左右而言他；要直面学生提出的问题，尽可能地练就一种“不怕问、怕不问、问不倒”的能力。在解决学生问题的过程中，不能偏离航线和旗帜，要坚守住自己的政治立场，也不能把学生带向偏离中国特色社会主义这一主线，要引导和帮助学生塑造正确的世界观、人生观、价值观。

青年思政课教师在引导青年学生时需要明确的政治立场。“人民立场是中国共产党的根本政治立场，是马克思主义政党区别于其他政党的显著标志。”青年思政课教师要准确而清晰地当好党的路线、方针、政策的“宣讲员”和“传达者”。开展思想政治理论课的主要目的，就是旗帜鲜明地向学生讲清楚马克思主义基本立场、观点和方法，充分论述中国共产党治国理念和形势政策。“专业课教师明确国家发展的战略定位，使学生明确‘为谁学’的价值观问题，这是专业教师应该具备的政治立场。”[①]这都充分说明了明确的政治立场对于青年思政课教师核心素养养成的重要性。在网络媒体、社会思潮大量涌现、文化多元的数字化时代，面对来自各方面信息的侵扰，若青年思政课教师不具备稳定的政治立场，教师应该如何抵制住各种诱惑？如何对学生进行言传身教呢？基于此，稳定而明确的政治立场，是青年思政课教师在各种大是大非面前站稳脚跟的保障。作为青年思政课教师，明确的政治立场，能够促使教师在正确政治方向、政治旗帜的指引下不断前行。因此，青年思政课教师要时刻保持清醒的头脑，站在党和人民的坚定立场上，始终同党中央保持高度一致，始终维护党中央权威。坚守初心和使命，保持政治清醒，不信谣、不信邪，深刻领悟“两个确立”的深厚

① 王淑荣、董翠翠：《“课程思政”中专业课教师政治素养的四重维度》，《河南师范大学学报》（哲学社会科学版），2022 年第 2 期。

意蕴，以习近平新时代中国特色社会主义思想为指导，坚定不移地走中国特色社会主义道路，增强“四个意识”、坚定“四个自信”、做到“两个维护”，进而引导学生塑造正确的三观。

政治立场是影响青年思政课教师教学能力、水平和质量的重要因子，也是检验思政课教师开展教学是否合格的有效原则。青年思政课教师要想拥有稳定而明确的政治立场，需要做到以下几点：首先，充分学习和熟知党史、新中国史、改革开放史、社会主义发展史以及中华民族发展史，对中国共产党的百年辉煌历史有一个清晰而全面的认识和了解，并且将其全面融入日常思政课教育教学之中，充分发挥其育人功能。其次，明晰中国式现代化道路发展的理论、实践逻辑，明确中国式现代化道路是实现民族复兴重任和建设美丽中国的唯一正确之路。最后，全面认识到思想政治教育中教育的根本任务，就是要落实立德树人，进而为实现中国特色社会主义事业培养接班人和建设者。因此，青年思政课教师要全面落实这一根本任务，以强大的力量引导学生知晓是非曲直，明确使命担当，为实现民族复兴大任贡献自己的青春之力。

三、严明的政治纪律

政治纪律是党内各项纪律中最根本、最重要、最关键的纪律，“是政治方面的纪律要求，对日常具体的纪律及注意事项起到政治规约作用”。①

严明的政治纪律是青年思政课教师为人师表、以身作则的基本要求。学校建设一支能够让学生喜欢、让家长放心、让社会满意，并且能够让党、国家和人民相信，自己有所作为、有所担当的思政课教师队伍，是学校进一步建设好、举办好思政课的重要使命所在。青年思政课教师只有具备严明的政治纪律，才能保证思政课正确的政治立场、政治方向。一方面，青

① 单文鹏：《论思想政治理论课教师“政治要强”》，《北京教育（德育）》2019 年第 5 期。

年思政课教师能够充分发挥带头模范作用，保证自己在课堂教学目标的制定上不存在误导和偏差，坚定不移地全面贯彻党的路线、方针和政策，进而使党的基本理论、基本路线、基本方略能够更好地传播到学生当中去，真正做到入耳入脑入心；另一方面，能够将正确的社会主义核心价值观引导给学生，帮助学生塑造正确的三观。坚持用马克思主义的立场、观点和方法去分析问题、解决问题，用马克思主义中国化时代化的思想理论去引导和说服学生。青年思政课教师在教学过程中，要避免将马克思主义基本理论当成教条来指导学生。在实际工作和生活中，青年思政课教师要以自己的行动彰显对党和国家的忠诚和担当。

严明的政治纪律作为政治理论素养的重要组成部分，主要包含以下几方面的内涵。

首先，严格遵守国家法律法规。作为一名公民，尤其是一名思政课教师，必须遵守国家的法律法规，不得有违法行为，不能使自己的不当行为误导学生，做出不可挽回的事情，要时刻保持自己的言行举止符合社会发展方向，符合党的路线政策。其次，严格遵守党的纪律和规矩。作为一名党员，必须严格遵守我们党的纪律，维护党的团结统一，遵守党的政治路线、思想路线和组织路线；作为一名青年思政课教师，在日常的教学活动中，要严守政治底线，时刻牢记党的政治路线、思想路线和组织路线。这就要求青年思政课教师将正确的教学内容传授给学生。青年思政课教师在日常的工作和生活当中，表达观点和公开言论时要遵法律、讲纪律、守规矩，在做自己的学术研究要坚守政治立场、政治方向，能够研究和探索出具有高质量水平的学术成果，在坚持学术自由的同时能够坚守住底线，使学术成果既具有学术创新性又具有学术政治性。[①]青年思政课教师要始终坚持“在马言马、在马传马”这一原则要求，不能为了吸引学生的课堂兴

① 郝潞霞、韩建新：《论思想政治理论课教师“政治要强”》，《思想理论教育导刊》2019年第11期。

趣，传播一些不正当的思想理论，去否定和扭曲马克思主义基本原理的真理力量，甚至于去污蔑、诋毁党和国家的最高形象，传达不良情绪；用正确的思想理论传播给学生，积极向学生传播正能量，教育引导他们形成正确的理想信念和价值目标。再次，保持政治清明。所谓保持政治清明，就意味着不能贪污受贿、不搞权钱交易、不违规打招呼、不搞不正之风等，做到对党忠诚老实、公正廉洁。青年思政课教师要时刻铭记自己的责任和使命。在日常生活和工作中，始终保持清正廉洁之风，避免徇私舞弊、奢靡浪费，造成社会资源的浪费。在课堂上讲好知识，上好每一节课。最后，维护政治安全。当前处在复杂多变的社会环境中，必须保持高度的政治敏锐性和警惕性，保护国家政治安全，不参与渗透颠覆破坏活动，维护国家稳定和团结。在日常的教育教学活动中，青年思政课教师要遵循严明的政治纪律，并时刻警醒自己科研学术无边界，但课堂教学有边界，时刻与党中央的大政方针保持一致，把握正确的政治方向，才能不断传播社会主流意识形态、传递社会正能量，牢牢把握思政课的大方向、主阵地。

第三节　政治理论素养的实践

实践是思想之母。对于政治理论素养的学理性分析能够从概念、原理以及理论层面体现学理的支撑、学术话语的表达和学术层面的研讨交流，而记录工作中的案例示范更能架起从学理到应用的桥梁。因此，本书遵循课程建设规律、学生成长规律，以学生成长的各个学段为依托，选择了各学段优秀思政课教师的政治理论素养进行案例分析。在当下，大中小学思政课一体化建设是推动新时代学校思想政治理论课创新改革的重要工程，更是推动学校思想政治理论课内涵式发展的整体性、系统性设计，主要是“将大学、中学、小学不同学段具有相对独立性的思想政治理论课从立德树人的整体性视角出发，在循序渐进、螺旋上升的过程中，打造大中小学各学段纵向衔接、横向贯通、有机融合、不可分割的立体化、协同性、链条式的思政课程体系、教学体系和育人体系”。[①] 因此，政治理论素养的培育应是各学段思政教师的共同使命。为了增强本节的指导性，在学理分析后，呈现各学段具有代表性的优秀思政课教师的实践案例，能够使我们深入地认识与验证政治理论素养在特定情境下的应用情况和范围。

一、小学思政课教师典型案例

小学阶段是人生的“播种育苗期”，正是学生“扣好第一粒扣子”的关键阶段。办好这一阶段的思政课可以为学生提供一个良好的思想和行为基础。从课程建设的角度分析，小学思政课是基础，这一阶段的思政课重在启蒙道德情感，“引导学生形成爱党、爱国、爱社会主义、爱人民、爱集体的情感，具有做社会主义建设者和接班人的美好愿望”。[②] 从学生成长的规律角度分析，小学学段的学生正处在模仿和探索世界的阶段，思想和行为易受到影响。同时，小学生对于知识的接收主要来自老师，对老师有极强的崇拜心理，老师的一言一行都会对其产生影响。因此，小学阶段教师的地位认可度、敬畏度较高。

---

① 李东坡、王学俭：《新时代大中小学思政课一体化建设的内涵、挑战与对策》，《新疆师范大学学报》（哲学社会科学版）2021 年第 3 期。

②《关于深化新时代学校思想政治理论课改革创新的若干意见》，人民出版社 2019 年版，第 5 页。

案例一：

一颗初心，一生前行

“初心永擎，方可照亮前路；使命在肩，更需勇毅前行。”河南省焦作市焦东路小学的思政课教师刘科以初心为节奏，感恩为旋律，以高度的责任心和强烈的事业心，在各项工作中恪尽职守，辛勤工作。刘老师深知，思想政治工作根本上是人的工作，必须围绕学生、关照学生，不断提高学生的思想水平、政治觉悟、道德品质、文化素养，让学生成为德才兼备、全面发展的人才。在课堂中，她教育学生认清时代责任和历史使命，通过视频和真实的案例，让学生看到祖国从“站起来”到“富起来”到“强起来”的复兴之路，用中国梦激扬青春梦，为学生点亮理想的灯，照亮前行的路；通过书写自己的理想，她引导学生弄清远大抱负和脚踏实地之间的关系，把志向变为现实，问问自己该怎么做。既要求得真学问，练就真本领，又要有锲而不舍、自强不息的奋斗精神，从一点一滴做起；针对当下学生心理脆弱的现实，她通过组织红色阅读，观看红色影片、朗诵红色诗词，帮助学生锤炼坚强的意志，历练不怕失败的心理素质，保持乐观的人生态度，敢于面对各种困难和挫折。

案例来源：第一党支部：《一颗初心，一生前行——记焦东路小学优秀党员教师刘科》，“焦东路小学”微信公众号，2024 年 1 月 18 日。

河南省焦作市焦东路小学的思政课老师刘科因材施教，在教学过程中充分展现了其政治理论素养。通过上述案例我们可以看到，刘科老师通过自身坚定的政治信仰影响学生，注重提升学生的思想水平、政治觉悟，引导学生走向人生发展的正确航向。在课堂中，刘科老师不仅鼓励学生锤炼坚强的意志，树立正确的人生态度，还通过真实的视频和案例教育学生认清时代责任和历史使命，坚定正确的政治信仰。小学阶段的思政课是学生树立正确价值观的起点和基础。在教学中，青年思政课教师具有坚定的政治信仰，就会在教育教学过程中为学生“扣好人生的第一粒扣子”，在学生心里埋下将小我融入大我，将个人青春奋斗的道路与国家发展和民族复兴的道路共融、同向的种子，让他们懂得个人人生奋斗的道路都是中华民族奋斗历史大道中的线条，偏离了国家发展与民族复兴的大道和方向，任何个人青春奋斗的人生轨迹就会轨不正、方向不明，甚至走向人生的歧途。① 反之，如果青年思政课教师不能坚定自身的政治信仰，在教育教学过程中给心智未开的学生传达不正确的观念，影响学生的政治信仰的形成，势必对学生今后找准人生奋斗道路和方向产生负面影响。

二、初中思政课教师典型案例

坚定的政治信仰是思想和行动的力量和指南。从提升教学质量的角度来说，坚定的政治信仰能够确保青年思政课教师在保持授课内容方向的正确性、原则准确性的基础上，探讨方法的艺术性。从党的教育方针的角度来说，青年思政课教师只有具有坚定的政治信仰，才能在错综复杂的社会现象中看清本质，明确方向，保持强大的政治定力，做到政治立场不动摇、政治方向不偏移，在思想上政治上行动上始终与党中央保持一致，从而确保党的教育方针得到全面贯彻、立德树人根本任务得到切实落实。从实现中华民族伟大复兴的角度来说，青年思政课教师只有具有坚定的政治信仰，才能从实现“两个一百年”奋斗目标和中华民族伟大复兴中国梦的战略高度，深刻认识担负的光荣而艰巨的任务，积极承担起传播马克思主义、培

① 段鸣骅、郑晓云：《浅析高校青年教师的政治信仰与育人影响力》，《职业时空》2013 年第 9 期。

养担当民族复兴大任的时代新人的政治使命[①]。初中阶段的学生处在青春成长期，对于整个世界的未知事物充满好奇之心，对事物有强烈的探究精神。简单的知识灌输已达不到初中生对于知识的心理期许。因此，初中阶段的思政课教师在教学过程中，要通过理论的魅力说服学生，以自身的人格魅力和政治信仰吸引学生，打牢学生的思想基础，从而达到思想政治教育的目的。

案例二：

新学期爱国主义教育第一课
——延庆八中思政课教师在行动

北京市延庆区第八中学思政课教师周志云老师，以“明确目标、努力奋进、成就自我”为题，开讲爱国主义教育第一课，带领学生迎接新的学期。在本节课的第一环节，周老师给同学们分享了部分学生的假期作业：杜擎天同学介绍的神舟十七号载人飞船即将发射并与中国空间站的天和核心舱完成对接。马思琪展示的2023年国家统计局数据显示，一季度全国网上零售额3.29万亿元，同比增长8.6%。电商新业态新模式蓬勃发展，商品销售实现快速增长。张嘉琪提到在全国生态环境保护大会上强调的：全面推进美丽中国建设加快推进人与自然和谐共生的现代化。孩子们在享受轻松愉悦假期生活的同时，不忘关心国事、家事、天下事。思政课教师对于暑期作业的精心设计，不仅让学生习得知识，而且开阔了眼界，促进学生综合素质的提升。课中，周老师通过数据来证明我国经济发展再上新台阶，经济实力明显提升。不断滚动的数据条，让同学们热血沸腾，现场不断迸发出阵阵热烈的掌

① 郝潞霞、韩建新：《论思想政治理论课教师“政治要强”》，《思想理论教育导刊》2019年第11期。

声。周老师讲到国家的发展的奋斗目标是实现中国梦：实现中华民族的伟大复兴。国家有目标，人民就有希望。作为中学生，要想成长成为栋梁之材，也要脚踏实地，着眼当下，为当前设立目标并为之不懈奋斗！

案例来源：赵文娣：《新学期爱国主义教育第一课——延庆八中思政教师在行动》，“北京市延庆区第八中学”微信公众号，2023 年 9 月 6 日 。

北京市延庆区第八中学思政课教师周志云老师在日常的教学活动中充分凸显了政治理论素养，从上述案例我们可以看到，周志云教师对学生进行爱国主义教育时从实际出发，摆事实，讲道理，用最直观的数据让学生清晰地看到国家的快速发展，看到中国特色社会主义制度的优势所在。可见，周志云教师从内心由衷地为祖国自豪，为国家的强大而骄傲，她从祖国的繁荣发展中获得了自觉传播科学真理的强大心理基础和精神动力，真心实意地拥护我们的中国共产党，从而“真知、真信、真用”，用最真挚的力量以身作则感染学生，引领学生坚定政治信仰。“要落实好立德树人的任务，教育者必须首先受教育，思政课教师首先应成为‘有信仰的人’。”[①]故此，青年思政课教师要教育青年学生成为有信仰的时代新人，必须要有坚定的政治信仰。青年思政课教师要坚定自身的政治信仰，首先必须更系统、更深刻、更全面地掌握中国特色社会主义理论体系。只有在深刻理解和把握中国特色社会主义理论体系的基础上，用习近平新时代中国特色社会主义思想武装头脑，才能更好地坚定马克思主义信仰，坚定“四个自信”，坚定在中国共产党领导下坚持和发展中国特色社会主义的信念。[②]其次，青年

① 吴日明、尹佳炜：《坚持“让有信仰的人讲信仰”》，《新华日报》2019 年 4 月 9 日第 11 版。

② 郝潞霞、韩建新：《论思想政治理论课教师“政治要强”》，《思想理论教育导刊》2019 年第 11 期。

思政课教师还要与时俱进，紧跟时代步伐，将学科知识的发展与中国特色社会主义理论的发展两者紧密结合。全面、准确把握党在社会主义建设和发展以及社会主义强国建设中创立的最新理论，夯实自身的理论基础，使自己具备丰厚的马克思主义理论素养。

三、高中思政课教师典型案例

高中思政课处于承前启后的关键节点。它不仅和初中学段的《道德与法治》课程相呼应，还和高校思政课的课程内容相互衔接。因此，高中学段的思政课教育更加注重学生对初中学段知识的深入学习，注重对学生的政治人格和政治认同的递进、台阶式培育。基于此，通过高中阶段的思想政治教育促使学生重新认识自身，在学习中树立正确的政治方向，在生活中主动践行社会主义核心价值观，加强实践教育，最终夯实学生政治思想上层建筑的根基。

案例三：

思想认同　思维改变

华东师范大学第一附属中学思政课教师陈明青曾让毕业班学生们在小纸条上写下对政治课的感受。其中一张上面写着“用生命点燃生命”。“我问学生为什么这样说，他说我的政治课为他推开了一扇窗，一扇朝向外部世界的窗。这让我想到，政治课其实是带给学生一种方法，一种如何朝向世界的方法。这种方法对他们的影响不是一时的，是很长一段时间，而这也是他生命发展所需要的。所以，他会写下‘点燃生命’。”陈明青说。学生们通过这扇窗看到了不一样的风景，而陈明青则看到了属于自我、属于思政教育的新可能。一次听历史课过程中，陈明青“灵感乍现”：

“大家对中共一大耳熟能详，但很少关注四大，当时开会时会场对外打着‘英文补习班’的牌子，门口楼下的阿姨一边扫地、清理马桶一边放哨，有什么事儿就拉拉小铃铛。历史课是作为一个故事来讲的，那我要讲什么？其实中国革命的胜利过程中有很多我们知道姓名的英雄，还有很多未能留名。他们为什么愿意跟着共产党？通过这样的讲授，能更好地引导大家思考党领导人民取得的丰功伟绩。”陈明青分析：“思政课很容易被人认为是背背概念，字面上理解一下就可以了。但所有的信仰一定要经过挣扎，经过辨析，才能真正固化下来。今后思政课应培养学生的高阶思维。”陈明青对课程未来的探索如此设想，“很多人看电影、参观烈士陵园会感动流泪，但出来照样如常，而思政课要做的就是找到一条思维路径方式，让情感经过逻辑的、理性的力量固化，变成情怀，最终实现一种思想上的认同、思维上的改变，这扇窗才会真正敞开”。

案例来源：周世祥：《融汇多学科 讲好思政课——记 2021 年“最美教师”陈明青》，《光明日报》2021 年 9 月 11 日第 4 版。

从上述案例中，我们可以看到陈明青老师对于教育事业的热爱，在教学中不断学深悟透习近平系列重要讲话精神，把新思想转化为教学语言，将教师自身政治理论素养传递并内化为学生的理想信念和自觉行为。她热爱学生，无私奉献，将对学生、对教育事业的爱具化为教师的责任与担当。在她的带领下，学生之间生生互动，用同屏编辑的全新方式打造生成性课堂，多种学习活动让思政课“入耳、入脑、入心”。“用生命点燃生命”体现了陈老师 25 年来的执着与坚守。陈老师一步一个脚印，探索了充满生命活力的教育教学方式，将马克思主义的种子播撒在学生的心田中。“经师易得，人师难求。”青年思政课教师不仅要具备渊博的学科专业知识，更应该履行最庄严、最神圣的育人使命，坚定政治立场、把握政治方向、学习政治理论知识，提升立德树人能力，做一名忠诚于党和人民教育事业的时代“大先生”。首先，青年思政课教师要明确使命和责任，将国家和民族始终放在心中。青年思政课教师教授学生必备的专业知识，成为一名合格的“经师”，这是对青年思政课教师最基本的要求。在职业成长的过程中，对于青年思政课教师还有更高一层的要求，即青年思政课教师要努力成长为弘道、树人的“人师”。教师要成为解答学生人生、现实困惑的引路人，运用自己的学识、阅历和经验点燃学生对真善美的向往。其次，青年思政课教师要做学生为学、为事和为人的“大先生”。在教学和实践过程中加强自身修养、言传身教，躬身践行、胜似千言。最后，青年思政课教师要牢记政治使命，强化政治责任，自觉做到理想信念坚定、政治素质过硬，始终同党和人民站在一起，胸怀中华民族伟大复兴的战略全局。

四、大学思政课教师典型案例

大学阶段是人生成长的“孕穗灌溉期”，因此，大学阶段不仅是学生学习知识、技能和发展思想的过程，更是培养学生品质、坚定理想信念、实现人生价值的关键时期。高校思政课作为打通育人的“最后一公里”，重点在于引导学生重新审视前一阶段所学习的政治素养，使其成为坚定的个人信念，并通过实践活动外化为行为品质，进而增强学生的使命担当。因此，大学阶段的思政课建设要注重学生政治信仰的培育。“心中有信仰，脚下有力量。”①政治信仰是思政课教师的初心与使命，也是思政课教师政治性强的重要内容与指标，更是思政课教师“讲”好政治信仰的“压舱石”与“定盘星”，它能驱动思政课教师在教学中讲出政治信仰中“真”的味道、“善”

① 中共中央党史和文献研究院，中央“不忘初心、牢记使命”主题教育领导小组办公室：《习近平关于“不忘初心、牢记使命”重要论述选编》，党建读物出版社 2019 年版，第 2 页。

的味道、“美”的味道。[①] 思政课教师的政治信仰既为自己的人生航向划定了航标，也在对学生进行政治信仰教育时提供强大力量，点亮学生的人生。青年思政课教师作为思政课教师队伍的中坚力量，他们的政治信仰状况直接关系着思想政治理论课教学的深入实施和最终效果。故此，青年思政课教师要完成教书和育人的任务，就必须具备坚定的政治信仰，这是对学生进行政治信仰教育的重要前提，只有以自身的政治信仰去给学生讲政治信仰，学生才能做到“信其道”“奉其教”“效其行”。

案例四：

银龄支教，播撒希望

2021年夏，已退休的山东大学教授吴钧、胡和勤夫妇得知“高校银龄教师支援西部计划”后第一时间报了名。经过层层选拔，当年10月，他们风尘仆仆上了高原，成了银龄支教青海师范大学团队的成员。从东海之滨来到黄河源头，从重点高校到西部普通院校，除了高原反应，两位教授体会最深的就是两地教育资源的不均衡。“青海教育事业相对落后，但学生的求学热情、学校求贤若渴的作风，让我真切体会到了银龄支教的意义。”胡和勤感慨道：“教育一头连着国家的发展、民族的未来，一头连着个体的幸福、家庭的希望。希望‘高校银龄教师支援西部计划’的实施，能让西部地区学生共享优质的教育资源。”“我的专业是翻译，他是搞马克思主义理论研究的，原本一年的支教活动，谁想一不小心就‘拖’到第三年了。”吴钧告诉记者，放不下学生、搁不下教学，还有那些未落实的计划……“我俩出生在20世纪50年代，作为恢复高考后的第一届大学生，见证了40多年的改革开放历程，

① 任翠、刘忠铁、胡静：《让有信仰的人讲信仰》，《渤海大学学报》（哲学社会科学版）2021年第6期。

深感中国今天的发展成就来之不易。能在退休之后参加银龄支教，到祖国需要的地方尽绵薄之力，这是一种责任和幸福！”吴钧和胡和勤兴奋地说。

案例来源：万玛加、王雯静：《青海：银龄支教，播撒希望》，《光明日报》2023 年 10 月 6 日第 1 版。

习近平总书记强调：“要让有信仰的人讲信仰。”[①] 从已退休的山东大学教授吴钧、胡和勤夫妇的身上，我们看到了信仰的力量。在上述案例中，我们可以看到胡和勤夫妇为了祖国教育事业的发展和民族的未来，在退休之后依旧毅然投身支援西部教育的事业。胡和勤夫妇跋山涉水从东海之滨来到黄河源头，虽然经历了高原反应等困难，但胡和勤夫妇却并不觉得困苦，在他们心中，到祖国需要的地方尽绵薄之力，是他们义不容辞的责任，也是得之不易的幸福。可见，这就是政治信仰的力量。因此，对于正在成长中的青年思政课教师而言，信仰的力量必不可缺。青年思政课教师要增强坚定政治信仰的自觉意识。在专业化成长的过程中，既要做到精通专业知识，承担“传道受业解惑”的责任，做好“经师”，又要涵养德行、明晰自身所肩负的立德树人的国家使命，成为“人师”。要充分认识到自己所肩负的政治使命，自觉树立立德树人的责任意识，增强坚定自身政治信仰的自觉意识，以强化自身的政治信仰建设。

青年思政课教师如果政治信仰缺失，就可能无法将价值观引导寓于课堂知识传授和能力培养中。思想政治理论课育人实效是否理想，与思政课教师政治纪律是否严明息息相关。思政课教师作为国家主流意识形态的“宣讲人”、学生成长成才的“引路人”，自身的言行举止、言论观点在一定程度上是国家政策观点的代表。因此，青年思政课教师的教学行为、教学

① 习近平：《思政课是落实立德树人根本任务的关键课程》，《求是》2020 年第 17 期。

语言是否恰当，对于教学内容的诠释是否准确，关系到学生世界观、价值观和人生观的塑造。正如习近平总书记所言：“谁都不能拿政治纪律和政治规矩当儿戏。”[①]政治理论素养是不能触碰的底线和红线。青年思政课老师作为党的政策理论的“传声筒”，更应该严明政治纪律。“传道者首先要明道、信道。”[②]要从思想上夯实严明政治纪律的信仰根基。马克思主义是中国共产党奋斗的理论之基。作为党的理论和政策的发言人，学马、信马、用马彰显了思政课教师的政治属性。

青年思政课教师要做到将马克思主义信仰作为自身纪律性的精神力量。同时，青年思政课教师要把握正纲，原原本本读经典，透透彻彻悟精神，把马克思主义经典著作作为强大的思想武器；从实践中笃行，严守课堂政治方向，仔细研读新形势下党和国家相关政策和方针，在课堂上的宣讲必须同党中央保持一致，决不散布违背党的理论和党的纲领路线方针政策的意见，决不发表同党中央的决定相违背的言论，决不编造、传播政治谣言以及丑化党和国家形象的言论，为学生传好马克思主义之道、中国特色社会主义之道。[③]习近平总书记明确指出，“政治纪律是最重要、最根本、最关键的纪律”。[④]虽然学术是没有禁区的，但学校的教学是有严格纪律的，因此，青年思政课教师要严明政治纪律，提高政治站位，以身作则指引学生政治观的发展，方能成为学生价值观念的正确“引路人”、国家与学生之间的可靠“搭桥人”。

---

① 习近平：《习近平关于严明党的纪律和规矩论述摘编》，中央文献出版社 2016 年版，第 23–24 页。

② 习近平：《习近平在全国高校思想政治工作会议上强调：把思想政治工作贯穿教育教学全过程开创我国高等教育事业发展新局面》，《人民日报》2016 年 12 月 9 日第 1 版。

③ 宋阚：《严明政治纪律，严守政治规矩》，《奋斗》2019 年第 21 期。

④ 习近平：《习近平关于严明党的纪律和规矩论述摘编》，中央文献出版社 2016 年版，第 13 页。

第三章 学科知识素养

学科知识素养是青年思政课教师核心素养中的基础性素养。学科知识的掌握程度是青年思政课教师基本功的体现。作为立德树人、铸魂育人关键课程的思政课，有着独具特色的知识体系，是一门以马克思主义理论为主要教学内容的课程，其涉及的知识领域之广、综合性之强、交叉融合内容之多，决定了青年思政课教师必须具备丰富、多元、扎实的学科知识。本章探究青年思政课教师的学科知识素养，以“知识”一词为概念的起点，沿着“知识—学科知识—学科知识素养”的逻辑线展开探究，以期梳理出新时代青年思政课教师应当具备哪些学科知识，使他们更好地胜任思政教育工作。

第一节 学科知识素养概述

一、知识

“知识”一词的内涵丰富。谈及知识，学术界对于其含义的阐释不尽相同。故而，研究结果呈现多样性。整合学者们的观点，对于知识的研究主要集中在以下几个方面。

从词源学的角度阐释知识的含义，“知识”是由“知”和“识”组成的复合词。“知”的意思可以释义为“知道”和“了解”。在英语中，通常将其翻译为“knowledge”，在希腊语中，常用“episteme”一词来表示，其也有“认识”的意思，除此之外还有“科学”和“真理”的意思。在《辞海》[①]中，知识被定义为人类认识的成果和结晶。根据不同的划分标准，对知识进行了划分。即知识有生活常识和科学知识、经验和理论知识、直接和间接知识等。总的来说，在学术上，知识的用法相对来说比较严谨一点。在日常的运用中，知识常常被认为是“知道的事情”。

哲学领域中，认识论的不同决定了人们对于“知识”的理解不同，同时也决定了其对“什么是知识”这一问题的回答不尽相同。关于知识理论的研究，最早可以追溯到古希腊的哲学家，柏拉图、亚里士多德、笛卡尔、康德、罗素等，他们都对知识理论的发展作出了重大的贡献。1913年，罗素（Russell）在他的手稿中将“知识”称为一个“高度模糊”的字眼，随后又称它是一个“无法精确”的一个用语[②]。杜威和本特利（Dewey & Bentley）在《认知与所知》（*Knowing and the Known*）一书中，也屡次称知识是个“不精确的名字”和“模糊的字眼”[③]。尽管当时对于知识的定义难以形成一个确定的概念，但是很多学者还是从不同的角度对知识观进行了解释和研究。比较代表性的观点有理性主义知识观、经验主义知识观、实用主义知识观以及后现代主义知识观[④]。其中，理性主义知识观认为“知识”不是外来的，而是理性赋予的，同时，他们认为知识具有“绝对性”和“科学性”。所谓“绝对性”是指知识是人类通过严格的理性思维获得的。因而，知识具有绝对、永恒以及普遍的价值特性，是不容怀疑的。所谓“科学性”则源于知识自成严密的学科和逻辑体系，但其仅限于书本知

---

①《辞海》，上海辞书出版社 2000 年 1 月第 1 版，第 4920 页。

② Russell B. Theory of Knowledge：The 1913 Manuscript（Edited by E. R. Eames），转引自刘清华：《教师知识的模型建构研究》博士学位论文，西南师范大学，2004 年，第 13 页。

③ Dewey J.，Bentley A. F.：Knowing and the Known，转引自刘清华：《教师知识的模型建构研究》，博士学位论文，西南师范大学，2004 年，第 13 页。

④ 这四种观点的整合借鉴于学者杨鸿博士论文《教师教学知识的统整研究》中整合的观点。

识和间接经验。经验主义知识观的学者主张知识是对于外部世界联系的反映，主要来源于人们的感觉经验。实用主义者强调，“知识不是无用的奢侈品，知识的价值就在于它的实用性”。在实用主义者看来，“知识仅仅被当作是一种工具，是人们认识世界的、适应环境的工具”。后现代主义者认为，“知识是每个主体对事实进行阐释和界定的结果并非‘绝对客观’，所以可能会出现同一事实得出不同的结论对同一知识作出不同的解释”。[①]

关于知识概念的其他相关研究。王俊（2005）认为，知识是人在思维和实践领域中和环境之间的一种互动，既包括了互动的结果，也包括了这一过程[②]。学者范良火（2003）在《教师教学知识发展研究》中将知识定义为：“认知者和被知体之间一种交互作用的智力结果；知识是可以被各种形式和类型的，包括关于事实的知识和关于事物的知识、知道什么和知道怎样、隐性知识和显性知识，以及直接知识和间接知识。”[③]学者顾明远在《教育大辞典》中写道：“知识是对事物属性与联系的认识，表现为对事物的知觉、表象、概念、法则等心理形式。”[④]董纯才在《中国大百科全书·教育卷》中指出：“知识就它反映的内容而言，是客观事物的属性和联系的反映，是客观世界在人脑中的主观反映。就它反映的形式而言，有时表现为主体对事物的感性知觉或表象，属于感性知识，有时表现为关于事物的概念或规律，属于理性知识。”[⑤]

从上述论述中，我们可以看出，学者们对于知识并没有统一的定义。从学者们对于知识的研究过程中，我们发现，“知识”这一概念的范围不断地扩大，不再只是代表真理和科学。在教师的教育教学活动过程中，知识就像是教育教学活动得以开展的“阿基米德点”，教学活动更是对知识具有

① 杨鸿：《教师教学知识的统整研究》，博士学位论文，西南大学，2010 年，第 23 页。

② 王俊：《教师知识结构研究》，硕士学位论文，华东师范大学，2005 年，第 16 页。

③ 范良火：《教师教学知识发展研究》，华东师范大学出版社 2003 年版，第 5 页。

④ 顾明远：《教育大辞典》第一卷，上海教育出版社 1990 年版，第 14 页。

⑤ 董纯才：《中国大百科全书·教育卷》，中国大百科全书出版社 1985 年版，第 525 页。

依赖性。但是，在教育教学活动中，我们要特别注意一点，知识虽然是教学活动的基础和起点，但这并不意味着我们要将知识绝对化，而是要将知识作为教育活动中促进学生发展的一种文化资源和精神养料。

二、学科知识

学科作为科学知识体系的代名词，是概念组成的概念系统。学科不同意味着科学知识体系的不同。因此，任何一门学科都会有与之相对应的完整系统的知识体系。于教师教学而言，如果缺乏对应的学科知识，则会导致教学活动无法开展。试想教师如果对自己所教学科的知识都不清楚或者不熟悉，又怎么能教授给别人呢？因此，学科知识是教师知识组成中最基本、最必不可少的部分。“学科知识不仅包括一门学科的概念、原理、理论等内容本身，同时也包括概念与概念之间、原理与原理之间是如何联系起来的知识。即教师掌握的知识不仅包括该学科的概念体系，而且还包括这个概念体系是如何构建起来。”①

学科知识是青年思政课教师应该具备的知识。从查阅的文献当中可以发现，大多数学者都将学科知识或者内容知识归结为教师知识结构的一部分。学者们关于学科知识的研究主要从学科知识的内涵以及学科知识的构成方面展开。所谓学科知识是指基于一定的学科背景，教师在接受教育过程中所形成的专业知识。学科内容知识是教师最基本的知识内容，也是传统教育最为强调的内容。学科知识是“由学科专家所结成的学科共同体，在各个不同学术研究领域，基于某种信念，通过持续的探究过程而形成的基于证据的解释与辩护。……‘学科知识’是学科专家对世界的意义的理解与解释，是学科专家的思想、经验与知识。‘学科知识’的基本内容是学科的理智传统与学科逻辑”。②

① 王俊：《教师知识结构研究》，硕士学位论文，华东师范大学，2005 年，第 27 页。

② 张华：《试论教学中的知识问题》，《全球教育展望》2008 年第 11 期。

聚焦到学科知识的构成方面，学者舒尔曼认为，学科知识（content knowledge）是指具体学科的概念、规则和内容等。内容知识应该由学科内容知识（subject matter content knowledge）、学科教学知识（pedagogical content knowledge）以及课程内容知识（curricular content knowledge）三部分构成。同时，他还强调，教师不仅要掌握其专业领域内已被公认的事实，还必须能够解释一个特定的观点被认为是正确的原因，为什么我们需要掌握这个事实，以及它如何与这一领域中的普通理论和实践联系。格罗斯曼（P.Grossmann）认为，学科知识包括两方面：一是学科内容本身，二是外在的学科教学法的知识。之所以说学科教学法知识是外在的，是因为它是该学科实质性的和文法性的结构和知识。吉麦斯坦和豪（Gimmestad & Hall）提出学科知识是指教师所教学科内容方面的知识，并认为这种知识需要一定的深度①。学者林崇德（2005）从功能性的角度出发对教师知识进行了研究，他将教师知识结构分为本体性知识、文化知识、实践知识以及条件性知识四部分，其中，本体性知识就是西方学者所说的学科知识。林崇德认为："一个人最佳的知识结构主要是以自己所从事的职业与专业为基础的，教师扎实的本体性知识是其取得良好教学效果的基本保证，学生的年级越高，教师的威信越是取决于其本体性知识的水平。但他认为，具有丰富的学科知识只是'基本保证'，而不是唯一保证，即只有本体性知识并不是个体成为一个好老师的决定性条件"。②

如兹南尼基（Znaniecki）所说："每个人无论承担何种社会角色都必须具备正常担任该角色必不可少的知识。"教师的使命是"传道、授业、解惑"。故而，对于教师而言，无论承担哪一门学科的教师，要有效地进行教学，必须具备一定的知识。因此，研究青年思政课教师的学科知识素养必须首先要搞清楚，其在教学过程中需要具备哪些知识？

① Gimmestad，M. J. & Hall，G. E. Teacher Education Programs：Structure［J］. The International Encyclopedia of Education，1991（10）：5995–6000.

② 辛涛、申继亮、林崇德：《从教师的知识结构看师范教育的改革》，《教师教育研究》，1999年第6期。

思想政治理论课作为学校立德树人的关键课程，在学生成长的各个阶段发挥着重要作用。习近平总书记在学校思想政治理论课教师座谈会上强调，在大中小学循序渐进、螺旋上升地开设思想政治理论课程非常必要，是培养一代又一代社会主义建设者和接班人的重要保障①。基于此，青年思政课教师不仅要具备其他教师具有的一些普遍的教育教学知识，还必须体现其学科属性，具备属于自身学科所特有的知识，关于青年思政课教师应该具备的知识结构，我们拟用图 3–1 表示。

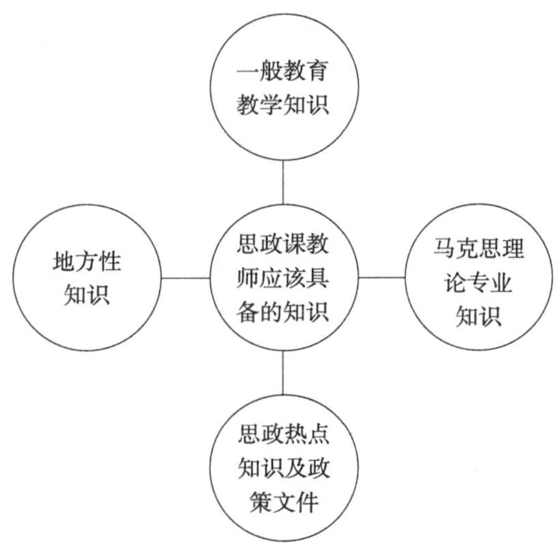

图 3–1　学校青年思政教师学科知识结构

图 3–1 中青年思政课教师建议具备的知识是研究者眼中教师应该具备的知识，不仅限于图中的四个方面内容，还包括教师在实际的教学实践活动中，通过自己的实践教学获得的经验。理论知识分类亦不能脱离青年思政课教师教学的实际情况，而出现华而不实的现象。关于上述知识的详细论述见学科知识素养的基本内容，其中，马克思主义理论专业知识详见“扎实的理论功底”部分；一般教育教学知识详见“广博的知识储备”部分；地方性知识和思政热点知识及政策文件详见“开阔的知识视野”部分。

① 习近平：《用新时代中国特色社会主义思想铸魂育人　贯彻党的教育方针落实立德树人根本任务——在学校思想政治理论课教师座谈会上的讲话》，《人民日报》2019 年 3 月 19 日第 1 版。

三、学科知识素养的具体化

学科知识素养是青年思政课教师最基础的教学素养，是素养在特定学科（或者特定学习领域）的具体化。青年思政课教师的学科知识素养不仅仅是指教师单纯地具备思想政治教育相关知识，也不是指马克思主义学科理论知识的复加和累积，而是指青年思政课教师在教学实践中形成和发展的理论与实践相结合从而产生的复合式的个人知识，是经过青年思政课教师个体的不断建构形成的富有个性化色彩的知识体系，它以学科知识为基础，整合了情感、态度或价值观而形成的综合性的、内在的品质或能力，是在学习一门学科或者特定学科领域之后形成的具有学科特点的关键成就。

在前文中，我们对青年思政课教师应该具备的学科知识进行了论述。教师具备上述学科知识后，如何将学科知识转化为学科知识素养是需要我们思考的重点问题。学科知识作为教师学科知识素养的载体，是不能直接转化为素养的。在此，我们需要解释学科知识与学科知识素养的关系。学科知识不能简单等同于学科知识素养，两者之间是正相关的关系。忘掉具体知识，留下的便是素养。具体来说，学科知识素养养成的前提是学科知识的积累；学科知识积累的结果是学科知识素养。学科知识积累越丰富，教师学科知识素养的积淀就越深厚。青年思政课教师大多是刚进入学校思想政治理论课教师队伍行列，其学科知识素养的积累还不够深厚。青年思政课教师要从新手型教师成长为专家型教师，需要不断积累、发展和创新学科知识素养。学科知识素养的培养不是一蹴而就的，是经过一步步地转化而形成的，需要在具体情境中建立与已学知识系统的一种联系。在此基础上，不断吸收、接纳知识，理解知识；而后运用所学的知识去分析问题、解决问题，进一步深化对所学知识的深层理解和消化；最后综合运用学科核心知识，去解决较为复杂的问题。因此，学科知识素养的培育是一个长期的工程，要脚踏实地，一步一个脚印地来进行塑造，从而推动学科知识素养的形成。

第二节　学科知识素养的内容

一、扎实的理论功底

扎实的理论功底是青年思政课教师夯实自身知识素养的基础。“水之积也不厚，则其负大舟也无力。”思想政治理论课是一门兼具思想性、学理性和逻辑性等特点的课程，上好思政课绝非易事。面对学理性、逻辑性以及知识范围广泛的思政课，教师如何将理论讲得有理有据？如何让大学生信服？如何用理论说服学生？如何吸引学生的兴趣？如何将头脑中的知识向学生清楚地讲出来？这些问题是青年思政课教师亟须思考的问题。要回答这些问题，必须要求青年思政课教师具备扎实、深厚的理论功底。只有具备深厚扎实的理论功底，青年思政课教师才能在教育教学的过程中，充分运用理论去说服学生，让学生真正从心底里对思政课产生兴趣，从而对思政课产生认同。

扎实的理论功底是加强大学生思想政治教育，更好地发挥思政课“育人”功能以及学生成长成才的必然要求。青年思政课教师在日常教学中，要善于运用学理性回应学生的问题从而说服学生，运用强大的真理力量吸引学生的注意力进而指引学生。在不断进步的社会环境里，青年思政课教师要善于结合具体实际，不断将马克思主义理论中国化时代化的科学内容，将符合我们国家实际情况的理论传授给学生。如学者李丹认为教师需要有面对理论解读分析的能力，教师要有深厚的理论功底，才能具备理论联系实际、分析问题的能力。他还分析了学校思想政治理论课教师具有扎实的专业知识之后，还需要有渊博的相关学科知识，给理论知识以生命，在传授知识的同时能创造出新的知识。给予学生独立思考的空间和能力，让学生不断地培养一种主动去学习的氛围，从而使教师真正成为以学生为中心的理论知识的传授者。

深厚的马克思主义理论素养是青年思政课教师坚守信仰的精神之钙，是青年思政课教师为学生释疑解惑、成为学生思想成长引路人的知识基础。思政课教学的根本任务是铸魂育人、立德树人，解决学生的思想问题，引导学生成长为社会主义的建设者和接班人。青年思政课教师需要具备深厚的马克思主义理论素养，全面掌握和熟练运用马克思主义的基本原理、基本立场、基本方法，全面掌握和熟练运用习近平新时代中国特色社会主义思想的基本内容和精神实质，用真理的力量感召学生，以深厚的理论功底影响学生。马克思主义理论是教育者分析思想政治教育新情况新问题的理论基础和方法指南，马克思主义理论修养是思想政治教育者的基本功。马克思主义理论素养深厚、教学水平高又平易近人的思政课教师，更容易成为学生的良师益友。具备扎实、深厚的理论基础，首先要加强基本的学科理论学习以及马克思主义经典著作文本的学习。经典著作文本中蕴藏着丰厚的马克思主义的科学观点。因此，经典著作文本既是促进当代中国马克思主义发展的理论基础，更给我们提供了认识世界的科学世界观以及改造客观世界、解决现实问题的正确方法论。因此，青年思政课教师对于马克思主义经典著作的研读是十分必要的。“真懂”是“真信”的前提。只有“真懂”，才能“真信”；只有“真懂”，信仰才会恒久。懂得什么是马克思主义，才能谈信仰马克思主义。懂得什么是中国特色社会主义、懂得什么是习近平新时代中国特色社会主义思想，才能为实现共产主义远大理想和中国特色社会主义共同理想而矢志奋斗。青年思政课教师要把阅读文本、加强理论学习作为一种习惯去坚持，让其成为思政课教师进行思政课教学的“看家本领”。“把阅读马恩毛列等经典、领悟原理当作一种生活习惯和一种精神追求。”[①]恩格斯曾在告诉青年如何研读和学习《资本论》时指出：

① 习近平：《在纪念马克思诞辰200周年大会上的讲话》，《人民日报》2018年5月5日第2版。

"对于那些希望真正理解它的人来说，最重要的却正好是原著本身。"例如，在研读《共产党宣言》的过程中，不可能一遍就完全把握其中所要表达的内涵和意蕴，需要反复阅读和钻研。

其次，要学习和掌握马克思主义中国化时代化的相关历史文献。即党的历代领导人在指导我国社会主义革命、建设、改革过程中所作的一些经典论断等。青年思政课教师就是要进一步全面地"把握马克思主义中国化的发展过程和经验教训，掌握其理论来源、实践基础、主要内容、基本精神，深刻地理解马克思主义的与时俱进性"。[①] 当下，党史党建学已成为一级学科，党史是讲好思政课的丰富素材、案例宝库。强化相关知识的学习和掌握，方能加强青年思政课教师在讲授思想理论过程中的说服力和针对性。马克思主义中国化时代化是随着中国革命、建设和改革的动态过程，是结合不同历史时期的国情、党情和民情的历史文献。因此，青年思政课教师要熟练掌握这些文献，才能更好地为学生传授理论知识、塑造优秀品质。

再次，要进一步加强最新理论政策和时政热点知识的学习，不断武装头脑。青年思政课教师应该是最新理论成果的掌握者、传播者。在学习新理论新知识新思想的基础上，领会其所要表达的思想实质，从而夯实思政课教学工作的理论基础。在思政课的教育教学过程中，社会热点问题和政策文件是重要的辅助资料。青年思政课教师应该掌握各类教育理论前沿、思政热点信息，善于运用社会热点问题，将其作为案例，并以课堂为依托传递给学生，引导学生形成积极的思想观念与舆论导向。信息时代，青年思政课教师在课堂中扮演的角色已悄然改变，教师由教学的主体、单一的知识讲授者转变为学习模块的建构者、教学活动的引导者、组织者以及信息资源的提供者。一如既往，传统的教学方式和观念也在信息化的推动下发生了深刻的变革。沿袭多年的授课模式"一个课本一张嘴，外加满身粉

① 吴林龙：《高校思想政治理论课教师的话语权及其提升策略》，《思想理论教育》2018 年第 11 期。

笔灰”慢慢淡出课堂，取而代之的是教学的新型授课方式。如果不掌握教育理论前沿、热点信息，思政课的教学就会拘泥于教材，没有新意，无法展开有效教学。

最后，要全面完整地研究和掌握《习近平新时代中国特色社会主义思想概论》《马克思主义基本原理》《毛泽东思想和中国特色社会主义理论体系概论》《中国近现代史纲要》《思想道德与法治》等主干课程知识。马克思主义理论教材是思政课教师开展教学的基础。因此，青年思政课教师要深入研究教材，深挖教材中贴近学生生活和社会实际的生活化元素。将枯燥抽象的理论与学生的生活经验相结合，运用数字化教育手段，设疑启发引导学生思考，进而提高学生的课堂参与率。只有做到以上几点，青年思政课教师才能进一步提高理论性强的思政课对学生的吸引力、渗透力和感染力。

扎实、深厚的理论功底是青年思政课教师教育教学的底气和自信。教师自身理论功底的深度和厚度会对其教学行为产生重要影响。用一个简单的例子来说，当一名青年思政课教师具备了深厚的理论功底，就能轻松地驾驭和解读教材，就能站在一定的高度来理解和分析教材中所蕴含的方针、政策及我们的方向。同时，思政课教师的理论功底足够扎实，在备课的过程中，容易将时政热点问题纳入教学中，能够更好地洞察学科前沿性知识和学科发展的趋势。这样可以保证教师在教学的过程中能够深入浅出、准确无误地向学生传递知识。其次，教师自身的学科知识素养与学生成绩之间有密切的联系。思政课教师自身扎实的理论功底在一定程度上会对学生的成绩产生影响。从事学校思想政治理论课的教师，在大学中一般承担着全校各个专业的思政课教学工作，在面对不同专业背景的学生时，如果教师对学生提出的问题很难做出回答或者回答的结果并不令学生信服，这会对学生学习的兴趣和积极性产生阻碍作用，进而会影响教学效果。学校处在意识形态斗争和较量的前沿，是马克思主义学习、研究、宣传的重要阵地。在数字化快速发展的新时代，随着互联网技术的发展与普及，各种社会思潮传入和泛起，其中就包括一些错误思潮，如历史虚无主义等。这些错误思潮有一个共同的特征，就是反对中国共产党的领导、反对社会主义制度。长期以来，西方敌对势力企图西化、分化中国。学校作为意识形态传播的“最后一公里”。立于阵地最前沿的青年思政课教师必须做到“守土有责”，面对各种错误思潮和西方敌对势力的进攻，理当“亮剑”。马克思主义是思政课教师识别、批判各种错误思潮和与西方敌对势力作斗争的理论武器。“青年思政课教师的马克思主义理论素养越深厚，其手中之剑就越锋利，其臂膀就越有力量，最后就能战而胜之。”①

二、广博的知识储备

思想政治理论课是一门交叉性非常强的课程，它涉及教育学、心理学、政治学等一系列的知识。这就意味着从事自然科学教学的教师必须掌握一定的社会科学知识，而从事人文社会科学教学的教师则必须储备一定的自然社科知识，这样可以减少教师因其所教学科的限制而导致的局限性。因此，在思政课教学的过程中，青年思政课教师必须在教学实践过程中有意识地促进各种知识的交融，以此不断形成完整的知识体系。

广博的知识是青年思政课教师进行有效教学的基础和前提。博学多才对每一位教师都十分重要，特别是青年思政课教师要掌握充实和广博的知识。思政课教师是塑造学生三观形成的关键者，如果没有丰富的知识储备，就无法对学生发展过程中出现的问题进行完美地解决。教师是直接面对学生的教育者，教育对象是学生。在日常生活和教学中，学生有任何问题都会直接提出来，而且往往还习惯于“打破砂锅问到底，不到黄河心不死”。教师如果没有广博的知识储备，就无法很好地解学生之“惑”，传为人之“道”。青年思政课教师只有先明白马克思主义本身有没有“理”，学

① 高其荣：《提升高校思政课教师政治素养的必要性与主要路径》，《湘南学院学报》2021 年第 3 期。

懂弄通悟透其中的“理”，才能向学生讲清楚“理”是什么、“理”在哪里，才能把马克思主义理论的思想深度和理论厚度阐释清楚、表达明白，才能更好地使学生明白马克思主义理论中的真正意蕴。苏霍姆林斯基也曾经说：“如果教师懂得的仅仅是他教给学生的那点知识，他就顾不上去观察全班的情况、学生的情绪和兴趣，就顾不上去注意学生的脑力劳动及注意力的状况。”[①] 学习是永无止境的，正所谓活到老，学到老。青年思政课教师在职业成长的过程中，要树立终身学习的理念，始终将最新的知识理念传递给学生。

青年思政课教师要不断地学习和更新充实自己的知识储备。例如，人文科学知识以及一般教育教学知识。人文知识和科学知识作为教师人文素养和科学素养的基础和载体，对教师的教育教学具有推动作用。何谓人文知识？它是指“关于人生问题的论述、表达以及实践，具体包括文学知识、历史知识、哲学知识、美学知识等”。[②] 青年思政课教师必须要不断积累和内化人文知识，以此来提高自身的人文素养。提升人文素养有利于教师充分理解教育、理解学生，从而促进师生之间形成融洽的关系。关于教师的人文知识，具体来说可以将其归纳为文学、哲学、历史、美学知识以及教育法规和职业道德知识等几个方面。此外，马克思主义理论中涵盖了人类社会发展过程中的很多科学问题，因而，青年思政课教师拥有丰富的科学文化知识，能进一步深化对马克思主义理论内涵的理解和把握的方式方法，也能进一步增强其理论的渗透力和说服力。

高校思想政治理论课主要由六门公共必修课课程和一门选择性必修课组成，课程的授课有一定的顺序。例如，《思想道德与法治》是大学生初入大学时的首门思政课。从高中进入大学学习阶段，学生对于大学生活较为

① [苏] B. A. 苏霍姆林斯基：《和青年校长的谈话》，赵玮译，教育科学出版社 1998 年版，第 29 页。

② 桑国元、郑立平、李进成：《21 世纪教师的核心素养》，北京师范大学出版社 2017 年版，第 47 页。

陌生。而《思想道德与法治》则通过贴近生活的故事对青年大学生进行马克思主义的世界观、人生观、价值观、道德观、法治观教育，提升学生的思想道德素质和法治素养，帮助他们成长为自觉担当民族复兴大任的时代新人。《中国近现代史纲要》主要从历史时间线的角度带领学生梳理近现代中国社会的发展和革命、建设、改革的历史进程及其内在规律性，让学生在了解国史、国情的基础上，深刻领会历史和人民选择马克思主义、中国共产党的领导、社会主义道路以及改革开放的过程，从而坚定不移地走中国特色社会主义道路。《马克思主义基本原理》从原理的角度向学生讲授辩证唯物主义、认识论、历史唯物主义的基本原理，提高学生运用马克思主义的立场、观点、方法分析和解决问题的能力。《毛泽东思想和中国特色社会主义理论体系概论》通过讲授中国化、时代化马克思主义的形成发展、发展过程中的主要理论成果及其内容与精神实质，为学生构建一条“理论逻辑线”，帮助学生不断增强“四个自信”，坚定中国特色社会主义理想信念。《习近平新时代中国特色社会主义思想概论》是全面阐释习近平新时代中国特色社会主义思想的课程，这门课程重点要向学生讲授我们党在新时代进行伟大斗争、实现伟大变革的过程中，在推进马克思主义基本原理同中国具体实际相结合、同中华优秀传统文化相结合的过程中取得的重大理论创新成果，主要包括习近平新时代中国特色社会主义思想创立发展的基本脉络、主要内容及其完整的科学体系。《形势与政策》重点向学生讲授党和国家重大政策、时事热点。帮助学生认清国际国内形势，全面准确了解、掌握党和国家的路线、方针和政策，进而增强他们建设中国特色社会主义事业的自信心和责任感。这些课程的教学内容和教学目标任务充分体现了高校思政课的政治性。思政课的政治性要求思政课教师具有比其他专业教师更高的政治素养。如果思政课教师不具备基本的政治素养，就不可能讲好思政课。“四史”选修课是中宣部、教育部在《新时代学校思想政治理论课改革创新实施方案》中明确规定，在高校开设的选择性必修课程。希望通过讲好“四史”故事，教育引导学生在回望历史、观照现实、开创未来中成长成才，成为担当民族复兴大任的时代新人。

一般教育教学知识是教师成为一名教师必须具备的基础性知识。就教学而言，无论教师教授哪一门学科，在教学中必然存在着共同的方式或者方法，它超越了学科的界限。我们把这种超越学科界限，并且是教师在教学中共同具备的知识称为一般教育教学知识。同时，教书育人作为教师的重要使命。教师如何育人、如何教书，就要求教师具备丰富的教育教学知识做支撑。具备一定的教育教学知识能够使教师在教育教学过程中游刃有余，能够促进教师与学生之间的交流碰撞。就课堂教学而言，“课堂（包括实践课）是学生受教的主要场所和主要阵地，也是师生交流以及学生相互交流的主要场合；课堂教学是学生价值观塑造、能力提升、知识传授的主要渠道、主要途径和基本方式”。[①]同时，在新时代“要建设高质量的‘金课’，消灭低质量的‘水课’”要求下，课堂教学成为建设高质量“金课”的主阵地、主战场和主渠道。因此，教师要完成教学活动，就需要掌握一定的教育教学知识。只有具备良好专业技能的教师才能够更好地引导学生学习，控制好课堂气氛，活跃起学生的积极性，以便顺利完成教育教学任务。

一般教育教学知识的范围比较广泛，包括教育学知识、心理学知识、课程改革知识、教育教学知识以及教学方法的知识等。教育学知识主要包括：教育的产生和发展、教育规律、教师职业和师生关系以及教育科学的研究方法等。同时，青年思政课教师必须了解学情以及学生的成长规律。学生是教育教学的主体。如果不能很好地掌握学生的学习情况和学生背景，那就不能制订正确的教学方法，不能使学生更好地理解和掌握所学的知识内容。基于此，为了实现这一目的，学生发展的知识是青年思政课教师着重要关注的方面，这样才能不断促进学生的全面发展，更好地完成教书育人的伟大使命。学生是发展的人，是具有独立意义的人，是独特的人。所

---

① 卫建国：《以改造课堂为突破口提高人才培养质量》，《教育研究》2017 年第 6 期。

以，青年思政课教师要时刻了解学生的学习动态，以便更好地进行教育教学工作。青年思政课教师要给学生心灵种下真善美的种子，就要有仁爱之心，把对家国的爱、对教育的爱、对学生的爱融为一体，心中始终装着学生，让思政课成为一门有温度的课程。

三、开阔的知识视野

视野就是指一个人的思想理论、知识水平、能力程度等所能达到的范围。人的视野不同，格局就会不同。知识视野则指的是知识的高度、广度、宽度、深度等。思政课教师具有开阔的知识视野是无比重要的。习近平总书记曾指出："思政课教师，视野要广，有知识视野、国际视野、历史视野，通过生动、深入、具体的纵横比较，把一些道理讲明白、讲清楚。"①因而，青年思政课教师拥有广阔的知识视野、国际视野以及历史视野是不可或缺的。有"知识视野"既是新时代青年思政课教师队伍建设的重要遵循，也是青年思政课教师提升素质和水平的努力方向。青年思政课教师承担着全校学生的思想政治理论课教学任务。这也表明，青年思政课教师面对的是一群专业背景不同、知识储备不同的学生群体。在快速发展的大数据时代，学生的知识储备来源以及价值选择更加多元化、理性思维更加发展，对于知识的渴望更加强烈。面对这样的学生群体，青年思政课教师必须具备开阔的知识视野，这样才能更好地融入学生这一群体，与学生打成一片，从而让学生对思政课感兴趣。同时，随着时代发展，青年思政课教师要不断更新自身的知识结构。在知识经济时代，学习是没有止境的，要树立终身学习理念。这就是对新时代学校思政课教师提出了新的挑战，需要教师在丰富与更新知识的同时不断开阔自己的视野，与社会的发展同步，确立

① 习近平：《用新时代中国特色社会主义思想铸魂育人　贯彻党的教育方针落实立德树人根本任务——在学校思想政治理论课教师座谈会上的讲话》，《人民日报》2019年3月19日第1版。

与时代同呼吸、与社会同命运的旋律。[①]

首先，开阔的知识视野决定了青年思政课教师课堂教学的深度。知识传授是学校思政课教师教学的基础目标。伴随着大数据资源的开发，各类信息资源、各种社会思潮、价值观念充斥于社会之中。与此同时，学生获取知识的方式和渠道也呈现出多样化。课本知识逐渐难以满足学生的需求，在思政课的教学过程中，教师的教学必须要以系统、专业的教材为基础，依托教材展开教学。但是在实际的教学过程中，如果教师仅仅是将教学的目光停留于教材内容，则只能达到浅层次的教学效果和学习效果。“思政课教师在教学中要把统编教材作为依据，确保教学的规范性、科学性、权威性”，同时也“需要做很多创造性工作”[②]，开阔的知识视野，有助于青年思政课教师更好地掌握学科发展的前沿和热点知识。时事政治知识是马克思主义理论中时代性的体现，是马克思主义理论始终站在时代前沿，不断与时俱进地指导人们、服务人民，着重地突出了马克思主义理论的“活”。思政课教师拥有丰富的时事政治知识，主要是为了使教师们充分地认识和了解到党和国家所制定的政策方针和所面临的时势局势，不断支持和拥护党和国家的路线、方针，不断增强实现第二个百年奋斗目标和实现中华民族伟大复兴的中国梦的信心、决心和勇气。

思政课教学从来都不是闭门造车的过程，必须有“眼观六路，耳听八方”的能力。因此，于青年思政课教师而言，不能只是拘泥于思政课这一门课程的发展，而是要关注多个学科和课程的发展。除了要关注教学大纲所要求的课程内容之外，还必须注重对本土教材的挖掘。这样才能在教学中拥有多元化的素材，为课堂教学奠定基础。因此，地方性知识也是青年思政课教师教育教学不可缺少的一部分。在之前的研究中，学者们对于青年思政课教师所具备的知识结构研究中，很少将这部分知识划分为思政课

① 李丹：《新时代高校思想政治理论课教师角色定位研究》，博士学位论文，哈尔滨师范大学，2020 年，第 88 页。

② 习近平：《思政课是落实立德树人根本任务的关键课程》，《求是》2020 年第 17 期。

教师应该具备的知识。地方性知识最早是由美国学者吉尔兹提出来的，他认为，由于知识总是在特定的地域和文化情境中产生并得到解释的，所以，人的认识不仅具有历史局限性，还具有区域局限性。我们在学习普遍性知识时，应该着眼于地方，实现对于普遍知识的充分理解和掌握。而地方知识作为普遍知识的理解和补充，在青年思政课教师教育教学中必不可少。

近年来，随着社会的发展，学生的思想出现新特点，教育出现新问题，这些都为青年思政课教师讲授思政课带来了挑战。教学大纲指出，思想政治理论课的教学应该遵循“贴近实际、贴近生活、贴近学生”的原则，针对上述问题，思政课教师可以发挥地方性知识在教学中的作用，充分运用地方性知识。第一，地方性知识可以作为学生认识社会和分析社会的切入点。在教师教育教学的过程中，教师除了让学生掌握专业知识以外，还应该让学生可以将所学的知识与实际生活相联系，分析社会现象，解决社会问题；学生将所学到的理论知识内化为自己的理想、信念，形成自己正确的价值观。当他们在面对纷繁复杂的社会时，能够辨别、思考。吉尔兹认为：“在阐释中不可能重铸别人的精神世界或经历别人的经历，而只能通过别人在构筑其世界和阐释现实时所用的概念和符号去理解他们。”换言之，我们要想学生更好地掌握专业的理论知识，离不开他们的语言、生活以及思维方式，而在这一发展过程中，地方性知识就是切入点。第二，地方性知识是提高学生学习兴趣的最好方法。对于学生而言，地方性知识具有很强的说服力和体验感。青年思政课教师所具备的地方性知识主要包括当地的一些独特的地理优势资源、红色文化知识、绿色生态知识、伦理文化知识、地方志以及发展现状等。以青海省为例，教师应该了解一些当地的红色文化资源，比如“青海原子城国家级爱国主义教育示范基地”“班玛红军沟”“中国工农红军西路军纪念馆”“小高陵精神展览馆”“玉树抗震救灾纪念馆”等，充分运用好这些“活”教材，引导学生从这些红色文化资源中汲取力量，明白自己的“根与魂”，让这些红色文化资源发挥应有的价值。除此之外，还有很多精神，如“两弹一星”精神、“两路”精神、“长征”

精神、“新青海”精神等，教师在教学的过程中，将其融入课堂讲学，进而提升学生的课堂“抬头率”。

其次，广阔的国际视野是青年思政课教师上好思政课的重要基础，彰显了思政课的广度。一个国家要想发展好就要拥有国际视野、大局视野，不断融入世界大局之中。而中国近代遭遇到的挫折和苦难是我们闭关锁国、闭门造车，没有大局意识的惨重后果。同样，一个人要想发展好就要有一种大局视野、国际视野，不断把自身融入世界发展当中去。当今世界政治、经济、社会等紧密相联，作为青年思政课教师不可或缺的是需要国际视野，不应该只把自己关在书斋里进行学习，要不断走出去，充分学习和借鉴别的国家的优势，学习先进的科学技术和先进经验，可以更好地在课堂上讲授中西式知识体系结构，从而提高思想政治理论课的吸引力和感染力。具备“国际视野”是专业知识、科学素养以及综合能力的全方位体现。青年思政课教师要在教学中秉持广阔的国际视野，在“传道”“授业”的过程中，向学生传递最新的理念、理论知识，要做到紧跟时政，将时政、热点知识作为课堂教学内容的切入点，及时向学生解读重要的热点事件。同时，“站在全球的高度，帮助学生树立全球发展观，树立人类命运共同体等重要观念，及时地丰富和发展思政课的教学内容，以培养学生学习兴趣、促进知识的有效迁移为教学导向，并且帮助学生打好思想理论学习的基础，让他们以更为宽广的视野来对世界产生新的认知，以此才能更好地实现高校思政课教师教学的专业化”。[①]

最后，开阔的历史视野凸显了思政课的厚度。马克思也曾说过：“历史本身是自然史的一个现实的部分，是自然生成为人这一过程的一个现实的部分。”[②]习近平总书记曾指出，“历史是最好的教科书”，因此，青年思政课教师要多关注历史知识，要对党史、新中国史、改革开放史、社会主义

① 王艺臻：《新时代高校思政课教师的视野研究》，硕士学位论文，西华师范大学，2022年，第16页。

② 中共中央编译局：《马克思恩格斯文集》（第1卷），人民出版社2009年版，第194页。

发展史以及中华民族发展史有一个清晰的认识和了解，不断从中汲取养分，不断开拓美好未来。有了丰富的历史视野就可以把马克思主义理论与中国特色社会主义文化相融合而发展，可以更好地培育学生的价值观、世界观和人生观。在具体的实际生活中，青年要主动运用历史思维方法，了解历史发展的时代逻辑以及社会发展的潮流。

当前学生的“四史”学习教育主要由思政课教师承担。故而，大学、中学、小学各阶段青年思政课教师都要强化自身的“四史”知识储备、提高自身素质、加强自身党性锻炼，实现教育者先受教育，提高自身讲好故事与知识的本领，更好地将党史教育融入日常课程中。首先，青年思政课教师要明晰日常教学教材中蕴含的“四史”教育知识，构建完整的党史知识框架，有意识地将其与理想信念教育、中国精神教育、道德规范教育、优秀传统文化教育等有机结合。其次，青年思政课教师面对丰富的“四史”学习资源应当保持虚心学习、认真求教的心态，充分利用好各类学习资源，积累党史教育素材，运用线上线下联动学习平台全面系统学习，从中找寻能够融入课程教学的切入点，强化理论知识修养。最后，青年思政课教师应深耕“四史”知识资源，不断增强学习的理论深度，精心挑选学生最易理解和掌握的学习素材，充分挖掘丰富的红色故事、革命人物等鲜活思政案例。

学史力行是“四史”学习教育的目的和归宿，青年思政课教师要持续深耕挖掘“四史”学习资源，不断探索革新教学方式，打造“四史”知识的“嵌入式”思政课堂。首先，从教学方法来说，思政课教师可以根据“四史”教育的特点选择适宜的教学方法，采用议题式教学法、情境式教学法、问题式教学法、探究式教学法等。比如青年思政课教师运用情境式教学法可以创设与学生生活实际贴近的革命情境，帮助学生理解党史知识，提高学生学习党史知识的效率；思政课教师采用议题式教学则可以以党史内容为载体，设计党史议题目标，引导学生参与党史知识的课堂探究等教学活动，紧扣历史发展脉络，建构活动型课程教学，提升党史知识学习质量，使党史知识教育更好地融入思政课教学。其次，从教学内容来说，知识内容的设计、组织和实施是“四史”知识融入思政课教学最重要的环节。思政课教师要把教材中相关的知识连贯起来，以重大历史事件和历史故事为依托，恰当选用更多的党史知识素材，利用课外资源丰富课堂知识，提高学生的“四史”认知和认同能力。最后，从教学活动来说，要将“四史”知识融入思政课，青年思政课教师可以在课堂活动中开展知识竞赛、革命英雄事迹演讲等活动，掀起以赛促学、以学促用、赛学结合的“四史”知识学习热潮，充分调动学生学习的积极性，使思政课中的“四史”教育活起来，让学生从教学活动中汲取知识，感悟革命情怀。

综上所述，要成为一名优秀的青年思政课教师，开阔的知识视野是必不可少的。这不仅是青年思政课教师所教学科的必然要求，更是教师自身成长中所必备的素养之一。开阔的知识视野，能够让青年思政课教师及时把握最新的知识，能够使得思政课教师站在更高、更全的角度思考、分析问题，放宽自己的眼光。同时，开阔的知识视野能够让教师更加自如地融入多个专业背景的学生当中，激发不同学科的学生参与课程的积极性和主动性。

第三节　学科知识素养的实践

一、小学思政课教师典型案例

小学阶段主要对学生进行人生启蒙教育，即促使学生养成良好的行为习惯，学习相应的生活技能，建构学生的知识体系和能力体系，进而在保护学生好奇心的基础上，促进学生的全面发展。对于小学生而言，所有的科目都奠定了人生成长的基础。因此，对于小学阶段的思政课教师而言，建构科学合理的学科知识素养体系是开展小学全科教育、拓宽学生的视野、提高其知识融合能力和建立网状知识结构的必然要求。通常，大家对于小学阶段思政课教师的学科知识素养存在误解，认为小学阶段的思政课教师只需要给学生讲故事，告诉学生一些浅显的知识点，完成教学任务即可。实际上，基础知识与高深知识之间有密切联系，教师只有先做到“深入”理解内容，才能呈现“浅出”的效果。因此，小学阶段思政课教师的学科知识素养同样重要。

案例五：

立德树人的践行者

凭着儿时的一个梦想，靠着一颗热忱、执着的心，在枣坪小学担任道德与法治课教学和思政课教研组长的姚蕾老师已在淳化教育这片沃土上默默耕耘了25个春秋。她不忘立德树人初心，牢记为党育人使命，乐教学、勤钻研，脚踏实地、默默地为教育事业奉献着自己的“光”和“热”，用自己的点滴付出，践行着一名思政课教师的光荣使命与担当。青少年阶段是人生的“拔节孕穗期”，最需要精心呵护和引导栽培。作为一名思政课教师，姚蕾老师深知要给学生一碗水，自己必须有一桶水。因此，她除了严格自律、端正己身，坚持学习、刻苦钻研之外，更关注时代、关注社会，从中汲取养分、丰富思想。2015年，姚蕾老师从马家中学调入枣坪小学工作，一方面教材全新，没有接触过，一切要从头开始；另一方面小学生的特点、发展方向等也和初中生有所不同，这些都给她带来极大的挑战，她深感要做一名乐为、敢为、有为的思政课教师，时间紧、任务重。面对沉重的压力，她没有退缩，积极转变思想、转换观念，认真研习教材，向有经验的老师学习。同时研读了《思想政治课教学》《做中国立德树人好教师》等理论书籍，每天晚上的《新闻联播》《热点追踪》也成了她的必修课，不断提升自己的理论素养和专业能力。她从不放过任何一个可以提升自身业务素质的机会，积极参加各种政治学习、各级业务培训和自主研修，主动参与教学研讨活动、党史宣讲活动，踊跃承担公开课、示范课、观摩交流和教师培训等工作。

案例来源：淳化教育办公室：《立德树人的践行者——记淳化县枣坪小学思政课教师姚蕾》，“淳化教育”微信公众号，2022 年 10 月 5 日。

从姚蕾老师的例子，我们可以看到知识储备对于思政课教师教学的重要作用。姚老师从中学调入小学工作之后，面对各种变化的挑战，没有退缩。而是积极学习，不断研读小学教材和书籍充实自身的知识储备，坚持每天晚上关注《新闻联播》《热点追踪》等与学科相关的节目，不断提升自己的理论素养和知识储备。对一个思政课教师来说，如果没有广博的知识储备，则会显得教学“苍白无力”。面对教学内容，教师只能是照本宣科地生搬硬套。从思想政治理论课本身的内容而言，理论性较强。若教师没有广博的知识储备，对于一些知识点内容无法展开，则会使得学生对于知识内容难以理解。课堂教学的三尺讲台是神圣的，青年思政课教师要在三尺讲台上发挥作用，就必须对自己严要求，为学生传递正确的知识。

具备广博的知识储备有利于小学阶段的思政课教师更好地理解和掌握教学内容，为解决教学中的问题提供了更多的可能性。有了广博的知识储备，教师可以更好地理解学科的发展趋势和最新的研究成果，更好地应对不同的教学需求，履行教育教学职责，更好地指导学生，提高学生综合素质，促进学生全面发展。随着网络的发展，知识更新的速度越来越快。教师如果试图靠自己所掌握的专业知识和已有的经验去从事一生的教学工作，不去更新知识、扩大涉猎范围，不去学习广博的科学文化知识，渐渐地就会发现自己的知识越来越“陈旧”“量少”，难以吸引学生的注意力。在小学生心目中，教师应该是智慧的化身，是人格的担当，是榜样的楷模。教师如没有“解惑”的本领，则会使得教师在学生心中的形象大打折扣。因此，教师只有不断丰富更新自己的知识体系，成为理论上的巨人，才能使学生心底里信服，给学生积极向上的精神力量，促使学生奋发上进。基于此，青年思政课教师必须保持持续学习的心态，不断更新自己的知识和技能，通过参加培训课程、进修学习、阅读专业书籍和期刊等方式，及时获取最新的学科知识和教育教学理论，拓宽自己的知识面，培养综合素质。同时，青年思政课教师还可以培育兴趣爱好，对自己感兴趣的领域进行深入研究，提高专业素养，通过参加学术研讨会、加入学科团队等方式，与同行交流互动，不断拓宽自己的学术视野。

二、初中思政课教师典型案例

广博的知识储备是青年思政课教师吃透理解教材的基本前提。叶圣陶先生说，做好教师工作有两个必备条件：一是肯负责，二是有本钱。而深厚的理论功底与广博的知识储备就是青年思政课教师教学最大的本钱。初中阶段的思想政治理论课是一门涉猎极广的学科，涉及政治、经济、文化等多个方面，语文、历史、地理等多个其他学科，时而还会牵涉一些社会热点问题。初中阶段的青年思政课老师如果没有深厚的理论功底、广博的知识储备，在碰到一些社会现象时则无法清楚准确地为学生答疑解惑，这势必会使思政课教学效果大打折扣。同时，初中阶段的思政课教师面对的是一群刚脱离小学阶段进入中学阶段的学生。一方面，他们在思想上还保留小学阶段的特征；另一方面，他们还面临着中考的学业压力。同时，在国家“双减”政策的要求下，初中阶段的思政课教师面临的教学难度较大。因此，初中阶段的思政课教师要在有限的教学时间内完成学生知识的讲授，达到思政课教学的效果，就必须不断提升自身学科知识素养，充分把握思政课的学科知识结构。

案例六：

讲好思政课，当好引路人

河曲县实验初中道德与法治教师刘俊耀，从教14年来，一直奋战在一线教学岗位上，以严谨踏实的工作作风、精益求精的工作态度，努力钻研教材教法，提高教书育人能力，努力做一个有“精气神”的思政教师。自2009年走上工作岗位以来，刘俊耀始终以“匠人”精神坚守在教学一线。每一次备课，她都反复研读教材，精选恰当素材，设置有思维含量的问题，努力让每一节思政课都具备应有的“精气神”，让每一位学生都能从中受益。“问渠那得清如许？为有源头活水来”，网络时代学生获取知识渠道的多元化以及新课改的全面实施，对教师的“传道受业解惑”提出了更高的要求。面对这些挑战，刘俊耀老师深知作为一名道法老师，只有时刻关注党的方针、政策，关心国家大事，强化理论学习，才能在思想上与时俱进。她坚信“三尺讲台虽小，却能培养学生崇高的家国情怀；荧荧之光虽弱，却能照亮学生未来的人生方向”。她不断学习掌握新的知识，加强备课和教学研究，寻找有效的教学途径，尝试设计新的教学方式，教学成绩年年攀高，以奉献和拼搏诠释了追求和梦想。刘俊耀凭借多年的教学经验，将“备教材”与“备学生”有机统一，在吃透教材文本精义的基础上，结合学生的思想动态和心理需求，从“需求侧”入手。时政热点、乡土资料、历史典故等教学素材，都成为她的教学切入点，并引导学生通过独立思考、合作探究、汇报展示等方式进行学习。这样的教学模式，在让思政课堂“活”起来、“动”起来的同时，也拉近了课本知识与学生之间的距离，有效提升了思想政治课的育人效果，展现了思政课应有的“精气神”。学生们都说刘老师上课时条理清晰、思路缜密，善于运用实例去解释一些比较难的学科观点。在讲课的同时，也让学生了解一些书本上没有的知识，拓宽孩子们的知识面。

案例来源：张靓：《河曲实验初中刘俊耀：讲好思政课，当好引路人》，"忻州网"微信公众号，2023 年 11 月 7 日。

从上述案例中我们可以看到，刘俊耀老师从教 14 年，始终没有停止学习的脚步，不断学习掌握新知识，充分考虑教学的实际，结合初中生的思想动态和心理需求，从需求侧入手丰富自己的知识储备。由此可见，广博的知识储备是刘老师进行教育教学的"看家本领"。正因为拥有广博的知识储备，刘老师才能在教学中做到游刃有余。在教学过程中善于用一些实例去解释一些较难的专业知识，将其他知识与专业知识相结合，既使得学生更好地理解和接受知识，也拓宽了学生的知识面，有效提升了思想政治理论课的育人效果。同时，在这一过程中，刘老师运用自身深厚的理论功底和广博的知识储备拉近了学生与课本知识的距离，避免了学生面对新知识时的畏难情绪，大大改善了思想政治理论课的教学效果。

思政课的教学区别于其他学科教学。思政课的教学不像其他工作可以边学边干。青年思政课教师必须做到"肚"中有"料"，才能在讲台上和学生们侃侃而谈，就像电脑必须有充足的电源才能正常工作一样，青年思政课教师在教学实践中也必须经常"充电"，进行知识储备，才能保持向学生输送知识的"常压"，以满足教学"用电"的需要。因此，"要给学生一碗水，自己要做长流水"。青年思政课教师的知识要如同一条河，源源不断，清新鲜活，既要注意对现有知识的汲取和积累，对学科专业知识的来龙去脉了然于胸，也要及时掌握教学新动态，加强学习，经常进行知识更新，提高驾驭课堂的能力。

三、高中思政课教师典型案例

“高中思政课是在高考选拔制度影响之下，与时代紧密贴合、与生活息息相关的活动型课程。”[①]在教学内容上，高中学段的思政课涵盖人文社科多个领域。包括中国特色社会主义、经济、文化、哲学以及国际政治、法律、逻辑、社会主义发展史等相关内容。在教学过程中，高中学段思政课教师的侧重点在于对知识进行讲授，在讲授过程中，要善于将教材内容转换为教学语言，培养学生的发展思维。同时，还要重点关注授课方式，在激发学生兴趣的基础上，维持课堂注意力。这些都需要高中学段的青年思政课教师具备广阔的知识视野，这是新时代青年思政课教师担好“重大责任”的坚实之道、讲好“关键课程”的主动之举、育好“时代新人”的根本之策[②]。

案例七：

融汇多学科，讲好思政课

华东师范大学第一附属中学思政课教师陈明青从教 20 余年，陈明青老师在长期备课实践中，创设了“跨学科内容设计”这一课程特色。陈明青坚持为每个班级设计专属教案，努力和不同学科的教师之间做好沟通工作，同向同行，让学生接受全方位、多维度的教育。还创造性地提出以思政老师主导、各科老师参与的联合备课模式。用“大思政课”的理念培养学生的政治思维，真正让思政课成为照亮学生思想的指路明灯。不仅如此，陈明青

① 赵佳雪：《新时代高中思政课教师核心素养提升研究》，硕士学位论文，河北师范大学，2022 年，第 1 页。

② 张帆：《高校思想政治理论课教师应具有宽广的知识视野》，《思想教育研究》2019 年第 8 期。

老师还认为思政课应该贴近现实。她带领学生走访重要历史事件发生地和政策制定发源地。讲改革开放时，她让学生用绘画展示历史成就，讲人民代表大会制度时，她带着学生找到人大代表，解决学校周围的噪声问题。

案例来源：周世祥：《融汇多学科，讲好思政课——记2021年“最美教师”陈明青》，《光明日报》2021年9月11日第4版。

从陈老师的教学中，我们可以看到，为了彻底讲透真理背后的历史逻辑、理论逻辑与实践逻辑，陈明青老师不仅仅只是将目光局限于思想政治理论课的课堂与学科专业知识，而是深挖历史、联系生活，深化学生对真理的浅层认识。同时，在长期的备课实践中，陈老师创设了“跨学科内容设计”的课程特色，不仅为学生呈现了全方位、多维度的教育，还运用“大思政课”的理念培养学生，使思政课真正成为照亮学生们思想的指路明灯。这些都体现出陈明青老师自身广阔的知识视野。

广阔的知识视野是新时代青年思政课教师提升自身素养和水平的努力方向，更是新时代青年思政课教师队伍建设的重要遵循。高中阶段的思政课教师能否构筑起博专兼备的知识视野、中西贯通的国际视野、纵横连接的历史视野，对于讲好思想政治理论课至关重要。青年思政课教师只有建构广博、系统、贯通的知识体系，建构具有洞察力的知识视野，才能在思想政治理论课的教学过程中真正做到讲清其所以然，廓清学生思政认知，以理服人，赢得学生的衷心佩服、真心信服。思想政治理论课所包含的知识内容广阔，既呈现整体性的世界观、人生观、价值观之“三观”体系，也是教育、伦理、法律等多领域多学科的知识集成。因此，青年思政课教师要拥有广阔的知识视野，既要从微观的角度出发博古通今，掌握丰富的专业知识，拥有完备系统的学科知识体系，做到思想有境界、语言有魅力；

也要从宏观的角度上做到具备有效教学的综合知识体系，涵盖丰富的知识面，能向学生展现真理的巨大价值魅力，拥有深度思考和创新见解的能力。思政课的教学中，思政课教师应该充分意识到“知识视野”的重要性，以时不我待的奋斗精神，不断拓宽自身的知识视野，以“知识的功力折服学生、以知识的魅力吸引学生、以知识的伟力启迪学生。”

四、大学思政课教师典型案例

广博的知识储备是青年思政课教师开展多样化教学的前提和基础。思政课教师只有具备深厚的理论功底和广博的知识储备，才能把握课堂的主动权，做到灵活自如地调动课堂氛围，沉着冷静地应对突发情况，在举手投足间调动学生的学习热情。大学阶段的学生已是成年人，经过小学、初中、高中等阶段的理论学习与身体机能发展，他们的主体意识增强，逻辑判断与理性分析能力得到提升。因此，在理论学习的深度和知识体系广度上对他们提出更进一步的要求。同时，在数字化技术快速发展的时代，大学生群体对于知识获取的渠道多样化。老师不再扮演知识的掌握的“权威者”。面对不同专业的学生群体，高校青年思政课教师要具备综合思维能力，在教学中注重跨学科的整合能力，进而做到因材施教。因此，在如今这个知识迭代更新的时代，高校青年思政课教师要树立终身学习的理念，不断提高自身素质。青年思政课教师一方面要掌握本学科的前沿理论与实践发展动态，不断发现新知识，开辟新知识的新境界，加快知识更新、优化知识结构；另一方面也要熟悉相关学科，将文、史、哲贯穿于教学之中，与专业知识融会贯通，由“专才”成长为“通才”。

案例八：

让思政课走向世界的清华最美教师

作为让思政课走向世界的清华最美教师，冯务中在大学的校园里深受学生们的欢迎。冯务中老师在教学过程中不断积累与专业相关的各种知识，有深厚的文化素养，在他的课堂上经常能听到各种旁征博引，巧妙地引用各种中国的典故或者诗句、对联等，加深同学们的理解。在他眼中，大学的精神关键就在于它的“大”字，海纳百川，百花齐放，融会贯通，思想自由。他鼓励学生大胆发言，授之以渔，导客为主，让学生变为课堂的主人。当谈到培养学生时，他还强调了“行”的重要性，一方面他把课堂搬到了室外，让学生在实践中学习，带领学生实地参观王国维碑，进行现场教学；另一方面，他希望同学们能从他的课中有所收获，并运用到行动中、渗透到生活里，对今后的人生产生影响。学生访谈提到“冯老师，学富五车，读了很多书，从他课上给我们讲解的内容就能感受到。同时也让我们知道，将来如果继续做学问，也需要去了解很多内容，以此来增厚自己的积淀”。不仅如此，冯务中老师运用慕课资源混合式教学、雨课堂智慧教学、微信全天候教学等多种新型的教学模式让思政课“动”起来，重新焕发光彩。此外，他还把思政课讲到了国外，成为中国第一门走向世界的思政类慕课，也是中国教师在世界舞台上讲述中国故事、传播中国声音的重要尝试，受到了世界各地学生的广泛好评。

案例来源：曲阜师范大学团委：《曲师大学子寻访全国最美教师，助建中国教师博物馆》，“曲阜师范大学团委”微信公众号，2018 年 10 月 1 日。

在上述案例中，清华大学的冯务中老师在教学中展现了其广博的知识储备。在教学过程中，冯老师经常旁征博引，巧用各种中国的典故和诗句加深学生对知识的理解。旁征博引、巧用诗词典故的背后凸显出冯老师渊博的知识。对于专业知识的讲授，冯务中老师不仅知其然，而且知其所以然，并且能将专业知识与其他文化知识融会贯通。除此之外，冯务中老师还与时俱进，运用多种新兴教学模式让思政课变得更有活力，让学生更乐于接受知识，使思政课重新焕发光彩。可见，冯务中老师不仅具有深厚的理论功底，能将思政课讲透、讲深，还具有广阔的知识储备，能将思政课讲活。拥有广泛的知识储备意味着教师拥有更多的教学资源，这些教学资源可以更好地为学生提供激发兴趣、培养能力的教学材料和案例。同时，多样化的教学资源增加教学的生动性和趣味性，让课堂不再是老生常谈的知识灌输。新颖的内容会提高学生参与课堂活动的积极性，提高学生的课堂“抬头率”，强化学生的学习效果。

理论知识的丰富与学识的渊博与否在很大程度上决定着青年思政课教师的专业能力。俗话说“巧妇难为无米之炊”“要给学生一碗水，自己要有一桶水”。作为高校青年思政课教师，要想上好一堂思想政治理论课首先要有自己的“米”，这个“米”就是自己在平时学习和生活中积累的深厚理论功底和广博的知识储备。而案例中的冯务中老师正是由于自己“粮食充足”，具有了健全的知识体系，才能融会贯通地把知识传授给学生，灵活自如地驾驭教学，进而达到运用自如的境界。

第四章 专业道德素养

专业道德素养是专业人员职业发展的基础，可以为专业人员提供行为的指引、正确的价值观和行为准则，使他们在面临各种复杂情况时能够做出正确的决策。任何一个专业领域都需要从业人员具备一定的道德素养，其要求专业人员在工作中追求自身利益的同时，还要关注社会的公共利益和行业的群体利益。同样，专业道德素养于一名优秀的青年思政课教师而言至关重要。专业道德素养关乎青年思政课教师的道德操守和行为举止，直接影响着教师的声誉和形象。青年思政课教师只有具备良好的专业道德素养，才能够赢得学生的信任和尊重，进而助推自身的专业化发展。总之，专业道德素养是青年思政课教师在职业成长中所必须具备的品质，它涉及青年思政课教师在工作中应该遵循的道德准则和行为规范。为了提高自身的专业道德素养，青年思政课教师应积极学习与实践，始终坚持正确的价值方向和行为准则，逐步赢得学生的信任和尊重，为社会的进步和发展做出更大的贡献。因此，探究青年思政课教师核心素养的构成，必须涉及对专业道德素养的研究。

第一节　专业道德素养概述

一、道德

古往今来，对“道德”一词的研究层出不穷。研究青年思政课教师的专业道德素养之前，首先要明晰“道德”一词的概念。“道德”一词，无论中西都古已有之，是人类历史上最早出现的社会意识形态之一。

从西方文化视角看，“道德”（Morality）起源于拉丁语的“Mores”，可以理解为一个群体或者社会基本的风俗习惯和道德观念。道德与德性的含义在西方文化中大致相同。德性一词是从战神（arees）派生出来的。拉丁语的对应词Virtues的词根vir意为男子气概或勇敢，有时候也被翻译为“美德”，泛指一切事物的优越性，在伦理学中被较严格地规定为对功能完满实现的具有。德性是古希腊哲学的核心概念之一（苗力田，1999）。德性伦理学集大成者亚里士多德在《尼各马可伦理学》（2003）中指出，“每种德性都既使得它是其德性的那事物的状态好，又使得那事物的活动完成得好”；“那么人的德性就是即使得一个人好又使得他出色地完成他的活动的品质”。

赫斯欧斯（Hursthouse，1999）在《德性伦理学》中定义为：“德性是人类为了幸福、为了兴旺发达、生活美好所需要的特性品质。”德性伦理学家麦金太尔（1995）在《德性之后》中将德性定义为：“德性是一种获得性人类品质，这种德性的拥有和践行，使我们能够获得实践的内在利益，缺乏这种德性，就无从获得这些利益。”康德认为，道德就是出自“善良意志”的“绝对命令”。马克思主义唯物史观认为，道德属于社会意识范畴，而社会意识又根源于社会存在，所以道德也是根源于社会存在。

在中国古代，“道”与“德”最开始是两个词。两者的意思虽然不同，但却具有内在的联系。关于道德的阐述，最早可追溯到老子的《道德经》。在《道德经》中，老子对“道”与“德”分别做了深刻的论述。老子说：“道生之，德畜之，物形之，势成之。是以万物莫不尊道而贵德。道之尊，德之贵，夫莫之命而常自然。”“道”是老子哲学的中心观念，在老子看来，“道”指的是万事万物运行轨道或轨迹，是看不见摸不着、实实在在存在、孕育宇宙万物的最高层次的法则，即规律、规则。“道，可道，非恒道；名，可名，非常名。无名，万物之始；有名，万物之母。”[①] 然而，“道”作为无形之物必须作用于有形的物，透过物彰显它的功能。“道”显现于物的功能就是“德”。遵从了“道”便是“德”，“德”是推动事物良性发展的必要条件。“德”指的是人的品格、品行。《周易·乾·文言》曰：“君子进德修业。”唐孔颖达注：“德，谓德行；业，谓功业。”《周易·系辞》曰：“地势坤，君子以厚德载物。”由此可见，德是一种良好的操守和品行。

关于“道”和“德”，孔子也分别对其做了论述。孔子“道德”思想核心在“德”，他倡导“仁”“为政以德”“以德治国”。“道”与“德”结合在一起，就是“道德”，要求人们按照规律去做人、做事。《论语·述而》中说“志于道，据于德，依于仁，游于艺”。而后，孔子将“德”提升为王道原则“道之以德，齐之以礼，有耻且格”。《礼记·大学》中“大学之道，在明明德，在亲民，在止于至善”将“德”与“善”联系在一起，认为德是追求善的前提。这句话至今仍是我国传统的道德纲领。“道”与“德”真正连用在一起，则是在荀子的《劝学》中。荀子提出：“故学至乎礼而止矣，夫是之谓道德之极。”虽然字面意思是学习到了《礼记》才停止，才算是达到了道德的顶峰。但是，其中也蕴含了古人对至高道德的一种追求。自孔子、孟子开始，中国古代逐渐形成了以“仁、义、礼、智、信”五常为核心的道德体系，深远地影响着人们的道德生活。

① 老子：《道德经》，北京燕山出版社 2009 年版，第 11 页。

在我国，“德性”与“德”相同，是我国传统文化中的核心概念。我国现代伦理学家对德性分别有如下定义：陈根法（2004）在其专著《德性论》中认为“德性也就是那些能使我们获得幸福的内在品质”，常和道德作为同义词使用，具有终极性的特点，与幸福保持一致性，具有在逆境中为人生把航的功能。高国希（2008）认为德性是一个人稳定的状态或性情，它会为某些理由而行动，因而是行动者在实践理性的指导下进行选择，并且这种状态会运用到未来的选择中去。江畅（2011）通过对德性原初含义、古代和当代伦理学家对德性阐释考察后，认为“德性是人运用理智或智慧根据其谋求生存得更好的本性的根本要求并以生存得更好为指向培育的，以心理定式对人的活动发生作用，并使人的活动及其主体成为善的善品质，即道德的品质”。

马克思指出，“一切以往的道德论归根结底都是当时的社会经济状况的产物”[①]，道德即调节人与人之间关系的“简单原则”[②]。尽管道德源于社会存在，根源于社会经济状况，但是它又不能直接产生于物质生产，而是产生于社会经济关系中。换言之，道德产生于人与人的关系中。所以道德既体现的是一种人与人、人与外部世界的关系，又是一种调节人与自身外部世界关系的原则。作为一种反映社会关系的意识形态，道德的产生、发展和变化随着时代的发展和变化。但不变的是道德被看作是“特殊的规范调解方式”[③]，以非强制性的手段渗透并影响着人们的生活。基于马克思关于道德的阐释，我国学者对于道德的定义和内涵做了如下研究。

道德作为一种精神存在，寄托着人们向上、向善的美好追求。万俊人（2013）认为：“道德是人类文化的精神内核，人性的文化特质和文化的价值取向决定了道德必定成为人类自身的目的之一，甚至是最为重要的内在

① 马克思、恩格斯：《马克思恩格斯选集》第3卷，人民出版社1995年版，第134页。
② 马克思、恩格斯：《马克思恩格斯全集》第2卷，人民出版社1965年版，第399页。
③ 罗国杰：《伦理学》，人民出版社1989年版，第51页。

目。”[①]魏英敏在《新伦理学教程》中表述：“道德，是人们在社会生活中形成的关于公正与偏私、善与恶、情感和行为、习惯诚实与虚伪等观念，同时依赖社会舆论以及良心指导的人格完善与调节人与自然、人与人矛盾的行为规范体系。”[②]唐凯麟在《伦理学》中指出：“道德是人的一种特殊的社会规定性，是社会的一种特殊的人的价值观念。道德既是社会调节的一种特殊手段，又是人实现自身统一、精神完善的一种特殊方式，他始终植根于人和社会不可分割的联系之中，是一种特殊的社会价值形态。”[③]宋希仁在《伦理与人生》一书中对道德的定义如下：“道德是一种精神，是社会的个人的意识和观念形式，道德是通过人的意识而存在的，社会意识是道德存在的基本形态。”[④]杨国荣认为：“道德不但是人的存在方式，同时它也为这种存在本身（人自身的存在）提供了某种意义的担保。”[⑤]李萍在《伦理学基础》指出：“无论中西，道德一词都是社会人伦秩序与个体品德修养二者的统一，都包括规范准则、风俗习惯、品质修养、善恶评价等意义。广义的道德概念还可以表述为个人美德、规范体系、社会价值观念、文化精神以及人类生活理想等。”[⑥]

道德作为一种社会规范，能够调节人的行为规范。学者罗国杰在《伦理学》一书中提道：“马克思主义伦理学认为，通常来讲，道德是调节人与人之间关系的各种行为规范的总和，道德本身作为一种社会规范，属于意识形态和社会上层建筑，同时它是一种特定的社会现象。”[⑦]在《伦理学》中，唐凯麟将道德定义为：“通过社会舆论、传统习惯和内心信念来调整人与人、人与自然及人与社会之间关系的行为规范的总和。”换言之，道德不

① 万俊人：《人为什么要有道德》，清华大学出版社 2013 年版，第 102 页。
② 魏英敏：《新伦理学教程》，北京大学出版社 1993 年版，第 114 页。
③ 唐凯麟：《伦理学》，高等教育出版社 1999 年版，第 38 页。
④ 宋希仁：《伦理与人生》，教育科学出版社 2000 年版，第 12 页。
⑤ 杨国荣：《伦理与存在——道德哲学研究》，上海人民出版社 2002 年版，第 11 页。
⑥ 李萍：《伦理学基础》，首都经济贸易大学出版社 2004 年版，第 20—21 页。
⑦ 罗国杰：《伦理学》，人民出版社 1989 年版，第 44 页。

仅能起到约束和规范社会成员行为的作用，也是调节人与自身外部世界的精神力量，是促进个体品格发展的动力，也是推动社会整体发展的力量。兰英（2012）认为，“道德，这种既蕴含着人们对善的行为的认识，也能促进人们依照形成的律令行事的滋生物，就成了调节人与人之间关系的行为规范的总和。”[①] 李建华等（2012）认为，“所谓道德，是一定社会的人们对人与自然、人与人、人与自身应然关系的反思、认同和实践，以及在此基础上形成的关于应当如何的观念、品格、规范和行为。”[②]

综上所述，无论是中西方，“道德”都是属于社会意识范畴，是人们普遍认同并遵守的行为规范和准则，规定了人们在生活中应该做什么、不应该做什么。道德往往代表了群体或者社会的一种积极的价值取向，对所属成员有着普遍的适用性和不同于法律的软约束力，也是判断个体行为善恶、正确与否的依据。例如，一个人做出有违公序良俗的行为或是发表不道德的言论，周遭的人就会认为他是“恶”的、“不正确”的，就会谴责他“不道德”。大家对他的评价无疑是负面的、不好的，这个人会迫于舆论的压力做出调整，最终使自己的言行合乎公认道德标准要求的评判。当然，绝大部分人都有着较好的道德良知，自觉地规范自己的言行，不需要过多的外在的道德压力和道德约束。从某种程度来说，即使他的“不道德”只限于对自己，而不危及他人及社会，我们依然可以认为他是“道德的”人。换言之，“私德”不能与“公德”起冲突，否则便是“不道德”。所以，“道德”更多体现的是公德对个人的约束和规范。若是一个人既对自己“道德”，又对自身外部世界“道德”，这便是最理想的“道德”状态。但是，道德归根到底是一种精神，即道德具有潜在性和隐蔽性。判断、评价一个人是“道德”的或是“不道德”的，不能仅凭其道德观念是否正确，因为说往往比做容易。所以，要听其言观其行，言行合一且“合规合矩”才是“道德”

① 兰英：《中美教师职业道德规范的文本分析及建议》，《西南大学学报》（社会科学版），2012 年第 5 期。

② 李建华、刘仁贵：《伦理与道德关系再认识》，《江苏行政学院学报》2012 年第 6 期。

的人。正如孔子所说的“厚以责己，薄以责人”和我国传统文化中倡导的严于律己、宽以待人的思想，都是提高个人道德修养的方法。

此外，道德始终具有以下特点：第一，具有恒常性，道德性是人一生都需要追寻的“善”的品质，是伴随人类幸福和美好生活所必须的存在。第二，具有可获得性，德性并非与生俱来的，而是一种后天获得性的人类品质。这些品质一旦形成，便逐渐内化为一个人稳定的精神定式。第三，具有个体性，德性是从道德的角度来看待人格。人格在心理学中，与自我是大致相当的概念，因此德性具有强烈的个人特点。但是德性与个性、人格又有区别，德性是人格中优秀的成分，同时德性虽然具有个体性，但是德性一旦出现在人与人的交往中，便具有了社会性价值。第四，具有统领性，道德性是人类各种美好品质的统称。德性在不同的国家和文化中没有固定的内容，但是它是所有与语境相符的美好品质的集合体。第五，具有实践性。德性在实践中产生，同时当实践中产生内在利益和外在利益的对立时，德性反过来又指导人类如何做出行为选择。

二、道德素养

道德素养（moral literacy）是指一个人具备的道德品质和道德观念，是社会意识形态之一，也是人们行为的准则和规范。道德素养也即道德素质，它涉及一个人如何处理与他人的关系、如何对待社会和环境、如何看待自己的价值观，综合体现出了一个人的道德修养水平。学者们关于道德素养的研究主要有以下观点。

从个体的角度来说，道德素养是一个人品德和行为准则的核心，是个体具备的一种内在的道德品质。即通过内在的修养锻炼得到提升，体现个体的道德水准和道德境界。虽然没有强制性，但却显现出对个体的软约束。即“道德素养就是人们在道德认识、道德信念、道德践行和道德评价上的综合反映，特指人在道德上的内在基础，包含道德修养和道德情操，体现人们的道德水平和道德境界”。[①]同时，道德素养作为人的素质养成中的道德部分，是一种道德实践活动，是人们在道德品质、道德意识等方面进行自我锻炼、自我改造、自我修养的过程。作为道德素养是形成道德品质和道德人格的主要过程和途径。赵卿（2014）认为，“道德素养认定为是道德意识和道德行为之间的融合和统一，个体道德素养的形成本身并没有一定的强制性，而是依靠个体的生活环境、教育内容和社会文化共同作用下形成的一种意识形态并通过语言、行为等表现出来”。[②]张震霞（2019）认为：“道德素养是指个体在处理道德问题、面临道德选择问题、思考道德问题所具备的知识、情感、实践能力的体现。每个人都能通过自觉的道德养成，形成一定的道德意志、道德情感，以形成正确的道德判断和道德责任及自觉行动的能力，以讲道德、尊道德、守道德的生活方式，引领社会形成向上、向善的力量”。[③]综上可知，个体意识重要组成部分的道德素养，其主要依靠个体的自觉性发挥作用，可以体现在思想和行为两个方面，是个体道德发展的重要基础。

道德素养应是每一个社会人都应具备的道德品质，是社会公德对公民的普遍要求。首先，道德素养体现了一个人的道德意识。作为生活在社会中的个体，每个社会人应当能够自觉地认识到道德对人们生活的重要性，并将道德作为自身行为的基础。他们能够清晰地辨别是非善恶，遵从内心的良知和道德准则，做出符合伦理道德要求的选择。其次，道德素养体现了一个人的道德判断能力。道德判断能力是指一个人在面对复杂的道德问题时，能够准确地区分是非，正确地作出判断和决策。只有具备了一定的道德判断能力，个人才能够考虑多方利益，权衡利弊，做出相对符合伦理

① 余丽：《新媒体时代大学生道德素养培育研究》，硕士学位论文，武汉轻工大学，2016年，第9页。

② 赵卿：《关于大学生道德素养培育的研究》，硕士学位论文，华东师范大学，2014年，第10页。

③ 张震霞：《道德榜样对大学生道德素养的正向影响及其提升研究》，硕士学位论文，湖南大学，2019年，第9页。

道德和社会公义的决策。最后，道德素养体现了一个人的道德价值观。道德价值观是人基于一定的思维感官之上对道德作出的一系列认知、理解和判断。一个具有拥有积极向上的道德价值观的人具备强烈的道德情感，能够关心并帮助他人。同时，他们以诚实、守信、宽容、正直等为行为准则，积极践行道德规范，做出符合社会公德的行为。将个人的行为融入社会风气的塑造、将个人的思想力量转化为现实的物质力量，让良好的道德素养成为个人发展、社会进步的强大精神力量。

从社会历史的角度来看，道德素养是一种动态而非静态的发展过程，会随着人的发展和社会的发展而变迁。这种变化发展的过程，从一定程度上来说就是人实现自身的现代化过程。党的二十大报告指出："中国式现代化是物质文明和精神文明相协调的现代化。"[①]物质富足、精神富有是社会主义现代化的根本要求。道德素养是特定历史条件和历史环境下的产物，其不可避免地打上了历史时代的烙印。道德素养是社会秩序和个人修养的重要组成部分。在中国古代，儒家思想对当时的道德观念产生了深远影响。尊敬长辈、孝敬父母、忠诚君主等是古代中国道德素养的核心要求。此外，礼仪、廉洁、诚信等也是古代中国重视的道德准则。进入近代，中国经历了一系列的社会变革，不断加速推进现代化的进程，对道德素养的要求也进一步发生了变化。在这一时期，包括科学、民主、平等、自由等观念的新的社会思潮和个人价值观开始涌现，道德素养不再仅限于个人修养和伦理观念，而是与社会的发展和进步相联系。个人责任感、社会公正、法治意识等成为近代中国对道德素养的追求。在当代中国，道德素养的要求更加多元化和复杂化。随着社会的快速发展和全球化的趋势，人们需要具备开放的思维、创新的精神、团队合作和跨文化交流的能力。同时，在环境保护、社会责任、公民意识等方面也对个人的道德素养提出了更高的要求。因此，我们需要更加重视道德素养的培养和提高，以适应当前时代发展的

① 习近平：《高举中国特色社会主义伟大旗帜　为全面建设社会主义现代化国家而团结奋斗》，《人民日报》2022 年 10 月 26 日第 1 版。

需要。总结起来，从古代到现代，中国对于道德素养的要求发生了变化，但核心价值观仍然包括尊重他人、孝敬父母、忠诚于国家等传统观念。随着社会的变迁，新的道德观念如自由、平等、法治等也逐渐被重视。在现代中国，人们需要以多元化的视角来理解和实践道德素养，以适应不断变化的现实社会需求。

另外，道德素养作为一种上层建筑，在包含很多积极优秀因素的同时，也包含着特定历史的局限，还涵盖了一些过时的、阶级的甚至是与新的时代精神相违背的糟粕。党的二十大标志着我们迈上了建设社会主义现代化强国的新征程，国防、科技、教育等诸多方面都进入了现代化建设的序列。现代化的本质是人的现代化，“中国式现代化所涉及的人的全面发展包括身体素质、文化素质、知识和技能的全面提升”[①]，更涵盖道德素养的现代化，因为人的现代化必然伴随着人的道德素养的现代化。也就是说，传统道德自身也必须迎合时代潮流，与时俱进地进行扬弃、改造和转化，实现自身的现代化，以助力中国式现代化。党的二十大报告就着力提高全社会文明程度提出实施公民道德建设工程，以弘扬中华民族传统美德，加强家庭家教家风建设，推动明大德、守公德、严私德，不断提高全社会道德水准和文明素养。作为社会生活精神方面的重要内容，道德素养中蕴含着许多人类生活中的共同原则，“包括科学的、共同的、为全社会所需要的合理的因素，以及能够在整个人类社会长期发挥作用的积极内容，还包含着许多优良的、人民的、与时代精神相一致、能够在新时代发挥作用的精华”。[②]因此，在新时期要着力实现人的道德现代化，搞好社会主义精神文明建设，让传统道德在适应时代发展的基础上不断增添新的内容、不断焕发新的生命力的过程中实现其自身的现代化。

① 洪银兴、杨玉珍：《中国式现代化促进人的现代化：内涵与路径》，《南京大学学报》（哲学·人文科学·社会科学）2022 年第 6 期。

② 唐贤秋：《现代化中的传统道德与传统道德的现代化》，《贵州民族学院学报》（哲学社会科学版）2004 年第 4 期。

在新的历史时期实现道德素养的现代化，我们需要更加注重人的道德素养的提升，让传统道德在适应时代发展的过程中不断增添新的内容，焕发新的生命力。首先，实现道德素养的现代化需要我们坚持社会主义核心价值观，弘扬爱国主义、集体主义、社会主义精神。弘扬富强、民主、文明、和谐，自由、平等、公正、法治，爱国、敬业、诚信、友善的价值追求。继承和发扬中华民族的传统美德，如尊老爱幼、诚实守信、勤俭节约等，让这些美德在新的时代背景下焕发出更加璀璨的光芒。其次，实现道德素养的现代化需要注重人的主体性的发挥。每个人都是道德的主体，应该自觉地遵守道德规范，提升自己的道德素质。同时，也需要注重社会的整体性，在互帮互助、相互熏陶中，让整个社会的道德水平得到提升。最后，实现道德素养的现代化需要注重道德建设的实践性和实效性。只有将道德建设落到实处，让每个人都能够在实际生活中践行道德规范，才能够切实地提高每个人的道德素养，从而真正地提升整个社会的道德水平。

三、加强专业道德素养

“百年大计，教育为本。教育大计，教师为本。”[①]教师是立教之本、兴教之源。“教师是教育活动的基本要素，也是教育事业存在的重要条件。”[②]人才的培养关键在于教师。教师作为一种特殊的职业人群，不仅要具备较高的专业知识素养，更需要具备高尚的道德素养。一直以来，党和国家高度重视教师的道德素养问题。党的十六大报告及《纲要》中提出：“坚持教育创新，深化教育改革，优化教育结构，合理配置教育资源，提高教育质量和管理水平，全面推进素质教育，造就数以亿计的高素质劳动者、数以

① 习近平：《做党和人民满意的好老师——同北京师范大学师生代表座谈时的讲话》，《人民日报》2014年9月10日。

② 叶澜、王枬：《教师发展：在成人成己中创造教育新世界——专访华东师范大学叶澜教授》，《教师教育学报》2021年第3期。

千万计的专门人才和一大批拔尖创新人才，加强教师队伍建设，提高教师的师德和业务水平。”《国家中长期教育改革和发展规划纲要（2010—2020年）》强调，要“建设高素质教师队伍，加强师德建设”。进入新时代，习近平总书记对教师，尤其是思政课教师队伍的建设给予了高度关注，也对思政课教师提出了更高的要求。2014年9月9日，在同北京师范大学师生代表座谈时，习近平总书记强调：“做好老师，要有理想信念，要有道德情操，要有扎实学识，要有仁爱之心。”①习近平的论述对新时代好老师做出了明确的要求，具备高尚的道德情操是核心要素之一。2018年5月2日，习近平总书记在北京大学师生座谈会上的讲话中指出：“评价教师队伍素质的第一标准应该是师德师风……要引导教师把教书育人和自我修养结合起来，做到以德立身、以德立学、以德施教。”②2019年3月18日，习近平总书记在学校思想政治理论课教师座谈会上强调，思政课是落实立德树人根本任务的关键课程，并指出：“思政课教师，要给学生心灵埋下真善美的种子，引导学生扣好人生第一粒扣子。”③

东晋史学家袁宏有句名言：“经师易得，人师难得。”意思是“经师”只传授知识，“人师”既传授知识又育人。习近平总书记强调：“人才培养一定是育人和育才相统一的过程，而育人是本。人无德不立，育人的根本在于立德。”④教师的根本任务在于育人，在于引导学生立德。“才者，德之资也；德者，才之帅也。”合格的老师首先应该道德合格，其次才是专业知识和技能等其他各方面合格。“亲其师，才能信其道”⑤，也正如孔子所说：

---

① 习近平：《做党和人民满意的好老师——同北京师范大学师生代表座谈时的讲话》，《人民日报》2014年9月10日。

② 习近平：《在北京大学师生座谈会上的讲话》，《人民日报》2018年5月3日。

③ 习近平：《用新时代中国特色社会主义思想铸魂育人 贯彻党的教育方针落实立德树人根本任务——在学校思想政治教育教师座谈会上的讲话》，《人民日报》2019年3月19日。

④ 习近平：《思政课是落实立德树人关键任务的根本课程》，《求是》2020年第17期。

⑤ 习近平：《用新时代中国特色社会主义思想铸魂育人 贯彻党的教育方针落实立德树人根本任务——在学校思想政治教育教师座谈会上的讲话》，《人民日报》2019年3月19日。

“其身正，不令而行；其身不正，虽令不从。”青年思政课教师要引导学生立德成才、成为学生尊重的好老师，自身的道德修养是第一位的，必须以德立身、以身作则，成为学生道德上的楷模。如此，学生才能“以师为镜”反观自身，加强自身的道德修养。

教学活动是科学性和道德性的统一。专业道德素养是教师为人师表最基本的道德操守，它主要表现为在教学活动中。“教学活动是教师的专业活动，教学素养是教师专业发展的核心素养，教学道德是教师职业道德中的‘专业道德’。”[①]青年思政教师的专业道德素养不仅是个人形象的反映，还会对学生的人格养成产生一定影响，在一定程度上更会影响社会对学校的评价，进而影响学校教育的发展。在我国，教师专业道德素养是国家和社会对教师提出的一种“特殊”道德要求，“特殊”在于，教师专业道德素养既要遵循“社会人”范畴中的“道德”，即教师作为社会人应遵守的公德对每一个个体的要求，要严“私德”；又要遵循社会对教师这一“职业化”“专业化”人群的职业规范，即“职业道德”；更要遵循社会主义的“大德”，要用社会主义的“大德”铸魂育人。概言之，教师专业道德素养是教师开展教学应该具备的“私德”“职业道德”“大德”的综合素养，体现了教师个体“社会人”的道德素养、“职业人”的道德素养和国家层面“大德”对教师道德素养要求的统一。

其一，从私德的角度。教师是人，是“社会人”。“人的本质不是单个人所固有的抽象物，在其现实性上，人的本质是一切社会关系的总和。”[②]人之所以为人，就在于人具有社会属性。基于教师“社会人”身份的角度，教师要遵循社会契约、遵守公序良俗、遵守国家的法律、规章与制度，要遵守全体公民公认的道德规范，做一个合法的“社会人”。当然，这只是每

① 曹辉：《教师专业发展中的教学道德素养及其实践内涵》，《河北师范大学学报》（教育科学版）2011 年第 8 期。

② 中共中央马克思恩格斯列宁斯大林著作编译局：《马克思恩格斯文集》第 1 卷，人民出版社 2009 年版，第 18 页。

个“社会人”都应具备的最低层次的道德。此外，明礼诚信、团结友善、勤俭自强、敬业奉献、努力学习提升自身水平等也是国家对每个“社会人”的“应然”要求。

其二，从职业道德的角度。教师从“社会人”走向“职业人”，必须具备专业的职业道德。“职业伦理与共同体意识并无深层次的联系，因为它们不是所有社会成员共有的伦理，换言之，它们与共同体意识无关；正因为这些伦理的功能并不是每个人实现的功能，所以，并非每个人都能够了解这些功能究竟是什么样子，或者在运用的时候个体之间究竟有什么样的特殊关系。”[①]换句话说，不踏足这一行业，我们不需要去了解该行业价值、功能和要求。但是，一旦涉足并依靠该行业谋生的人，就要“干一行，爱一行”，热爱并忠诚于这一行业，就要遵守相应的职业伦理和职业道德。“师者，所以传道受业解惑也”，教师作为一种“职业人”，必须严格遵守职业道德，要有极强的道德素养。关于教师的道德素养，学者们展开了不同的研究。例如，赵卫丽（2012）认为，它是“教师从事教育职业劳动过程中形成的比较稳定的道德观念、道德行为规范和道德密不可分”。[②]并认为教师的道德素养由师品、师智、师能、师表等构成，强调了教师从事教育工作应具备的基本素养。陆道坤等（2016）认为：“教师专业道德是指教师在专业工作（发展）中以及基于专业身份从事与专业工作相关或对专业工作产生影响的活动中，应当具备的道德观念、道德情操、道德品质，以及必须遵守的道德规范和行为准则。”[③]殷玉新等（2021）认为，“教师道德素养不同于教师专业伦理和教师职业道德，是教师道德水平的综合表现。作为教师专业素养的核心要素，教师道德素养是我国实现学校教育立德树人

① 涂尔干：《涂尔干文集（第2卷）职业伦理与公民道德（上）》，上海人民出版社2001年版，第8页。

② 赵卫丽：《教师道德素养对大学生德育的影响研究》，硕士学位论文，西安工业大学，2012年，第8页。

③ 陆道坤、张芬芬：《论教师专业道德——从概念界定到特征分析》，《教师教育研究》，2016年第3期。

根本任务的关键”。“坚定的道德信念、高尚的道德责任、丰富的道德知识、全面的道德能力、卓越的道德领导力是最优秀教师群体的主要道德素养”。[①] 教师职业的特殊性，就在于它从事的是立德树人的基础性工作，与其他各行各业有着明显不同的作用对象、目的和要求。因此，教师应具备不同于其他行业的职业道德。

其三，从国家对教师道德要求的角度，教师应具备“大德”。王素月等（2019）认为，教师道德是“一定社会的人们对教师与社会、教师与他人（主要指学生）、教师与自身应然关系的反思、认同和实践，以及在此基础上形成的关于教师应当如何的观念、品格、规范和行为”。[②] 教师肩负着为党育人、为国育才的使命，从“大德”的角度，教师道德素养体现了国家意志的要求和期待。尤其是思政课教师，其身份经历了“社会人”“职业人”“专业人”的转变，不仅要具备私德、职业道德，更需具备“专业道德”。思政课是立德树人的关键课程。思政课教师是办好思政课、落实好立德树人根本任务的关键所在。思政课教师的“专业道德”体现在：一是具备专业的马克思主义理论知识素养，二是坚定的社会主义政治素养，三是高尚的道德情操和人格。思政课教师做的是培根固本、铸魂育人的基础性工作，其专业道德是核心和至高境界。

① 殷玉新、楚婷：《优秀教师具有怎样的道德素养？——基于对 71 名美国“年度教师”的深度分析》，《比较教育学报》2021 年第 4 期。

② 王素月、罗生全、赵正：《教师道德的多层次发展逻辑及其结构模型》，《教育研究》2019 年第 10 期。

第二节　专业道德素养的内容

一、严谨的教学作风

“教学作风是指教师在教育活动中从思想上、工作上表现出来的一贯态度和行为，因而也是构成教学风格的一个重要方面。”[①]思政教师作为独立的个体，每个人的先天禀赋不同，受教育程度、社会经历、工作环境等都存在着较大差异，形成了迥异的教学风格。“严谨”一词，在《辞海》中的解释为：“严密谨慎，办事严肃可靠。”教书育人是教师的天职，也是教师立业之源、立身之本。因此，教师必须严密谨慎地对待教学，严肃可靠地做好教学工作。提高教学质量、落实好立德树人的根本任务是教师不懈的追求和使命。严谨的教学作风是提高教学质量的关键所在。青年思政课教师严谨的工作作风主要表现在思政课教师的思想上和工作上。

首先，在思想上严谨求实。思想是行动的先导。青年思政课教师肩负重任，责任重大，要将学生培养和教育成为职业道德好、业务能力强的青年主力军，思想上不能有一丝懈怠。这就要求青年思政课教师要高度重视自己的本职教学工作，以“老黄牛”的姿态深耕教育教学。“捧着一颗心来，不带半根草去。”忠诚于党和人民的教育事业，以崇高的职业责任感、使命感和荣誉感一丝不苟地履行传道、授业、解惑的神圣职责，对待工作尽心竭力、精益求精。

其次，教学工作中严谨务实。第一，传道授业要严谨。青年思政课教师作为马克思主义理论的“传道者”，对马克思主义理论要学深悟透、真信

① 陈志科：《教学风格追求与教师专业发展》，《教育学术月刊》，2012 年第 8 期。

笃行。青年思政课教师初入教师行业，对于马克思主义理论的研究和学习相对较为浅薄。因此，在教学的过程中对于学生阐释和讲解理论知识更应该秉持严谨务实的态度。若因为讲授过程和讲授内容不严谨而导致出现错误，会造成学生对于思政课内容的科学性、可信度产生怀疑，则难以达到授课的目的。因此，青年思政课教师要在打牢专业理论和钻深、钻透教材的基础上认真备课。对重点难点等问题教师自己先要深入研究，抓住关键和要害，对关键核心命题和名词要重点分析、深入阐释、科学解释，决不能含糊其词误导学生。第二，课堂教学环节要严谨。课堂是青年思政课教师进行思想政治教育的主阵地，也是师生双向互动的“软环境”。思想政治理论课内容上学理性和政治性较为强烈，这就对青年思政课教师的教学方法、技巧和艺术等基本功要求更高。因此，在教学中，青年思政课教师要在事前准备上下功夫，深入思考如何在课堂上有机融入思政内容与方法，“采取多种方式综合考核学生对所学内容的理解和实际运用，注重考查学生运用马克思主义立场观点方法分析、解决问题的能力，力求全面、客观反映学生的马克思主义理论素养和思想道德品质”①。做到融会贯通、运用自如，潜移默化地影响学生。思政课教师在课堂中体现的严谨性，会直接影响自己在学生心中的形象和威信。课堂如果缺乏严格的管理和要求，对不规范的现象放任不理，不仅会影响教学的正常进行，使思政育人效果大打折扣，还会助长一些错误思想的蔓延，甚至会消解思政课本身的价值意义。因此，要严格加强课堂教学秩序的管理，在确保学生到课率的基础上，努力提升抬头率、提问率。第三，青年思政课教师严谨的教学作风还表现在要深入实际，调查研究。一方面，思政课教师要理论联系实际，直面现实中的重点和热点问题，讲清楚学生关心的社会现实问题，引导学生运用马克思主义的立场、观点和方法，正确认识和分析社会中存在的一些错误思想。另一方面，教师除了自己要善于发现问题以外，还要实事求是做调查，

① 教育科学论坛：《新时代高校思想政治理论课教学工作基本要求（节选）》，《教育科学论坛》2018 年第 15 期。

即要深入学生中间，积极与学生沟通交流，要善于听取学生的意见和建议，针对学生的实际问题有的放矢地改进教学，认真解答学生的困惑。总而言之，青年思政课教师要以严谨的教学作风使思政课成为学生真心喜爱、终身受益的课程。

二、严格的自律意识

自律要严，是对每一位思政课教师的基本要求。严格的自律意识就是要表里如一、言行一致。换句话说，青年思政课教师要严格律心、律言、律行。习近平总书记在学校思想政治理论课教师座谈会上指出，思政课教师“自律要严，做到课上课下一致、网上网下一致，自觉弘扬主旋律，积极传递正能量”[①]。“自律要严”是新时期党和国家对青年思政课教师提出的要求，寄托了党和国家对思想政治理论课的殷切厚望，是新时期思政课教师理直气壮讲好思政课的重要遵循，也是加强思政课教师队伍建设的内在要求。孔子说：“其身正，不令而行；其身不正，虽令不从。”意思是当政者自身端正，不需要命令人们也会自觉遵守效法，政令将会畅通无阻；如果当政者自身不端正，即使强制命令也会没有人听从。“身正”，本意是对当政者的劝诫，也是儒家思想中追求的理想人格。在现代教育理念中，“身正”便是要求教师要有严格的自律意识，正己以达人。作为德育的“活教材”，思政课教师自身的言行举止就是学生参照最重要的一面“镜子”。故而，青年思政课教师要让学生心服口服，达到教学的效果，自己必须做到表里如一，知行合一，严于律己，宽以待人。

青年思政课教师要具有严格的自律意识，就要结合思政课的特殊性质和思政课教师的特殊身份，弄明白“严”在何处、“律”的标准。思政课是立德树人的关键课程，做的是沟通心灵、启智润心、激扬斗志的工作，是

① 习近平：《思政课是落实立德树人关键任务的根本课程》，《求是》2020 年第 17 期。

铸魂育人、培基固本的基础性工程；思政课教师是价值培育、灵魂塑造的工程师，是关乎青少年成长、国家进步、民族发展的“大先生”。总之，思政课教师地位特殊、责任重大，无论是润物无声的“不言之教”，还是慷慨激昂的有声讲授，都要求思政课教师主体具有严格的自律意识。如是，才能做好言传身教、为人师表。“一个优秀的教师，首先要严于律己。”[①]青年思政课教师要当好学生的“镜子”和榜样，就必须自律要严。

首先，严格律心。思想是行为的先导，有什么样的思想就会做出相应的行为。因此，青年思政课教师首先要严格律心，即要有思想定力，对不利于党和国家的思想活动应严格管控。严格律心对青年思政课教师而言，主要是指在政治立场上严格自律。律心方能律行，“传道者自己首先要明道、信道”[②]，“让有信仰的人讲信仰”[③]。青年思政课教师要时刻牢记自己作为立德树人的主力军，承担着为党育人、为国育才的时代重任，要在习近平新时代中国特色社会主义思想的指导下，引导学生树牢“四个自信”，坚决做到“两个维护”。以中国特色社会主义伟大旗帜引领学生成长成才，培养堪当民族复兴大任的时代新人。概言之，青年思政课教师严格律心就是在党和国家的要求下，以极高的政治站位和政治素养严格约束自己，时刻坚守正确的政治立场和育人方向，以高度的责任感、使命感和荣誉感督促自己落实好立德树人的根本任务，自觉履行铸魂育人职责。

其次，严格律言。如果说思想是内在的、具有隐蔽性，那么言语就是外在的、显性的表现。青年思政课教师严格律言，就是要严格控制约束自己的言论，要做到“课上课下一致，网上网下一致”。具体来说，青年思政课教师要有话语敏感性，要明确自己“应该讲什么、不该讲什么、着重讲

① 朱永新：《我的教育理想》，漓江出版社 2009 年版，第 39 页。

② 习近平：《把思想政治工作贯穿教育教学全过程 开创我国高等教育事业发展新局面》，《人民日报》2016 年 12 月 9 日第 1 版。

③ 习近平：《用新时代中国特色社会主义思想铸魂育人 贯彻党的教育方针落实立德树人根本任务——在学校思想政治理论课教师座谈会上的讲话》，《人民日报》2019 年 3 月 19 日第 1 版。

什么”。例如，青年思政课教学的着重点在于教授学生马克思主义基本原理、观点、方法，给予学生认识、分析和解决问题的能力；在于培养学生坚定爱国主义、集体主义、社会主义的理念，引导学生践行社会主义核心价值观、弘扬社会主流思想舆论。在这些问题上，青年思政课教学要把握好教学的尺度，严格约束自己的言论，成为铸牢社会主义意识形态阵地的“排头兵”，自觉扛起弘扬主旋律的“大旗”，积极传递社会正能量。

最后，严格律行。青年思政课教师要严格律行就是要严格管控自己的行为。在思想道德上要严格自律。学高为师，身正为范。思想政治教育是直达人心的灵魂工程，青年思政课教师“要给学生心灵埋下真善美的种子，引导学生扣好人生第一粒扣子”①，要不断加强自身的道德修养，以自身高尚的道德魅力感染学生，身体力行做好示范，引导学生向上、向阳、向善。此外，青年思政课教师严格的自律意识也体现在生活中。教师行业特殊，是“太阳底下最光辉的职业”。自进入教师行业起，每一位教师都被打上了“道德示范者的标签”。青年思政课教师要慎独、慎微、慎言、慎行，要做到知行合一，学高和身正并存，时刻不忘“我是谁”，时刻提醒自己“我应该干什么、我不能干什么”，坚守自己的本分，牢记自己的使命。诚如习近平总书记所言：“做老师就要执着于教书育人，有热爱教育的定力、淡泊名利的坚守。”②要时刻以教师行业中的个别极端负面例子警示自己，避免重蹈覆辙，时刻忠诚于党和人民的教育事业。

三、高尚的人格魅力

教师的人格是重要的教育资源，也是学生人格形成的基础。在学校思

① 习近平：《用新时代中国特色社会主义思想铸魂育人　贯彻党的教育方针落实立德树人根本任务——在学校思想政治理论课教师座谈会上的讲话》,《人民日报》2019 年 3 月 19 日第 1 版。

② 习近平：《坚持中国特色社会主义教育发展道路　培养德智体美劳全面发展的社会主义建设者和接班人》,《人民日报》2018 年 9 月 11 日第 1 版。

想政治理论课教师座谈会上，习近平总书记指出，思政课教师“人格要正。有人格，才有吸引力。亲其师，才能信其道。思政课教师要有堂堂正正的人格，用高尚的人格感染学生、赢得学生。要有学识魅力，用真理的力量感召学生，以深厚的理论功底赢得学生……。自觉做为学为人的表率，做让学生喜爱的人”。[①]作为一种内在的“软力量”，教师的人格魅力在引人以大道、启人以大智中发挥着重要作用。20 世纪俄国著名教育学家乌申斯基指出：“在教育工作中，一切都应以教师的人格为依据，因为教育力量只能从人格活动的源泉中产生出来，任何规章制度，任何人为的机关，无论设想得如何巧妙，都不能代替教育事业中教师人格的作用。”[②]在他看来，教师的人格魅力是教育力量的来源。所以，教育可以理解为一种“用人格形成人格”的活动，也是润物无声的“不言之教”。教师是人类灵魂的工程师，不仅需要渊博的知识修养，更需要有高尚的人格魅力。“思政课教师的人格魅力，是指教师作为思想政治理论课教学实施活动的主体，在实际的教学过程中逐渐形成的性格、气质、情感、道德意识、理想信仰和个体内在的行为倾向，是一种可以吸引、感染学生的内在力量。”[③]

教师的自信和人格魅力很大程度上来源于教师的道德自律。首先表现为教师对于知识积累和储备的自律。教师广博的知识储备直接影响学生的学习兴趣。俗话说“腹有诗书气自华”。习近平总书记指出：“过去讲，要给学生一碗水，教师要有一桶水，现在看，这个要求已经不够了，应该是要有一潭水。”[④]扎实的理论功底可以使青年思政课教师从容回应学生的各

① 习近平：《用新时代中国特色社会主义思想铸魂育人 贯彻党的教育方针落实立德树人根本任务——在学校思想政治理论课教师座谈会上的讲话》，《人民日报》2019 年 3 月 19 日第 1 版。

②［俄］洛尔德基帕尼泽：《乌申斯基教育学说》，范云门等译，江苏教育出版社 1987 年版，第 307 页。

③ 汪玉峰、韩超楠：《思想政治理论课教师人格魅力的鲜明特征、价值意蕴及其提升维度》，《陇东学院学报》2021 年第 1 期。

④ 习近平：《做党和人民满意的好老师——同北京师范大学师生代表座谈时的讲话》，《人民日报》2014 年 9 月 10 日。

种疑惑和诉求，面对学生的追问镇定自若，深入浅出的讲解可以让学生知其然更知其所以然，这无形中可以增强教师在学生心目中的“高大”形象，提升思政课教师的人格魅力。正如马卡连柯所说：“不论你多么亲切，你的话说得多么动听，态度多么和蔼，不论你在日常生活中和休息的时候多么可爱，但是假如处处都可以看出你不精通业务，学识水平不足以胜任，假如你做出来的成绩都是废品和‘一场空’，那么除了蔑视之外，你永远不配得到什么。”基于此，教师应该培养自律意识，紧跟时代，广泛学习其他各领域的知识，成为学生眼中的“百科全书”，拓宽学识的宽度。其次，教师道德自律体现在教师日常的言行举止中。正如陶行知先生所说，教师是“千教万教，教人求真”，学生是“千学万学，学做真人”。青年思政课教师要“自觉做为学为人的表率，做让学生喜爱的人”，成为学生的表率和榜样，就要为人师表，以身立教，以自身高尚的道德品质影响学生道德品质的形成。因此，青年思政课教师应当成为学生阅读的道德书籍，成为学生学会做人的楷模。

第三节　专业道德素养的实践

一、小学思政课教师典型案例

思想政治理论课是进行信念建构、灵魂锻铸、人格培育的创造性教育课程。老师在教学过程中所表现出来的观念意识和行为品质，直接影响学生健康人格素养的形成。小学阶段的每个孩子都像一朵亟待呵护的“小花”，他们像“白纸”一样。小学阶段的思政课教师就像画家一样，要在学生这张纯白无瑕的纸上描绘，小学生道德品质的培育和养成与老师有密切的关系。因此，这对教师的专业道德素养有极高的要求。在学生眼中，老师都是权威的、神圣的、值得尊敬的。这个阶段的学生好奇心和模仿力极强。正所谓“见贤思齐”，学生会在潜意识里去模仿教师，向教师看齐。正如习近平总书记在北京师范大学师生代表座谈会上所言：“做好老师，要有道德情操。老师的人格力量和人格魅力是成功教育的重要条件。”“师者，教之以事而喻诸德者。”老师不仅仅是学生的老师，而是学生行为规范的示范者，是学生修养的“镜子”。

案例九：

大山深处的“磐石”

长白朝鲜族自治县是吉林省最偏远的县份之一，而新房子镇中心小学校虎洞沟村教学点，则距离长白县城还有170公里。可就在这样一个隐匿于群山之中，宁静且偏僻的小山村，教师金永七一守就是35年。这期间，学生换了一茬又一茬，老师走了一个又一个，而他却犹如一块磐石，始终坚守在三尺讲台，帮助300余名孩子走出了大山，去追寻属于自己的“诗与远方”。这些年，金永七把所有的爱和心血都倾注在孩子们身上，既当老师又当家长。每天他都会早早起床，备好当天的课，接着打扫教室、走廊、操场、厕所。冬天时，他还提前到教室生炉子、烧开水，让孩子们能有一个温暖的学习环境。农忙时节，家长早上5点钟就把孩子送到学校，晚上很晚才能接走，金永七也毫无怨言地帮忙看护。遇上恶劣天气，他还会到最容易发生险情的路段和河边接孩子们上学。金永七常说：只有帮助孩子们多学知识，才能走出大山。他坚信每个孩子的“可教育性”，尊重学生的个体差异，积极在教学过程中因材施教，为不同层次的学生进行相应的辅导。这些年，金永七始终也没有降低对自己的要求，他刻苦钻研教材，认真备课，努力探索适合乡村孩子的教育教学方法，从未懈怠。为了追上时代发展的脚步，他还积极通过书籍、网络资源等不断学习，努力补齐知识短板，分析总结经验方法，并先后发表了多篇论文，获评省级优秀教育论文等奖项。寒暑交替35载，金永七将自己的青春和热血都奉献给了山区的教育事业，他如磐石般地坚守，为孩子们免去了外出上学的奔波之苦，使每一名适龄儿童都能如愿遨游在知识的海洋。他燃烧着自己的爱，照亮了孩子们前行的道路。这就是金永七，一位平而不凡的人民教师。

案例来源：张鹤：《大山深处的“磐石”——记“吉林好人·最美教师暨黄大年式好老师”、长白县新房子镇中心小学校教师金永七》，《吉林日报》2021年9月7日第2版。

在上述案例中，我们看到了金永七老师自身所展现出来的专业道德素养。金老师以自己的实际行动展现出他高尚的人格魅力。在教育教学过程中，金老师用优良的情感和意志、健康的心理、良好的道德影响学生。他像一块磐石一样屹立在大山之中，始终如一地坚守在三尺讲台上，将三百多名学生送出大山。金老师用实际行动践行着老师的使命和责任，坚守乡村教育的“最后一公里”，为大山的孩子带去了希望和光明。金老师在教育教学的过程中展现出来其教学责任意识和教学道德情操，秉持严谨的教学作风。在教学过程中，金老师因材施教，为不同层次的学生进行相应的辅导，燃烧自己的爱，照亮了学生们前行的道路。教育学家乌申斯基曾经说：“教师的人格对学生的影响是任何教科书、任何道德箴言、任何惩罚和奖励制度都不能代替的一种教育力量。”因此，青年思政课教师不仅要在专业素养上取得长足发展，还要在专业道德素养上拓展其深度和广度，不断提升人格魅力；通过提高对知识、对人格的审美能力，真正使自身所具有的魅力从灵魂深处体现出来，更好地落实立德树人的根本任务，有效提高学生的思想认同和情感认同，促进社会主义建设者和接班人培养目标的实现。

二、初中思政课教师典型案例

中学阶段是学生学习生涯的特殊阶段，初中阶段的学生年龄普遍处于12—15岁之间，他们思维和观念的可塑性很强。同时，这一阶段是其品德修养、价值理性以及政治信仰培养的重要阶段，他们的道德取向是良性发展还是恶性循环的可能性几乎同时并存，这就需要初中阶段的思政课教师对其进行正确、耐心的引导。而教师良好的道德修养本身就是最好的教育力。自律是一种内在力量，是靠内心信念来约束自己，也是受使命感召所形成的一种良心、责任感和荣誉感。在教育过程中，思政课教师的自律是对学生、对社会、对国家和民族负责的内在的自觉意识。初中阶段《道德与法治》课不同于小学阶段的启蒙教育，这一阶段侧重于学生对思政课的认知与理解，需要学生在学习的过程中不断加固自己的思想，建立对所处世界正确的看法。我们在吴又存老师身上看到了教师专业道德素养中的严格自律意识。所谓“律己方能服人，身正方能带人，无私方能感人。”教育要从严于律己开始。无论是人前还是人后，吴老师总能坚持自己的事情，即使独处时也不例外。

案例十：

凡是听过吴又存思政课的人，
都在重新打量思政课教学

武汉市解放中学思政课教师吴又存，把中学思政课讲得妙趣横生，把道德与法治、真善美的种子播进了学生的心田，引导学生走好人生路。他的思政课，从武汉市走向湖北省，从湖北省走向全国。26年前，从师范学校毕业走进初中思政课堂的吴又存，就深深陷入了困惑：思政课一直被视为“副课”，学生不爱学，社会不重视，以致很多老师都不愿意说自己是思政课老师。“课无贵贱，我不能像别人那样放弃自己。”吴又存坚定地认为，要改变这门课的地位，教师首先要从改变自己做起。分析总结长期以来思政课教学现状后，他立誓“不做三个先生”：一是“贝（多分）先生”（为考高分让学生死记硬背），二是“赵（照本宣科）先生”，三是“吴（误人子弟）先生”。为了立下的誓言，吴又存可谓“发了疯”，日思夜想都是怎么上好思政课。上课之外的时间，他一直沉浸在书籍、报刊的海洋里，凡是能用于教学的资料，不论是故事、寓言、杂文、诗词、流行歌曲等，他都会剪下来，分门别类粘贴在教案本里。在吴又存的办公室，依然能找到这些年留下的30多本剪贴本和100余本读书笔记。在学校政治教研组同事柳溪的眼里，吴又存是研究型的老师，除了上课外几乎天天在写写记记、若思若吟。有次在去杭州学习的火车上，柳溪和同事们一路说说笑笑，唯独吴又存安静地拿着一本书一支笔，一会儿画线，一会儿批注，一会儿做笔记。她和同事们感叹：“名师，原来是这样练就的。”

案例来源：张勋、欧阳吟子：《凡是听过吴又存思政课的人，都在重新打量思政课教学》，“党员生活”微信公众号，2019年9月21日。

在案例中，我们可以看到吴老师将自律二字刻入骨髓。十年如一日，为了上好思想政治理论课。除了上课的时间之外，吴老师日夜坚持读书看报，坚持查找教学所需要的资料。同时，吴老师也充分认识到初中学习的紧迫性，即使是在出行的路上，也不浪费一滴一点的时间，坚持读书，沉浸在知识的海洋里充实自身，真正地做到对学生问心无愧。初中阶段，学生的升学压力大，学习时间紧迫。对于思想政治理论课也存在一定的“误解”，认为思政课只是“副课”。如果高中不选择文科，学生则会认为学习思想政治理论课“纯属费时间”，对于自己的升学毫无意义。这也是初中阶段开展思想政治理论课的困难所在。如何转变学生对于思想政治理论课的偏颇认知，是初中阶段思政课教师需要考虑的重点和难点问题。我们可以看到，吴老师为了解决这一问题，上好思政课，总是从多方面查阅资料，将思政课讲得妙趣横生，从而引起学生的兴趣。在这一过程中，吴老师的专业道德素养体现得淋漓尽致。

“学为人师，行为世范。”在教育和教育实践中，教师自律意识的养成并非一蹴而就，更不是一劳永逸的。青年思政课教师必须不断地坚持教育工作，自律意识才能得到形成、巩固和提高；要以身立教，时刻意识到为人师表必须自律，率先垂范，以身作则，加强自律意识，强化自律能力，提高自身素质，塑造良好形象；努力以自己完善的人格去影响和形成学生的人格，以自身的严格自律去感召学生也进行严格的自律。同时，作为青年思政课教师在教育教学和自身专业成长的过程中，应该向吴老师看齐，学习吴老师身上展现出来的良好素养，促使自身努力成长为学生的道德示范者，引领学生的健康发展。

三、高中思政课教师典型案例

高中阶段是学生道德形成的关键时期。这一时期，他们精力旺盛、思想活跃、学习与吸收能力处于高峰期。但也存在鲜明的个性特点。高中生正处于少年转向青年的特殊阶段，年龄大多在15—18岁，已经具备一定的理性思维。同时，高中阶段的学生处在生理发育迅速，但心理发展水平相对滞后的阶段，情绪不够稳定，容易受周围环境的影响。若在成长阶段无正确引导，容易走向极端。面对这种情况，教师需要通过自己的教学活动，引导学生形成正确的世界观、人生观和价值观，而严谨的教学作风正是这种引导的重要方式之一。思政课教师严谨的教学作风不仅可以确保教学内容的准确性和完整性，保证学生能够获得系统的知识体系，让课堂教学顺利进行，而且可以在潜移默化中感染学生，影响学生的学习习惯，帮助学生养成严谨的学习态度、高尚的道德品质。

案例十一：

思政课，永远是新的

李仙鸿是浙江师范大学附属中学的一名思政课教师，尽管他已经从教 31 年，但对待每一节课，仍抱着精益求精的态度。出发去教室上课的路上，他总会在脑子里再过一遍，这节课分为几个环节，教学设计如何落实。下课铃声响起，走出教室，李仙鸿又会利用间隙反思，这节课还存在哪些不足，哪些地方可以做得更好。实际上，李仙鸿老师的备课功力早已“炉火纯青”，甚至连续两届拿下全国高中思想政治议题式教学设计大赛的特等奖。但他念叨更多的是，“作为一名思政课教师，没有老教师，永远都是新教师”。不断追求创新、善于运用生活情境，是李仙鸿一贯的教学风格。他总是强调，要做到教学理念新、教学思路新、教学手段新，寓教于生活情境，用活教材、激活学生。

案例来源：汪恒、江晨：《李仙鸿：思政课，永远是新的——年度思政人物⑪》，《浙江教育报》微信公众号，2022 年 11 月 21 日。

思政课教师严谨的教学作风是上好一堂思政课的重要基石。从上述案例中，我们可以看到，李仙鸿老师为了上好思政课，在开展教学之前做了充分的准备工作，严谨认真对待每一次课，在课前预习备课，精心设计教学环节，熟悉教学内容的组织结构和重难点，确保教学内容和方法的科学性和合理性，下课之后又关注学生的学习效果和教学质量，对自己的教学进行及时的评价和反思，这都体现了李仙鸿老师严谨的教学作风。严谨的教学作风是教师专业素质的重要体现，也是教师对学生、对社会负责的表现，教师的教学作风直接影响着学生的学习效果和成长。因此，作为一名优秀的青年思政课教师，首先要有对教学的严谨态度，教师需要对教学有认真的态度，对每一节课都要精心备课，对每一个知识点都要深入理解。在教学过程中，教师应严格按照教学计划进行，不能随意变动，确保教学的连贯性和系统性。其次，教师需要采用严谨的教学方法和手段，在选取教学素材时要严谨，要充分考虑到素材背后蕴含的知识和本质规律，正确处理素材、充分利用素材，选择好素材的探究点，尽力避免有过多争论的素材，不能用错误的教学素材误导学生。教师应根据学生的学习特点和需求，灵活运用各种教学方法和手段，以提高教学效果。

四、大学思政课教师典型案例

思政课教师高尚的人格魅力对学生成长具有吸引力、感召力。习近平总书记明确提出，新时代思想政治理论课教师“要有堂堂正正的人格，用高尚的人格感染学生、赢得学生”。对于大学生来说，受到就业功利主义的影响，对于思政课的重视程度不足。而思想政治理论课能否对他们充分发挥作用，在于思想政治理论课教师能否让他们喜欢上这门课，而这在一定程度上取决于思政课教师的人格魅力。思政课教师带着“魅力”去讲课，会形成一种磁场，吸引学生的目光。

案例十二：

思政课的课堂应该是“热气腾腾”的

中国人民大学马克思主义学院党委书记、常务副院长王易老师连续18年为中国人民大学本科生主讲思想政治理论课，获得学生的一致好评。在马克思主义学院大四学生车宗凯眼中，王易老师把课堂与实际生活紧密连接在一起，她是一位有信仰的老师，她的课堂是“热气腾腾”的。王易老师教过的学生，每个人都有一本学习手册，学生可以用笔谈的形式表达自己的课堂感悟、人生困惑以及各种所见所感。在每篇作业后，王易都留下了自己的阅读感想和评论，有对学生的鼓励、对疑惑的解答，也有自己阅读后的收获，一笔一画、一字一句，从不懈怠。中国人民大学马克思主义学院学生雷引杰说：“学校经常会有一些竞赛，很多学生都喜欢找王易当指导老师，尽管她身兼数职，工作非常繁忙，但从来都很重视与学生的课下互动机会。”王易认为，师生的课下互动与沟通直接推动了课上的教学效果。人大教务处提供的数据显示，王易在历年的课堂教学质量评估中始终名列前茅。有学生曾经评价：“王易老师是内功深厚的人，她的魅力是敦实笔直的理论树干和曼妙柔细的思想枝叶。古代经典、现实案例、思政理论，她信手拈来。上她的课是一种思想熏陶，更是一种享受，是我们精神生活得到满足的地方。”

案例来源：李丽霞：《人大教授王易：思政课的课堂应该是“热气腾腾”的》，新京报网，2019年5月31日。

从上述案例中，我们可以看到，王老师以自身高尚的人格魅力吸引了学生的目光，让学生沉浸在课堂教学中。在教学相长中，王老师孜孜不倦的精神，使得学生在学思受教中感受到了教育的魅力，人格魅力在师生互动中流淌和绽放。高尚的人格魅力是提升思想政治理论课吸引力和实效性的逻辑前提、重要基础和根本保障。王易老师在教学过程中用“敦实笔直的理论树干和曼妙柔细的思想枝叶”的魅力感染学生，注重学生的反馈，坚持认真批阅每个学生的作业并在每篇作业后都留下自己的阅读感想，对学生进行鼓励。因此，学生也会非常喜欢与王易老师交流交心，丝毫不吝啬对王易老师的赞美。由此可见，青年思政课教师高尚的人格魅力不但能够提升思想政治教育理论课的教学效果，还能够培育具有高尚品格的青年大学生。基于此，青年思政课教师要在日常的行为举止中严于律己、行为世范，培养自己高尚的人格魅力；坚持美好的品格，秉承美好的言行。运用较高的审美能力、健康的审美情趣选择与教学相关的美感因子，并通过课堂教学有效传递给学生，实现人格魅力的深化；让学生感悟到教师的人格魅力，以高尚的人格感染学生、赢得学生。

第五章 情感态度素养

教育教学是一种高强度的情感劳动工作，既可以看作是“一个涉及教师和学生在理性与情绪两方面的动态的人际过程”，也可看成是“与个性及社会心理现象相联系的情感力量和认知力量相互作用的动力过程”。[①] 教师则是典型的情感劳动者，在教学过程中不只是向学生输出知识、传授技能，更重要的是在与学生的互动过程中激发情感。课堂作为思政课主要的教学场域，是师生情感互动的功能性空间。在这一教学场域中，青年思政课教师具备双重身份，即引导学生开启认知的授业者和情感态度的塑造者。“高水平的教师情感能力是任何高质量课堂的先决条件，情感能力能够使教师更准确地解读学生的行为，正确地解读情感也是有效教师的基本特征。”[②]基于此，为促使思政课成为一门有温度、有吸引力的课程，研究青年思政课教师的情感态度素养尤为必要。

第一节 情感态度素养概述

一、情感

“情感”是一种令人难以捉摸的东西。它伴随着人们的出生，看似真

---

① 卢家楣：《情感教学心理学》，上海教育出版社 2000 年版，第 1—3 页。

②［美］威廉·鲍威尔、［印尼］欧辰·库苏玛 – 鲍威尔：《做一名高情商教师》，张园译，教育科学出版社 2015 年版，第 24 页。

实却又虚无，看似简单却又复杂。情感起源于拉丁语“emovere”，意思是“跳动，移动，波动而出，蜂拥而上或使之激动”，是个体对客观事物的态度和由此产生的心理体验，反映个体心理变化的动态性。牛津字典中解释为“情感的波动”与“心灵的激动”。学术界关于“情感”的研究多见于哲学、心理学、社会学和教育学等领域。心理学和社会学领域当中关于情感理论的研究为教师情感素养的研究提供了基础。从查阅到的文献中发现，学术界对于教师的研究以及教师专业发展和成长的研究资料颇多，但是关于教师情感的研究以及教师情感素养的研究相对较少。在教育领域当中，对于教师的培养中，也较少地考虑到教师的情感因素，更多的是关注教师的知识、能力、管理等。

关于“情感”的解释，上海辞书出版社 1986 年出版的《辞海》将“情感”界定为：“情感，亦称‘感情’，指人的喜怒哀乐等心理表现，情感是人在社会实践中，在认识世界和改造世界的过程中产生和发展的。情感的表现是伴随着个人的立场、观点和生活经历为转移的。”[①]这也就意味着，人的情感是一个动态变化的过程，它会随着人成长的不同阶段以及所处的环境而发生变化。《心理学大辞典》中将情感定义为：“情感是人对客观事物是否满足自己的需要而产生的态度体验。”学者高明书认为，“情感作为一种复杂的心理现象，是人们对客观事物是否满足需要而产生的态度体验”。学者顾明远在《教育大辞典》中对“情感”的解释为：“情感（feelings），心理过程之一。是对客观事物的态度体验。包括人的喜、怒、哀、乐、爱、恶，欲等各种体验。广义与情绪相通。”[②]这就将情感与情绪相联系，由情感的变化进而引发情绪的波动。

情感作为一个术语，反映的是客观事物和个体需要之间的关系，主要用来描述情绪和感情的体验。它作为一种人的高级需要，通过语言、体态以及表情为他人所理解。从教育学角度来看，“情感”在教育者和受教育者

①《辞海》，上海辞书出版社 1986 年版，第 871 页。

② 顾明远主编：《教育大辞典》，上海教育出版社 1999 年版，第 362 页。

的教学过程中产生，具有积极和消极之分。在心理学层面上，“情感”则被认为“不单单是个体内部的心理的简单外射，而是个体在与社会环境互动的过程中，个体对于周围环境及其目的和利益所作出的相关评价的产物”。在哲学领域中，情感被诠释为主体（人类）对于客体（客观事物）的价值关系在主观上的一种反映。

关于“感情”的释义，多数学者认为感情是个上位概念，包含情绪和情感的含义。学者孟昭兰认为，感情是一个广泛的概念，既包括情感、效价体验、感情状态、情绪，又包括心境，是作为情绪、情感这一类心理现象的笼统称呼使用。①学者朱小蔓认为，感情是情绪和情感的综合过程，“既有情绪的含义，也有情感的含义。使用情绪（emotion）一词侧重标示感情性反映的过程，使用情感（feeling）一词侧重标示感情的体验和感受方面”②。关于“情绪”的释义，情绪是指人们对于客观事物的态度体验和与之相对应的行为反应。

“情感”一词在教师群体发展中占据重要位置。20 世纪 90 年代以前，国外关于教师情感的研究相对较少，学者们对于教师的研究大多数局限于教师的认知、技能等，鲜少涉及教师的情感领域。而在教育学领域中，研究者则习惯于将教师的情感放置于心理学领域。这一做法，将教育学以及教师专业发展研究的学者将本属于社会文化现象中的情感问题排除在研究外。同时，即使置身于心理学领域，情感的研究也相对滞后。诚如朗格所说：“感情在心理学中居于灰姑娘的地位，为了姐姐——‘智慧’和‘意志’的利益，她不被母亲喜爱，被驱赶出去，永远被抛弃，感情不得不寄居在心理学的偏僻的地方……如果收集一下有关感情的著作，那将会得到一个多么可怜的书目。认识过程领域中的任何一个问题，甚至非常小的问题，如关于亮度的细微差异的差别感受性问题或疲倦对皮肤的空间感的影响问

① 孟昭兰：《情绪心理学》，北京大学出版社 2005 年版，第 7 页。

② 朱小蔓：《情感教育论》，人民出版社 2007 年版，第 19 页。

题的专著，都远远超出有关感情方面的专著。”①

以“教师情感”为关键词，在国家图书馆进行检索可以看出，学者们关于“教师情感”以及“教师情感素养”方面的研究相对较少。主要有从教师个人出发，老师应具备的特有人格魅力、品德修养和丰富的充满爱与包容的情感或情怀。对教师的情感和道德教育进行了论述，主要包括教师的情感教学、教师在教学中的因素，以及教师情感的一些独特功能；从教师职业情感出发，学者王凤英在《中小学教师职业情感研究》一书中，对职业情感进行了理论解读，调查分析了实习教师和在职中小学教师的职业情感现状，并对培育教师职业情感的对策进行了论述。同时，以提升教师的情感素养为目标，通过选取一些真实的教育情境和案例，介绍了教师在三类场域即“教与学”“同伴交往”以及“学校和班级生活”中如何具体地进行情感的识别、表达和调适。此外，还对情感教育进行了概述，并对情感教育与我国教育改革、情感教育与班级管理等进行了论述。

二、态度

“态度”一词经常出现在日常生活中，但是对于其概念进行一个明晰的阐释却并非易事。研究青年思政课教师的情感态度素养，追溯“态度”一词的概念内涵非常必要。

在我国，“态度”一词最早出自《亢仓子·政道篇》，用于描述人的外在行为表现。在西方，“态度”一词，最早出自拉丁语“aptus”，意思是适合性（adaptedness）或适当性（fitness）。“态度”最初应用于18世纪的戏剧，主要用于形容演员身体姿势或位置，旨在通过这些身体姿势或位置传达角色所处的心理状态。赫伯特·斯宾塞（H. Spencer）在《第一原理》中首次提出“态度”的现代含义。他认为，判断争议性问题上取决于其具有

① 转引自卢家楣：《情感教育心理学》，上海教育出版社2000年版。

的态度并维持正确性[①]。而后，19世纪60年代，“态度”一词被引入心理学，其含义也从“外在行为表现”变为“内在的心理状态”，即将态度与行为之间联系起来思考，将态度看作是一种身体动作的表达或肌肉运动的反应。学者 Allport 提出：“追随者复兴了态度……赋予了态度以生命力，将态度确认为渴望、仇恨、爱以及激情和偏见……态度概念可能是当代美国社会心理学中最有特色最不可缺少的概念，在实验和理论研究文献中没有哪个词比它出现得更频繁了。”这一论述将态度定义为一种心理状态，即态度必须从行为进行推论。

由于学者们各自的认知不同，因而关于“态度”一词的定义的侧重点不同。例如，奥尔波特（G. W. Allport）从行为主义的角度进行阐释，将态度看作是心理与神经的准备状态，主要“源于个人在经历中形成的习惯性模式，指导或推动个人心理反应全过程。”[②]克雷奇（Krech）则将态度视为：“个体对日常生活所接触的现象的持续组织，包括动机过程、情感过程、知觉过程，这种理论主张与认知派密不可分。”[③]加涅（Robert M. Gagne）和布里格斯（Leslie J. Briggs）将态度“视为一种影响人们对待外界事物的行为方式的心理准备状态”[④]。他们对“态度”的定义得到大部分学者的认同。此外，态度被认为具有较强的主观性，泰勒（Shelley E. Taylor）将态度界定为“个体对客体、议题或他人的评价”[⑤]。沃切尔（Stephen Worchel）将态度看成是“对某一目标评价性（好或坏）判断”。[⑥]McGuire 则将态度划分为“认知、情感、行为表现”三个成分。认知是指个人的信念、知识、期望、态度对象与其特征之间的联系，情感是指个人情绪、感觉等一系列的

---

① 全国 13 所高等院校《社会心理学》编写组：《社会心理学》，2008 年第 4 版，第 135 页。

② 全国 13 所高等院校《社会心理学》编写组：《社会心理学》，2008 年第 4 版，第 135 页。

③ 侯玉波：《社会心理学》，北京大学出版社 2002 年版，第 95 页。

④ Robert M. Gagne，Leslie J. Briggs，W. Walter. Principle Of Instructional Design［M］. New York，NY：Holt Rinehart and Winston，1979.

⑤［美］谢利·泰勒：《社会心理学》，上海人民出版社 2010 年版，第 132 页。

⑥［美］斯蒂芬·沃切尔：《社会心理学》，江苏教育出版社 2008 年版，第 141 页。

心理变化，行为表现是指行为意向与发生过的行为[①]。Ajzen 认为，“态度代表着对某一心理对象的总体性评价，具备好与坏、有害的与有益的、愉快的与不愉快的、喜欢的与厌恶的等属性维度”。[②]

学者们对于态度的定义可以分为两种观点：第一种认为，态度是一个上位概念，是个体在分析、判断和选择客体时所展现出来的一种心理倾向和反应。由认知、情感以及行为三个部分构成。第二种认为，态度包括认知和情感两个重要成分，行为的变化是认知和情感对象的总体性评价产生影响后发生的。态度则是行为发生改变的前置条件。综上，结合学者们对态度的研究，可以得出态度是与我们的认知、情感与行为倾向密切相关，并由三者系统构成的一个概念。具体来说就是，“态度是我们在对事物的认识后产生的相应认知，并随之产生一定的情感反应，最后形成一种特定的行为倾向的心理概念”。[③]

关于态度的构成，学者们也给出了不同的见解。理论包括了三种不同的定义方式：（1）态度是情感的表现，如瑟斯通（L. L. Thurstone）主张态度是个体对待客体支持或反对的不同情感[④]；（2）态度是对信息的认知，如洛开奇（M.Rokeach）将态度视为个人对事物相关信息的认知结合体；（3）态度是行为反应的准备状态，根据我国社会心理学家孙本文的研究，态度是表现行为的先前准备，预示着某种特定行为的完成[⑤]。当前社会心理学界更多的学者倾向于综合性的三成分理论，即 ABC 理论，ABC 理论指的是态度是由情感（affect）、行为反应倾向（behaviour tendency）和认知（cognition）

---

①［美］艾肯（Lewis R. Aiken）:《态度与行为：理论、测量与研究》，中国轻工业出版社 2008 年版，第 3 页。

② Ajzen I. Nature and Operation of Attitudes［J］. Annual Review of Psychology，2001，52（1）：27–58.

③ 谢文凤：《论道德态度》，博士学位论文，中南大学，2014 年，第 16 页。

④ L. L. Thurstone. Attitudes Can Be Measured［J］. American journal of sociology，1928，33（4）：529–554.

⑤ 孙本文：《社会心理学》，社会科学文献出版社 2012 年版，第 178 页。

三种成分组成。许多心理学者一致认为，情感成分是态度的核心要素[①]。Rosenberg 和 Hovland 认为，态度可从情感、认知和行为三个成分开展测量[②]，而 Eagly 和 Chaiken 也将态度分为上述三个维度[③]。在 Eagly 和 Chaiken 对态度划分的三维模型中，认知成分是指个体对事物的评价、观点与信念。情感成分是指个体对事物时的情感与情绪，积极的态度通常伴随着正面的身体或情绪反应，消极的态度则有着消极的情感反应。行为成分是指个体面对事物时的行为反应或行为。这种行为反应可以是显性的，也可以是隐性的。

三、情感态度素养的重要性

苏霍姆林斯基指出："情感如同肥沃的土壤，知识的种子就播种在这块土壤上。"情感态度素养不仅是一种有效的教学手段，更是教师专业化发展不可或缺的知识和能力。青年思政课教师的情感态度素养不仅关系到工作效能，也与教师的幸福感紧密相连，在一定程度上决定着教师是否能够继续留职从教。因此，在青年思政课教师专业化成长的不同阶段都应当充分关注教师的情感状况以及情感价值。关于情感素养在教学中的作用，学者奥斯本（Osborn）认为："有效的教学和学习必然是感情性的，师生之间人际关系的质量对学习过程具有极其重要的影响。"[④]学者戴（Day）和雷奇（Leitch）则选择高校教师为研究对象，探讨了情绪在教师专业成长里发挥

---

①［美］戴维·迈尔斯：《社会心理学》，人民邮电出版社 2006 年版，第 98 页。

② Rosenberg M J, Hovland C I. Attitude organization and Change. An analysis of consistency among attitude components [M]. New Haven and London, Yale University Press, 1960: 3.

③ Eagly A H, Chaiken S. The Psychology of Attitudes [M]. Fort Worth, TX: Harcourt Brace, 1993.

④ Osborn, M. Book reviews: The Highs and Lows of Teaching: 60 years of Research Revisited [J]. Cambridge Journal of Education, 1996, (26): 455- 461.

的作用[①]。此外，学者迪可尔（Tickle）建议师范教育开发感情课程，呼吁感情在教师专业发展中的作用，认为感情能为生产性、教育性的对话提供基础。[②]从“情感教学”和“学习情感”的关系出发，学者卢家楣提出：“所谓情感教学，从最根本的含义上说，是指教师在教学过程中，在充分考虑认知因素的同时，充分发挥情感的教育功能，以完善教学目标、增强教学效果的教学。”[③]并着重从情感心理学角度对教学现象、规律及方法进行分析，并指出情感教学是教育者对受教育者进行教育所应实施的真正教育。基于此，情感素养寓于教学之中，对教师的教学具有积极作用。

“教师情感素养是一种复合、多元的素养，主要指教师能够理解情绪、情感，掌握相关的方法和技巧，并能够灵活运用其进行情感表达和沟通。在教育教学过程中，这种素养对自己表现为认识、识别自己的情绪，能够正确看待挫折与失败，适时地调适并反思自己的情感状态，善于运用语言和非语言等形式进行适宜表达；对他人表现为能够通过外在表现识别学生内在的动机、需要等，进而能够适当表达或回应。”[④]教师的情感素养包括情感意识、情感体验和情感能力[⑤]。

情感态度素养在一定程度上为青年思政课教师的教学奠定了情感基础。教学的过程是一个双向互动的过程，青年思政课教师在教学过程中不只是向学生输出知识、传授技能，更重要的是在与学生的互动过程中激发情感。教育家苏霍姆林斯基曾经说过：“没有一条富有诗意的感情和审美的清泉，就不可能有学生全面的智力发展。”[⑥]习近平总书记指出：“好老师要用爱培

① Day, C. &. Leitch, R. Teachers' and Teacher Educators' Lives: The Role of Emotion. Teaching and Teacher Education, 2001（17）: 403–415.

② Tickle, L. New Teachers and the Emotions of Learning Teaching [J]. Cambridge Journal of Education, 1991(21): 319–329.

③ 卢家楣：《情感教学心理学》，上海教育出版社 2000 年版，第 2 页。

④ 孙京京：《教师专业发展中情感素养的价值回归与培养策略研究》，《中国教师》2022 年第 6 期。

⑤ 马多秀：《教师情感素养：教师专业发展的内在源泉》，《中小学管理》2013 年第 5 期。

⑥ 徐才魁、李霞：《从课堂细节，看语文名师教学艺术》，《华夏教师》2015 年第 2 期。

育爱、激发爱、传播爱，通过真情、真心、真诚拉近同学生的距离，滋润学生的心田，使自己成为学生的好朋友和贴心人。”①青年思政课教师从事的是以情感人、以情育人的职业，对自己职业的认同和对学生的热爱就是其教学情感素养的源头活水。思想政治理论教学要适应这种新变化的要求，不断增强教学的针对性、实效性和说服力、感染力，必须在改革教学方法中寻找提高思想政治理论课教学效果的有效途径。在这一过程当中，青年思政课教师的情感态度素养将起到至关重要的作用。因此，青年思政课教师要在教学中充分发挥情感的作用，并以此来促进和优化教学的效果，从而使得教学活动达到声情并茂的效果，调动学生的情感，让学生充分融入课堂行为之中。就青年思政课教师专业发展和成长的角度而言，其发展过程不是连续不断的过程，而是需要经历一定的“起，承，转，合”的成长磨合期，即青年思政课教师需要经历新手期、成长期、成熟期到精英期四个阶段，进而成长为一名优秀的思政课教师。在专业化成长的各个阶段，情感态度素养在其中发挥了重要作用。

不同阶段，教师对于课程的理解程度不同，与学生相处的方式也不同。故而，其情感态度素养的表现也不同。“实证研究表明与学生保持积极的关系且在教育目标、价值观上高度一致的教师更能够进行积极的情感劳动。”②总而言之，教学热情是教师工作的催化剂，是教师永远年轻的标志。如果没有教学热情，教学只能是一潭死水，毫无生机可言。没有教学热情的课堂，就如同空转的马达，只是虚度时光、浪费资源，毫无功效可言。新时代青年思政课教师的情感态度素养主要体现在两个方面：一方面是指青年思政课教师对于自己所教课程的热爱。对课程的热爱，能够促使教师深入挖掘课程内容，更深层次地理解课程所蕴含的价值；另一方面是指青年思

① 习近平：《做党和人民满意的好老师——同北京师范大学师生代表座谈会时的讲话》，《人民日报》2014 年 9 月 10 日第 1 版。

② Schutz，P.A. & Zembylas，M. Advances in Teacher Emotion Research：the Impact on Teachers' Lives［M］. New York：Springer，2009，10：3-11.

政课教师对学生成长的关爱。一位优秀的青年思政课教师应该懂得与学生保持良好的情感关系，在教学中，融入教学情感，运用自己的真情去关心和关爱学生。学生正处在人生观和价值观形成的关键时期，以及情感发展的关键阶段。在这一阶段，教师对于学生的情感关爱，对于学生的发展具有重要的作用。作为教师要及时关切学生的状况，将自己融入学生当中，这样才能使得学生对教师产生一种信任感，从而更利于教师与学生的交流，也更有利于教师将学生的注意力引入课堂之中，使得学生“亲其师而信其道”。思想政治理论课作为思想政治教育的主要方式，是一门理论性、科学性、意识形态性和针对性很强的课程。这就需要青年思政课教师具备较强的教学智慧，在教学中，将晦涩难懂的理论知识与情感有机融合，以理服人，以情感人。

第二节　情感态度素养的内容

一、深厚的家国情怀

家国情怀作为一种高尚的道德情操，是青年思政课教师对祖国高度认同的一种归属感、责任感和使命感；是决定个人生存和发展的情感基石；是连接“小我”和“大我”之间的桥梁，彰显了青年思政课教师对于国家的深厚情感。习近平总书记历来重视家国情怀的培育和弘扬。在北京大学师生座谈会上，他强调：“爱国，是人世间最深层、最持久的情感，是一个人立德之源、立功之本。”[①] 在学校思想政治理论课教师座谈会上，习近平总书记又指出，思政课教师“情怀要深，保持家国情怀，心里装着国家和民族，在党和人民的伟大实践中关注时代、关注社会，汲取养分、丰富思

① 习近平：《在北京大学师生座谈会上的讲话》，《人民日报》2018 年 5 月 3 日第 2 版。

想”[①]。思政课教师是落实好立德树人根本任务的关键所在，地位重要，责任重大。思政课教师“做的是传播知识、传播思想、传播真理的工作，是塑造灵魂、塑造生命、塑造人的工作”。[②]这就明确要求青年思政课教师不能只做答疑解惑、传播知识的“教书匠”，更要做“心中要有国家和民族，要明确意识到肩负的国家使命和社会责任”，[③]要“成为塑造学生品格、品行、品位的‘大先生’”。[④]青年思政课教师要做“大先生”，要具有深厚的家国情怀，心里装着国家和民族。

深厚的家国情怀是青年思政课教师不可或缺的底色，持续影响着青年思政课教师的成长和职业发展。“‘家国情怀’是一个人对国家民族有高度的认同和无比的热爱，是对国家前途命运和人民幸福生活有本真的心愿与美好的理想，是对个人志向建构在为国家和人民建功立业之上的使命担当，是一个人弥散的和持久的心理状态、朴质的和原发的情感态度、高尚的和实践的道德品行。”[⑤]青年思政课教师要成为具有深厚家国情怀的人，就要将对家庭、对祖国、对民族、对人民的热爱深刻融入自己热爱的职业，将国家情怀内化为职业自觉，真正实现自身所肩负的这份光荣的职业所带来的社会价值。具体来说，思政课教师的家国情怀体现在知、情、意、行等方面。

首先，知，即知识和见识。青年思政课教师要增知识、长见识，熟稔家国情况。这是家国情怀生成的基本前提。“欲人勿疑，必先自信。”中华民族是一个具有五千多年历史的古老民族，中华文化灿烂悠久。青年思政

---

① 习近平：《用新时代中国特色社会主义思想铸魂育人　贯彻党的教育方针落实立德树人根本任务——在学校思想政治理论课教师座谈会上的讲话》，《人民日报》2019年3月19日第1版。

② 习近平：《习近平首次点评“95后”大学生：对当代高校学生充分信任、寄予厚望》，《人民日报》2017年1月3日第2版。

③ 习近平：《做党和人民满意的好老师》，《人民日报》2017年9月10日第2版。

④ 习近平：《用新时代中国特色社会主义思想铸魂育人　贯彻党的教育方针落实立德树人根本任务——在学校思想政治理论课教师座谈会上的讲话》，《人民日报》2019年3月19日第1版。

⑤ 杨葵、柳礼泉：《高校思想政治理论课教师的德性素养与职业自觉》，《思想理论教育导刊》2019年第6期。

课教师要善于追本溯源，全面深入地了解国家和民族的历史，并从历史中汲取知识养料，增强历史自信。中华民族是一个充满朝气、蓬勃发展的民族。新时代我们在党和国家的领导下，成就了丰功伟绩。青年思政课教师要与时俱进，紧跟时事，了解国内外的最新动态，洞察国内外发展大势，广泛涉猎其他学科知识，尤其是要认清中国共产党为什么能、中国特色社会主义为什么好、马克思主义为什么行。只有不断修学储能、增长知识，才能对中国特色社会主义道路、理论、制度和文化有一个更清醒的认识；才能从容迎接挑战，于机遇中增强信心和勇气。消弭本领恐慌，站稳三尺讲台，以深厚的理论自信获得教学自信，树立起学生的自信。

其次，情，即情感。青年思政课教师要加强品德修养，厚植家国情怀。青年思政课教师要厚植家国情怀，一要爱祖国的大好河山，要坚决维护祖国领土主权的完整，保卫绿水青山。二要爱祖国的灿烂文化，泱泱五千年孕育的灿烂中华优秀传统文化，诸子百家、琴棋书画美妙绝伦；熔铸于党领导人民在革命、建设、改革中创造的红色文化振奋人心；社会主义先进文化激昂斗志。这些都是中华民族优秀文化的组成部分，都是我国文化的瑰宝，需要思政课教师继承、发展和弘扬。三要爱人民，人民是历史的主体，是国家的主体，要始终保持同人民群众的血肉联系、骨肉亲情。四要爱护青年学生，青年学生是国家的未来、民族的希望。青年思政课教师要时刻牢记自己的使命，为党育人、为国育才。总而言之，落实好立德树人的根本任务，培养堪当民族复兴大任的时代新人。因此，青年思政课教师要有“捧着一颗心来，不带半根草去”的奉献精神，将自己的职业理想和祖国的前途命运相结合，在三尺讲台上充分发挥自己的价值，与学生一同书写爱党、为民和报国的人生华章。

再次，意，即意志。青年思政课教师要坚定理想信念，坚守强国之志。“要以国家富强、人民幸福为己任，胸怀理想、志存高远，积极投身中国特色社会主义伟大实践，并为之终生奋斗。”[①]一是要坚定理想信念，立大志。古人云“欲成大事，先立大志，立志守志，方能成大事”。青年思政课教师要将自己的理想和抱负、爱国热情融入党和人民的伟大事业之中，将自己的前途和命运同国家和民族的前途命运紧密地联系在一起，要深刻地认识到自己不仅仅是教书更要育人，是为中华民族伟大复兴储备德才兼备的可靠人才，要甘于奉献，不计较个人得失。坚定不移朝着民族复兴的伟大梦想前进。二是要坚守教育报国的雄心壮志。“立国之根本在于教育”，教育是国家发展、民族进步的基石，中国梦的实现归根到底要靠人才和教育，人才培养的关键又在于教师。青年思政课教师要坚守教书育人的阵地，以铸魂育人为中心，弘扬“自闭桃源称太古，欲栽大木柱长天”的教师作风，肩负起自己的使命和担当，为全面建设社会主义现代化强国培养合格建设者和可靠接班人。

最后，行，即践行。青年思政课教师要培育时代新人，践行报国之行。习近平总书记指出：“爱国，不能只停留在口头上，而是要把自己的理想同祖国的前途、把自己的人生同民族的命运紧密联系在一起，扎根人民，奉献国家。”[②]对于青年思政课教师来说，践行报国之行最生动的实践就是立足自身的岗位，做好本职工作，为党和人民的事业培养出更多优秀的人才。具体而言，一是要做好教学工作。认真研讨备课、上好每一堂课，加强教学管理，创新教学方法，保质保量地完成教学任务，落实好教学计划等。力争使每一堂思政课都成为学生喜欢的“金课”，引导学生真学、真懂、真信、真用。二是要做好科研工作。坚持读原著、学原文、悟原理，认真研究马克思主义理论，精通马克思主义基本原理、基本观点和基本方法，特别是习近平新时代中国特色社会主义思想，练就过硬的看家本领，力争在自己的领域有所建树，为马克思主义前沿理论的发展作出贡献。三是要积

① 习近平：《在北京大学师生座谈会上的讲话》，《人民日报》2018 年 5 月 3 日第 2 版。

② 习近平：《坚持中国特色社会主义教育发展道路　培养德智体美劳全面发展的社会主义建设者和接班人》，《人民日报》2018 年 9 月 11 日第 1 版。

极传播主流价值观。“学为人师，行为世范。”身份的特殊性对青年思政课教师在为人师表、行为示范上有着更高的标准和要求。青年思政课教师不仅是马克思主义的拥护者、学习者，更是马克思主义的传播者、践行者，要自觉提高自己的政治站位，不断锤炼自身的党性，积极利用思政课这一关键渠道传播主流意识形态和社会主义核心价值观，以正能量和主旋律引导学生成长成才。

二、仁爱的师者情怀

“仁爱”思想是中华传统文化思想中的道德精髓，是儒家思想的核心概念。《说文解字》中对“仁”的解释为：“仁，亲也，从人从二。”《论语·颜渊》中解释为：“仁，爱也。”可以看出,“仁”的本义是“爱人”。“仁爱”也就是宽仁、爱护、慈爱之义。“仁爱”强调以爱人为根本。

在中国古代的教育中，仁爱的师者情怀贯穿教育的始终。例如，孔子在教育对象上主张“有教无类”，为此他广收学徒，培养人才；周游列国，宣传自己的教育思想。在教育内容上，孔子将“仁爱”和“礼”作为道德教育的主要方面，主张人人都应有仁爱之心，教育学生孝顺父母、团结爱护兄弟姐妹。在教育方法上，孔子主张因材施教、启发诱导、学思结合。这些都是教育者具有“仁爱”之心的具体表征。孟子主张“性善论”，认为人性本善，一切有利于善性的发展和良知的培养都应该得到尊崇和发扬。孟子的仁爱教育思想体现在教育目的上，他认为教育的目的是“明人伦”，即培养君子。正如《孟子·离娄下》中所说：“君子所以异于人者，以其存心也。君子以仁存心，以礼存心。仁者爱人，有礼者敬人。爱人者，人恒爱之；敬人者，人恒敬之。”具有“仁爱”之心的人，是充满慈爱之心、心怀爱意、大慈大悲之人。墨子也提出了“兼爱”的教育思想等。

青年思政课教师心中要有爱，要有家国情怀。青年思政课教师肩负着为党育人、为国育才的神圣使命，承担着“给学生心灵埋下真善美的种子，引导学生扣好人生第一粒扣子”的重要任务。首先，青年思政课教师要具备深厚的爱党情怀。思政课引导学生拥护党的领导，这就要求青年思政课教师不仅对党的历史创新理论有深刻的理解，还要对党的中国式现代化实践有坚定的支持。只有这样，他们才能将课程内容讲深、讲透、讲到日常生活实处。青年思政课教师不仅是传授知识的人，更是引导学生成长的人。他们要用自己对党的拥护之行影响学生，用党带领中国人民从站起来、富起来、强起来的一个个动人故事打动学生。青年思政课教师深厚的爱党情怀是讲好课程的前提，同时也是教师真正走进学生的心灵，引导学生树立正确价值观的关键。其次，青年思政课教师要具备深厚的爱国情怀。青年思政课教师要时刻关注国家大事，了解国家的发展方向，掌握国家的政策方针。青年思政课教师将思想政治理论课课程内容与国家的发展实际紧密结合，为搞好教学打下坚实基础，从而引导学生将个人的成长与国家的发展紧密联系起来。用生动的国家建设改革发展的历史事件和鲜活的人物故事，培养学生的民族自豪感和国家意识。将社会热点问题融入教学，引导学生的理性思考和正确认识，培养学生的社会责任感和公民意识。最后，青年思政课教师的爱党爱国相互交融、密不可分。青年思政课教师培养自己的家国情怀，要热爱党和人民的教育事业，坚守教书育人阵地，传播社会主义主流意识形态，弘扬主流价值观念，以透彻的学理分析回应学生，以彻底的思想理论说服学生，以深刻的道理指引学生。及时学习宣传党的方针、政策和理论，要通过潜心研读原著、热心研学实践等，不断修学储能、厚植理论功底，将思政课讲深、讲透、讲活。同时，积极引导学生运用中国人的立场去分析问题、解决问题，正确看待当前社会的重点、难点、热点问题，引导学生成长为堪当民族复兴大任的时代新人。青年思政课教师心中有爱、有家国情怀，是他们完成神圣使命的关键。他们不仅是知识的传播者，更是价值观的引领者。他们要用自己的爱党情怀、家国情怀和有温度的教育，为学生心灵的成长提供丰富的养料，引导他们“扣好人生第一粒扣子”。只有这样，我们才能培养出既有知识又有品格的学生，为党育人、为国育才的目标才能实现。

青年思政课教师要爱学生。对学生的爱是青年思政课教师仁爱情怀最基本的表现。青年思政课教师对学生的师者情怀主要表现在“仁爱之心”和“仁爱之行”两方面。仁爱之心。一是坚持以学生为本，以促进学生的全面发展为终极目标。要树立“一切为了学生，为了学生一切，为了一切学生”的理念。在教学中要遵循“思想政治工作规律、教书育人规律和学生成长规律”的“三大规律”。二是要关爱学生。青年思政课教师要平等关爱每一位学生，不因学生的性别、性格、家庭背景、成绩的好坏区别对待，要一视同仁，像关心爱护自己的孩子或弟弟妹妹一样爱护每一位学生。同时，尊重学生的个体差异，个性化地关注、关爱，“用爱培育爱、激发爱、传播爱，通过真情、真心、真诚拉近同学生的距离”，将思政课堂变成充满爱的“情感场”，将教学变成充满爱的“情感剧”，让学生被爱包围。三是要严爱。诚如《论语》中所讲：“温而厉，威而不猛，恭而安。”中国自古就有名言：“严师出高徒。”严的背后是爱，要对每一位学生严慈相济、奖罚分明。“勿以善小而不为，勿以恶小而为之”，对学生取得的进步要积极给予回应与肯定，对学生的错误不袒护、不包庇、不纵容，要严格教育帮助其改正。做到宽之有度、严而有理、严慈相济、公平公正，做他们的良师益友。概言之，青年思政课教师的仁爱之心就是要以大爱在学生心中播下真善美的种子，以生为本、“因生施爱”、严慈相济、平等关爱每一位学生，让学生“亲其师，信其道”。

仁爱之行。仁爱是教育的本质，也是青年思政课教师的核心素质。在教育过程中，思政课教师要真正做到放低身段、亲近学生、融入学生，将爱贯穿教学的始终。这不仅要求教师不体罚、不打骂、不羞辱学生，更要在与学生的互动中尊重学生的观点，鼓励他们发表自己的见解，共同探讨社会现象和问题。这种互动式的教学方式有助于激发学生的思考能力，同时在学习上及时为学生答疑解惑，培养他们的批判性思维，也帮助他们提高学业成绩。青年思政课教师肩负双重身份，他们既是知识的传授者，更是心灵的引导者。在生活中，青年思政课教师要关注学生的思想动态和心理健康，通过课余时间的交流、谈心，更好地把握学生的心理需求，为他们提供有针对性的个性化指导。同时，青年思政课教师应积极地参与到学生活动中，如志愿服务、社团组织等，以实际行动拉近与学生的距离。在集体活动的氛围中，了解学生的实际需要，拉近师生心理上的距离，使得思政课的教学内容更能触动学生的心灵，增强思想政治理论课的实效性。

三、真挚的教学情感

正如苏霍姆林斯基所说："学校里的学习不是毫无热情地把知识从一个头脑中装进另一个头脑里，而是师生之间每时每刻都在进行心灵的接触。"① 情感是教育的生命，只有富含情感的教学，才会令师生之间充满热情和灵感，教育才算完整，教学活动才会成为一种彰显生命价值的过程。也就是说，教学活动无法脱离情感的支撑和联结，只有将真挚的教学情感注入教学中，才能架起教学主体之间沟通的"桥梁"，才算得上是真正的教学。"教学情感是作为教学主体的教师和学生对教学活动中人或事的感受与体验。"② 教学活动是师生之间以教学内容为轴心而进行的一种特殊的交往活动，活动的主体始终都怀揣一定的情感体验。"正是由于情感的存在，教学才成为一种区别于机械信息传递和人机对话的富含灵动性内容的活动。教学充满师生的热情和灵感，弥漫着人情味，真正成为一种具有生命意义和价值的过程。"③

真挚的教学情感是提高青年思政课教学质量的助推器。"教师要取得教学上的成功，不仅需要丰富的知识、良好的品德以及合理的能力结构，而且取决于教师在教学过程中能否注重积极的感情投入，合理运用自己的感

① [苏]霍姆林斯基：《少年的教育与自我教育》，姜励群译，北京出版社1984年版，第249页。

② 赵鑫、李森：《教学情感的基本特征与内在逻辑》，《教育研究》2018年第6期。

③ 李森：《现代教学论》，人民教育出版社2011年版，第7页。

染力。[①]”教学活动中应实现理性与情感的有机结合。思政课是落实立德树人根本任务的关键课程，是关乎人的灵魂的工程，“青少年是人生的‘拔节孕穗期’，更需要精心引导和栽培”[②]。思政课教学不仅是传播马克思主义理论的理智性活动，更是立德树人的情感性事业；不仅需要思政课教师投入、利用情感，还需要激发、培养、传递情感。因此，青年思政课教师更需要培养积极、真挚的教学情感。

首先，青年思政课教师要培养教学情感意识，树立真挚的教学情感，强化积极的事业情感。“教育是人的灵魂的教育，而非理智知识和认识的堆积。”[③]教学的过程绝不仅仅是知识的传授和学习，更是情感的互动与生成的过程。青年思政课教师应如同一位“情感专家”，一个富有情感的“专职演员”，不仅需要解决学生的情感困惑，还需要用生命演绎“情感剧”。在教学中，青年思政课教师或是激情澎湃，或是婉转悠扬，无不涉及情感的表达与流露。因此，青年思政课教师要树立这样一种意识：任何教学内容都与情感息息相关。区别在于，有些内容是直抒胸臆，直接表达情感；有些内容间接委婉，含蓄表达情感。直接或是间接，都需要青年思政课教师在教学中饱含情感、满怀深情，真用心、真用情去对待每一堂课、每一场教学活动，以欣赏、悦纳、赞美、鼓励等真挚的教学情感贯穿教学始终，以精练幽默的语言、儒雅优美的动作、多彩丰富的表情熏陶感染学生、融洽师生关系、活跃课堂氛围，真正使思政课教学成为富有情感的育人过程。同时，青年思政课教师要有崇高的教育理想、毕生的事业追求，要对自己所从事的教育事业有高度的认同感、使命感，要“克服职业倦怠，过滤消

---

① 李化树、任丽平、徐廷福：《论教育实践中教师的情感投入》，《中国教育学刊》2004 年第 5 期。

② 习近平：《用新时代中国特色社会主义思想铸魂育人　贯彻党的教育方针落实立德树人根本任务——在学校思想政治理论课教师座谈会上的讲话》，《人民日报》2019 年 3 月 19 日第 1 版。

③［德］雅斯贝尔斯：《什么是教育》，邹进译，生活・读书・新知．三联书店 1991 年版，第 4、51 页。

极情感，踏踏实实做好本职工作”。[①] 要发自内心地热爱教学、乐于教学，克服消极情绪，拒绝趾高气扬、怒形于色、喜怒无常等消极情感出现在教学中。诚如丘维生教授所言：“像我讲‘高等数学’讲了二十年，如果没有激情的话，就变成照本宣科了……所以每次走到讲台上我都充满激情。老师讲课充满激情，学生听起来才会津津有味。”[②]

其次，营造有利于青年思政课教师成长的情感氛围。教学情感源于教学环境，不同的环境会产生不同的教学情感。总的来说，青年思政课教师面临多重压力，如职称评定、专业发展、生活生存等。因此，营造轻松的从业氛围、减轻教师压力，对于促使思政课教师产生积极、正面的教学情感很有必要。一是在职称评定上改变以往的以科研为主导的倾向，突出教学的中心地位，给予年轻教师更多的成长空间，让其安心教学。同时还要减轻思政课教师工作负担，“建设专职为主、专兼结合、数量充足、素质优良的思政课教师队伍”。[③] 二是要提高教师待遇。在思政课教师越来越年轻化的趋势下，更多青年教师加入思政课教师团队。他们很多面临着婚姻、住房、家庭养老等方面的压力，迫切需要提高其收入以解决生计问题。适当提高待遇，保障广大青年思政课教师生存的经济基础，对于减轻他们因生活压力带来的负面情绪、缓解生存焦虑、培养积极正面情感很有裨益。

最后，搭建情感开解的平台，即要建立青年思政课教师情感疏导机制。思政课教师是做人的思想工作，平常疏导、教育学生的过程中，各种负面、消极的情绪难免堆积在思政课教师身上，再加上青年思政课教师还需要完成很多工作。长此以往，青年思政课教师难免会有一些心理上的负担。然而，正是由于这份职业的特殊性，往往让人忽略了青年思政课教师也会存

---

① 张意忠、谢昕琦：《高校教师教学情感：意蕴价值、弱化表征与培育策略》，《江苏高教》2021 年第 9 期。

② 郭九苓、王肖群：《做一名优秀的大学教师——北京大学名师访谈及探讨》，《中国大学教学》2009 年第 3 期。

③ 习近平：《用新时代中国特色社会主义思想铸魂育人 贯彻党的教育方针落实立德树人根本任务——在学校思想政治理论课教师座谈会上的讲话》，《人民日报》2019 年 3 月 19 日第 1 版。

在情感上的问题。因此，要关注青年思政课教师的情感状况和心理健康。一方面，要鼓励青年思政课教师开展学习交流、娱乐放松活动，疏解其职业压力和负面情绪，形成互帮互助的情感氛围；另一方面，要为青年思政课教师开通专门的心理健康咨询通道，可以通过建立校际、区域专门的思政课教师心理咨询室，疏解思政课教师内心压抑的情绪，排解工作压力，及时让其宣泄负面情绪，形成稳定、健康的心理状态。同时，青年思政课教师作为知识分子，注重精神追求，关注自己精神上的愉悦与满足。因此，要在全社会形成尊师重教的情感氛围，社会的认可无疑是对青年思政课教师最大的肯定与鼓励，也是青年思政课教师最大的荣耀。

第三节　情感态度素养的实践

一、小学思政课教师典型案例

小学生年龄小、情感丰富、思维活跃，容易产生情感波动。同时，小学生的情感具有直接性、外露性、依附性等特征。因此，教学阶段思政课教学的前提是激发小学生学习的兴趣。一般来说，当人们面对与自己生活息息相关，但自己却不熟悉、不理解的东西时，会对其产生兴趣，进而进行探究。而这种心理特征在儿童阶段尤为突出。基于此，在小学阶段思政课的教学过程中，青年思政课教师在遵循学生年龄特征和学习特点的基础上，充分把握学生的生活经历，不断探寻与教学内容相适宜的呈现方式，使得教学内容和教学形式相得益彰，最终达到激趣的教学目的。这一过程需要小学思政课教师情绪饱满，运用优雅的肢体动作，吸引小学生的注意力，从而通过趣味性教学方式达到入脑入心的教育效果。诸暨市西湖小学的思政课教师楼秀萍在教学中精准把握学生的心理特点、阶段特征，用一个个小故事、小活动让大道理深入人心，在学生心里播下爱国的种子。

案例十三：

小处着手讲好思政课，看到“每一个人”

楼秀萍是诸暨市陶朱街道西湖小学的一名思政课教师，善于从小处着手，坚守儿童视角讲好思政课。“思政教师要增强学生做中国人的志气、骨气、底气，要精选素材，立足生活和实际，才会有‘真教育’。”为了让课本中的“家国情怀”走进学生心里，楼秀萍总是坚守儿童立场，基于学生学习规律和生活经验，设计每一节课。她把课堂搬到田间地头，让学生们从一粒稻谷中，了解袁隆平的伟大贡献；她把课堂设在敬老院，请老人们讲过去的故事，让学生感知幸福生活的来之不易；在红十字会中心，她用一场场自救互救培训，唤起学生对生命的敬畏；在俞秀松烈士陵园，她让学生设身处地感受革命年代中，青年们“强国有我”的担当……让“大道理”在“小故事”中落地。“楼老师创新课堂形式，在沉浸式体验中实现‘润物细无声’。”让西湖小学道德与法治课教师杨旦霞钦佩的是，在以“中国梦”为主题的课堂上，楼秀萍带领学生沉浸式体验航天员训练项目，并将课程表和航天员训练日程表做对比。“一节课体验下来，学生们对宇航员的敬佩之情油然而生。学生说，‘中国梦’不仅是强国梦，还是奉献梦、励志梦。”

案例来源：武怡晗、俞沁：《楼秀萍：小处着手讲好思政课，看到“每一个人”——年度思政人物④》，《浙江教育报》微信公众号，2022年11月10日。

小学阶段是学生成长的基础阶段。这个学段的学生对周围的事物有浓厚的好奇心，对整个世界都充满了求知欲，充满探索和学习的热情。同时，小学阶段正处于学生价值观念等逐步形成的阶段。在这一阶段的成长过程中，他们需要学校、社会、家庭各方面积极引导，帮助他们形成正确的价值观念，养成良好的思想品质。正因为如此，楼老师在教学的过程中，通过讲述小故事和组织开展小活动的形式，潜移默化地将道理传递给学生。同时，楼秀萍老师在思政课中厚植家国情怀，在教学中融入忠孝仁义、本固邦宁、家国一体等方面的核心价值观教育，培养学生的爱国精神和民族情感。设计教学过程时，楼老师也是基于学生的实际情况，让学生设身处地感受革命年代中青年们“强国有我”的担当，在沉浸式的课堂体验中激发学生的爱国情、强国志。这些为学生的成长成才、树立正确的价值观念奠定了深厚的基础。在全方位、全过程、全员立德树人的整体格局中，青年思政课教师肩负着特殊的责任和使命，就是通过对学生进行思想政治教育，在学生心田播撒思想的种子，从而让学生真正理解为什么“对每一个中国人来说，爱国是本分，也是职责，是心之所系、情之所归”。育人必先育己。青年思政课教师要培养出具有深厚家国情怀的学生，其自身也要具有深厚的家国情怀。思政课教师正是用自己的人格、思想、情怀无怨无悔地引导一代代学生的人生航向，将自身的理想、信念、学识根植于中华大地，从这片大地的生动实践中汲取思想营养和实践智慧，真正做到以爱国之心铸魂育人。

二、初中思政课教师典型案例

“教育是一门‘仁者爱人’的事业，爱是教育的灵魂，没有爱就没有教育。”青年思政课教师的仁爱之心是教育的底色，只有以“捧着一颗心来，不带半根草去”的仁爱之心授人以爱、以爱育爱，对待学生成长过程中的各类问题和困惑多一些包容和鼓励，少一些视而不见，“才能与学生形成良性互动关系，才能传递给受教育者切身的触动感、责任感、依靠感和角色感，才能让思政课余音回荡，才能塑造出心中有火、目中有光，为祖国未来作画的拔尖创新人才”[①]。因此，初中阶段的思政课教师对于学生的期待和认可是学生学习和进步的动力。在教师的期待下，学生会在潜意识中根据老师的要求和期待值要求自己。同时，教师教学过程中的情感因素和愉悦态度会直接影响学生听课的兴趣。在情感因素的影响下，进而营造出一个和谐、轻松、友爱的课堂教学环境，消除学生与教师之间的对立情绪，拉近教师与学生之间的关系。在这种教学环境中，学生更容易认可和理解教师所讲授的知识。

案例十四：

始于和煦的温暖　倾于智慧与才华

山东省东营市实验中学的赵秀华老师是道法学科发展中心主任，在她26年的教学生涯中，她用爱心对学生，用专心对工作，把自己满腔的爱融入自己的教育教学中，把爱的种子撒播在学生的心间，用心谱写学生美好的明天。在多年的教育教学中，赵秀华坚持从“爱”出发，以“爱”为契机，与学生平等交流，爱一切学生，爱学生的一切，奏响一曲曲“爱”的赞歌，送走了一批批充满“爱心”和“信心”的“实验学子”，创造出一个又一个奇迹。23年的班主任工作经历，赵秀华把关爱给了每一位学生。2004年，她担任初四十二班班主任，上任之初班级打架、斗殴时有发生。面对这个“特殊群体”较多的班级，赵老师提出“一个也不能少，手拉手迎中考”的口号。在工作中以“诚”触动他们，用“爱”感染他们，赵秀华制定了“阳光、微笑、奔跑”的班训，

① 闫莉莉：《思政课教师要更好弘扬教育家精神》，《陕西日报》2023年12月7日第5版。

希望学生能够充满阳光，微笑着去面对学习、生活中的一个又一个困难，向着自己的目标一路奔跑。从日常一件件小事做起，以身作则，平等对待每一个学生。以事实为依据，以规矩为准绳，敢和刺头交朋友，不以成绩论英雄；不翻旧账，不计“新仇”，树正气，正班风，于细微处着力，让学生体会到老师的真诚，建立起了相互间的尊重和信任，引起“爱”的互动，形成“爱”的交响。她用自己的爱心耐心唤醒了一个又一个对学习失去兴趣的学生。赵老师让每个孩子找到了自己的位置，在班级中有了归属感。爱的力量在悄悄改变着一切，学生们在当年的中考中创造出了奇迹，由年级的倒数第一跃居为真正的“第一”，在市实验中学进入全市前100名的10名学生中，独占3个名额。其中一名同学勇夺考区“中考状元”。2008级、2011级、2014级……这样的奇迹一直在延续。赵秀华以“爱”为前提，走民主管理的道路，既重视学生学习习惯和知识的积累，又重视学生人格的培养，在实践中产生了巨大的教育影响。

案例来源：王艺霏：《赵秀华：始于和煦的温暖　倾于智慧与才华》，大众网·海报新闻，2020年9月10日。

通过案例我们可以看到，思政课教师赵秀华在她的教学生涯中，始终坚持用爱心对待学生，将满腔的爱融入教育教学之中。对待班级中打架斗殴的学生，赵秀华老师从不放弃，平等对待学生，用爱感染学生。赵秀华老师用爱心和耐心唤醒了一个个学生，用爱引导学生走向正确的人生道路，学生们体会到了赵秀华老师的真诚，从而越来越积极努力，微笑面对学习和生活，去追赶自己的“太阳”。可见，赵秀华老师用其仁爱的师者情怀循序渐进地引导学生思考，触动学生心扉，鼓励学生出彩，帮助了一个又一个偏离人生航向的学生。因而，青年思政课教师在教育教学的过程中要坚持以仁爱的师者情怀“严爱相济、润己泽人”，永葆教书育人的初心，永怀立德树人的恒心，一心一意做学生的指导者和引路人，力求将自己的温暖与感情倾注于每一位同学，起到思想政治教育温暖人、凝聚人、鼓舞人、感召人、教化人的作用。

三、高中思政课教师典型案例

“在孔子看来，教育的目的是培养具有仁爱之心的人，通过‘仁者爱人’的率先垂范，引导学生成为具有仁爱精神的人，担当修齐治平使命，贡献于整个社会的稳定与和谐。”①高中阶段的学生缺乏足够的知识储备与社会经验。因而，明辨是非的能力较差，将思想政治理论知识转化为解决实际困难的能力较弱。针对这种情况，就要求高中学段的青年思政课教师要做到严慈并济，即思政课教师在学习上对学生进行严格要求，在生活中多关注学生的情况。有仁爱之心的教师，才能培育出有仁爱之心的学生。“仁爱”是中国人的一种处世之道，是几千年来维系中华民族生生不息的精神根基。仁师之爱，是心系使命并甘于奉献的大爱。

案例十五：

扎根河湟大地，奉献三尺讲台

青海省海东市第一中学党总支部副书记、教师周全中在三尺讲台上奉献30个春秋，培养了1400余名优秀学子，曾获得青海省优秀教师、青海省劳动模范、青海省杰出教育工作者、全国优秀共产党员等称号，不仅成为学生心中可亲可敬的好老师，也用

① 史册：《乐教爱生、甘于奉献的仁爱之心——弘扬教育家精神系列评论之五》，《光明日报》2023年10月12日第2版。

青春和热血诠释了一名共产党员的初心和使命。对待教育，对待学生，周全中一直是个“有心人”。他始终坚信教师只有和学生充分交流才可以交心，除了正常上课，总是挤时间和学生在一起。不管有多忙，在每周的班级体育课上，都会和班级学生一起运动，走近学生。在周全中的教学生涯中，学生们给他起了许多亲切的“外号”，其中，“鸡蛋老师”是学生们对他最亲切的称呼。为了给班里的住校生加强营养，周全中自掏腰包，每天给这些住校生每人煮一个鸡蛋，并亲自送到学生手中。周全中每晚都会去超市买鸡蛋，时间久了，大家都亲切地称他为“鸡蛋老师”。他的家人也非常理解，妻子每天按时煮好鸡蛋，第二天早上由他带给学生。有时候，早晨走得急，忘记了带鸡蛋，便让儿子送到学校。就这样，周全中老师默默地给学生煮鸡蛋、送鸡蛋坚持了8年。

案例来源：杨玥：《周全中：扎根河湟大地，奉献三尺讲台》，人民网－青海频道，2022年5月31日。

对于教师，人们总是将其比喻成“春蚕”“蜡烛”，借此表达对教师这一职业的崇高敬意。“春蚕到死丝方尽，蜡炬成灰泪始干”体现了教师对自己所从事职业的无限热爱和认真敬业。青海省海东市第一中学的周全中老师默默坚持八年，自掏腰包为学业辛苦的高中生煮鸡蛋，并亲自送到学生手中，让学生充分感受到来自老师“爱的温度”。因此，学生会从心底里认可老师，对老师发自内心地尊敬和爱戴，亲切地称呼他为“鸡蛋老师”。这种对学生真挚的情感，拉近了老师与学生之间的距离。高中阶段是学生迈向成年的最后一步，这个学段的学生情感世界比较丰富，对事物充满兴趣和好奇心，开始探究周围世界的真实性和复杂性。老师是学生成长成才道路上的引领者。学生对于老师发自内心的关心、关照会有自己的认知和判断，在自身研判的过程中，对于积极的影响，学生会有正向的反馈。周老师用自己的实际行动展现了对学生的关心，展现了师者的仁爱情怀，像一块普通的铺路石，虽然不甚光鲜，但内里包裹的是处处为学生着想的心。基于此，青年思政课教师在教学的过程中，要有仁爱之心，注重学生的情感。在教学中，向学生播撒爱的种子，用心对待学生，用爱贴近学生，诠释了思政课教师“为爱而教育”的专业信仰，做习近平所讲的有仁爱之心的好老师。青年思政课教师仁爱的师者情怀，铸就的是祖国和民族未来的创造者和建设者的高尚灵魂。因而，面对中华民族伟大复兴的使命，青年思政课教师要以乐教爱生、甘于奉献的仁爱之心涵养教育学生，用爱培育爱，用仁凝心，用爱聚力。青年思政课教师唯有在教学过程中秉承师者的仁爱情怀，以仁爱之心传递仁爱教育，才能造就全面均衡发展、适应时代发展的一代新人。

四、大学思政课教师典型案例

大学阶段是学生情感形成的关键时期，学生在思维上较中学生更加成熟稳定。因此，在教育教学中，高校思政课教师要以真挚的态度对待每个学生，用真诚的语言表达对学生的关心和期望。以真诚、关爱和理解为基础，通过春风化雨、润物无声的方式提升学生对知识的接受速度，激发学生的学习情感，引导学生树立正确的人生观和价值观，培养学生良好的情感品质，促进学生健康人格的形成。在教学过程中，高校思政课教师展现出来的真挚的教学情感不仅仅是一种情绪的体验，更是教育方式和价值追求的体现。上海师范大学卢家楣教授倡导“以情促知、以知增情、情知并茂”的理念。思政课教师要高度重视学生在教学中的情感体验，动之以情、晓之以理，在实践教学中以真挚的教学情感为纽带，与学生进行心灵的接触，以情感引领情感，以爱来激发爱，教学过程只有融入情感才能使教师有生命之激情，学生有思维之灵性，两者互动，相得益彰，形成和谐的师生关系，达到以情优教、以情促教的目的，最终彰显思想政治教育的本真。郑州大学思政课教师周荣方的事迹则是情感态度素养最好的呈现。

案例十六：

火的不是我，是为老百姓办实事的炽热情怀

2021 年 4 月 2 日河南日报顶端新闻“记者带你进校园”——庆祝中国共产党成立 100 周年大型系列直播活动走进郑州大学，首场直播聚焦周荣方主讲的思政课《什么是幸福》。周老师从自己调研学习到的焦裕禄故事入手，针对青年学生如何理解幸福，通过“我为我的目标战斗过”“我的目标因我而幸福”“你幸福，我就幸福”三个层次步步深入，引导大家真切体会到“把小我融入大我，才是真正的幸福”。课堂上，讲到 1966 年 2 月 26 日焦裕禄书记魂归兰考那一幕时，“那是一个泪水浸泡的日子，上万群众伫立在寒风中，多灾多难的兰考人民迎回他们最优秀的儿子……”讲到这里，周荣方情之所至，眼泪扑簌簌落了下来。大学生被震撼了，教室里响起了掌声。截至 2021 年 4 月 3 日晚 10 点，# 大学老师课上讲焦裕禄故事动情落泪 # 话题在新浪微博获得人民日报、光明日报、中国日报、中国之声、环球网、半月谈、共青团中央等央媒或中央机构转发推送，总阅读量达 8771.9 万次。全网总阅读量破亿。网友们热评：“讲好思政课太重要了！思政课需要你这样真调研、动真情的好老师。”“给学生埋下一粒火种，才能让他们成为一颗星。”

案例来源：史晓琪：《讲焦裕禄故事动情落泪的郑大思政课老师火了——“火的不是我，是为老百姓办实事的炽热情怀”》，《河南日报》2021 年 4 月 4 日第 1 版。

思政课是一门有温度的课程。教育是对人的灵魂的教育，而不是简单地给学生堆砌知识。郑州大学思政课教师周荣方在讲到焦裕禄魂归兰考的故事时几度哽咽、动情落泪，用真实的案例和亲身经历给学生带来启示和思考。这一真情实感的流露赢得了台下学生的认可，故而得到学生的掌声。周荣方老师泪洒课堂的视频一经上传到网络，就受到了广大网友的关注，获得了广大网友的称赞。在教学过程中，周荣方老师倾注了丰富的情感，与学生进行了情感互动，做到了将故事用真情传递，用真心打动人心，产生了强烈的感染力和榜样作用。情感是认知的催化剂。在上述案例中，周荣方老师在课堂上用真挚的教学情感，搭建起与学生进行心灵沟通的情感桥梁，给予学生饱满的情感体验。学生也因教师的真情流露而动容，以心交心。从而使得学生在情感表达、情感传递的过程中产生了价值认同和获得感，大大提升了思想政治理论课的育人成效。

第六章 教育教学素养

教育教学素养是青年思政课教师素养中的基本功，也是“门槛”性素养，它具有复杂性、可结构化和综合性等特点，是青年思想政治理论课教师高质量地完成教学任务、达到教学目标不可缺少的素养之一，往往体现在青年思政课教师的实际教学过程中。在大思政课内涵式发展的当下，没有良好教育教学素养的思政课教师，难以实现打造“思政金课”的建设目标。同时，在大中小学思政课一体化建设不断推进的背景下，各学段教师集体教研和备课，特别是在说课赛课环节中，青年思政课教师的教育教学素养受到关注。因此，青年思政课教师从自身职业发展的要求出发，有着强烈的提升教育教学素养的诉求。本章主要探讨青年思政课教师应该具备哪些教育教学素养，以此适应新时代对思政课教师教学技能和思政育人效果的要求，同时促进青年思政课教师队伍的专业化发展。

第一节 教育教学素养概述

一、思想政治教育

在思考和研究教育的内涵和功能的过程中，马克思主义教育观为我们提供了主要的思维模式和方向。按照马克思的观点，教育实际上是人类社会中的一种特殊社会关系。“人的本质不是单个人所固有的抽象物，在其现实性上，它是一切社会关系的总和。”[①]“环境是由人来改变的，而教育者本人一定是受教育的。”[②]由此，我们可以得到一个清晰的认知，即人是社会发展的主体，是一切社会关系的总和。同时，教育作为一种社会现象，具有先验性和传递性。在社会发展的过程中，人改变世界的前提是发挥自己的主观能动性。因此，马克思认为，教育是人和人之间所特有的属性和交流方式。它随着人类社会的产生而产生，并由社会的物质生活条件和社会关系决定。“一个阶级是社会上占统治地位的物质力量，同时也是社会上占统治地位的精神力量。……占统治地位的思想不过是占统治地位的物质关系在观念上的表现。”[③]因此，当社会发展到阶级社会时，教育也就具有了阶级性，代表着统治阶级的利益。

在党的思想政治教育发展史上，思想政治教育工作最早称为“政治工作”“政治教育”，即政治工作是相对于军事和经济工作而言的，将其作为一种独立的工作，与其他工作做了区别。后来用“思想工作”和“思想教育”作为其补充，这一称呼的改变主要源于党对政治工作的深化。因为思想工作是政治工作中的重要方面，且思想工作和思想教育属于政治工作的内部方面，而内部方面在事物发展过程中起到主要作用。此后，党在长期的理论和实践探索中形成了思想政治教育的概念。思想政治教育主要包括思想、政治以及道德教育等内容，在党的思想建设和人民群众的思想教育方面具有重要作用。因此，经常将思想政治教育喻为党的“生命线”。毛泽东同志指出：“共产党领导的革命的政治工作是革命军队的生命线。”[④]这一论述充分肯定了思想政治教育在党的工作中的重要地位。与“思想政治工作”相

①《马克思恩格斯文集（1）》，人民出版社 2009 年版，第 501 页。

②《马克思恩格斯文集（1）》，人民出版社 2009 年版，第 500 页。

③《马克思恩格斯文集（1）》，人民出版社 2009 年版，第 550 页。

④ 中共中央文献研究室、中央档案馆：《建党以来重要文献选编（一九二一 — 一九四九）》（第 21 册），中央文献出版社 2011 年版，第 214 页。

比较，“思想政治教育”这一概念出现在后，且思想政治教育的概念内涵范围较小，主要侧重于科学和学科建设方面。而“思想政治工作”则是一种宏观的实践视野，即通过系统安排实现马克思主义在意识形态领域的指导作用，进而统一思想和行动，为经济社会的发展提供精神上的指引。

学校思想政治教育是立足于学校发展的实际，将学生作为主要的教育对象，进而开展一系列的教育实践活动，是新时代学校思想政治教育的核心内容。换句话说，学校思想政治教育具有特殊的指向性，即学校要培养什么样的人、怎样培养人以及为谁培养人，其实现要求是完成“立德树人”这个根本任务。基于此，探究学校思想政治教育，一方面要确定好学校这个教育场域，将各个学段的学生群体作为主要的教育对象，从反映时代变化、展现世界眼光、拥有中国情怀、立足实践导向、满足各个学段学生成长发展需求和期待的角度出发，将学生培养和造就成德智体美劳全面发展的社会主义建设者和接班人。立足于各个学段学生发展的实际，将服务大中小学各学段学生的思想政治教育实践活动作为主要目的。在重视理论灌输的基础上，注重教育者和受教育者之间的平等、民主、双向互动、主导主动的关系，在教育方式上将显性和隐性的教育方式相结合，即将说服灌输教育和渗透、融入教育相结合。另一方面，学校思想政治教育者具有多重身份和丰富的教育方式。在此基础上，学校思政课教师利用课堂教学这一主渠道，针对各个学段学生成长的规律，提升学生的理论素养和思想道德水平。同时，发挥思想政治教育的主阵地作用，联合多部门，使学校思想政治教育发挥统一思想、凝聚人心、激发动力的育人功效。

二、思想政治理论课教学

“教学”一词，最早记载于《书・商书・说命》中，即“斅学半”[①]，大

① 阮元校刻：《十三经注疏》，中华书局1980年版，175页。

概的意思是人只有在教的时候才知道有困难，要学习，这样就等于学习的一半了。后来在《学记》中将其作为“教学相长”的根据进行引用。“是故学然后知不足，教然后知困。知不足，然后能自反也；知困，然后能自强也。故曰：教学相长也。”[①]意思是人只有在学习之后才知道自己存在的不足，只有教了别人之后才知道自己的困惑在哪里。而知道自己的不足后才会自我反思；知道自己的困惑以后才能继续钻研以自强。这就是所谓的教学相长。随着认识的深入，学者们对于“教学”一词的理解和阐释发生了变化。许慎在《说文解字》中提到“教”和“育”两个字，即“教，上所施下所效也；育，养子使作善也”。其字面意思是“教”的含义是指上面做示范，下面来模仿；“育”则指的是培养后代让他多做好事。段玉裁在《说文解字注》中解释，“教者，与人以可放也；学者，放而像之也”。[②]由此可以看出，教学一词最初的含义是指老师教授学生这一简单的教育过程。随着发展，将“教学”定义为由教师和学生这两个主体共同参与所组成的活动。这一活动是学生在教师有目的、有计划和有组织地指导下进行的。同时，教师在教学的过程中获取新的认识、发现自身不足、推动共同进步。

思想政治理论课教学过程是学校立德树人教育活动的中心环节，是帮助各个学段学生树立理想信念的核心场域，是完成学习任务的中心环节，是促进学生全面发展的重要途径。2019 年全国学校思想政治理论课教师座谈会上，习近平总书记强调：“思政课一定要从维护国家安全，培养接班人的高度来抓好，明确地、坚定地培养社会主义接班人。要放在世界发展大势，要站在民族复兴伟业的高度来看待思政课。”[③]这一论述从两个高度的层面凸显了思政课建设的重要性。基于此，如何上好思政课成为大中小学各个学段的思政课教师亟须深入思考和研究的重要课题。学校是意识形态斗

① 陈桂生：《〈学记〉纲要》,《华东师范大学学报》（教育科学版）2004 年第 3 期。

② 段玉裁：《说文解字注》，上海古籍出版社 1981 年版，第 743 页。

③ 习近平：《用新时代中国特色社会主义思想铸魂育人　贯彻党的教育方针落实立德树人根本任务——在学校思想政治理论课教师座谈会上的讲话》,《人民日报》2019 年 3 月 19 日第 1 版。

争的前沿和主要阵地。大中小学各个学段的思政课教师所面对的形势复杂。而思想政治理论课是学校做好意识形态工作的关键。因此，各个学段的学校要办好思想政治理论课，要重视各个学段的思想政治理论课教学。

首先，思想政治理论课教学作为兼具动态和静态的特殊活动，既是在理论指导下的教学实践过程，也是通过一系列的教学实践活动检验和完善理论的过程。它是指思想政治理论课教师在使用国家统一规定的思想政治理论课教材的基础上，"依据人们思想品德形成发展的规律而制定的教学手段和方法，对教学对象的理想信念、思想观念、政治观点、道德规范等进行有目的、有计划、有组织的教学引导，使其形成符合新时期中国特色社会主义建设事业所需要的思想品德的教学实践活动"。[①] 因而，学校思政课教学的目的是维护和促进社会主义社会的建设发展，巩固我们党在意识形态领域的主导地位。而学校思政课教学的存在和发展充分体现了国家对于各个学段的学生进行主流意识形态教学和引导的需求。

其次，学校思政课教学是社会主义办学宗旨下所特有的，其本质就是要培育学生的马克思主义信仰和思想品德修养。学校思政课是大中小学各个学段学生的必修课。作为马克思主义理论教育的主渠道、主阵地和主场域，学校思政课教学集政治、思想和品德教育于一身。具体表现为：第一，思政课教学是事关学生政治方向性的课程教学。第二，学校思想政治理论课教学的根本目的是通过教学促使学生树立正确、科学的"三观"，并在生活实际中自觉运用其观察、分析和解决问题。第三，学校思想政治理论课教学是一门对学生进行道德教育的课程教学。总之，学校思想政治理论课教学体现了社会主义学校的本质特征，全面贯彻党的教育方针和社会主义教育的根本任务。

① 张耀灿等:《现代思想政治教育学》，人民出版社 2006 年版，第 50 页。

三、教育教学素养

教育教学素养是教师核心素养的重要组成部分。2018 年，中共中央、国务院颁布了《关于全面深化新时代教师队伍建设改革的意见》，提出“大力振兴教师教育，提升教师专业素质能力”。之后，教育部等五部门又颁布了《教师教育振兴行动计划（2018—2022 年）的通知》，提出：“采取切实措施建强做优教师教育，推动教师教育改革发展，全面提升教师素质能力，努力建设一支高素质专业化创新型教师队伍。”这些都对教师的教学能力提出了更高的要求。关于教师的教育教学素养可从美国学者博耶的“教学学术”中寻找理论灵感。20 世纪中叶以来，美国的高等教育出现科研与教学工作的失衡及高等教育失衡的现象。针对上述现象，美国当代著名教育学家博耶提出了“教学学术”的概念，并将教学纳入学术范畴。他认为，教学能力是教师开展教学实践和研究活动所具备的能力，是指“识别、提取和解决如何有效开展课程知识的选择和组织（教学设计和课程）、教学内容（课堂教育和课程）的呈现和传播、教学效果评估（教学评估和课程）以及整个知识转移过程的反思、监控和改进等方面的实践和研究方面的综合能力”。①而在构建教学能力时，博耶以“教学学术”为核心进行了构建，目的是通过构建一种新的学术观，对大学科研和教学之间的矛盾进行弥合。博耶构造的这种教学能力与我国学者所提倡的教学学术知识、教师专业知识等之间有着异曲同工之妙。

此外，关于教师教学能力内涵的研究方面，国外学者 Ray H. Simpson（1966）认为，教学能力是指传授知识、组织教学和处理人际关系的能力②。

① 李庆丰：《大学新教师教学能力发展研究：核心概念与基本问题》，《中国高教研究》2014 年第 3 期。

② Simpson，Ray. H. Teacher Self-Evaluation. The Psychological Foundation of Education Series [M]. NewYork：Macmillan，1966：48.

学者道恩·哈马克（1969）认为，课堂教学中教师必备的能力要素有灵活、个人感觉、提问技巧、移情力、实验态度、学科知识渊博、确定的测验程序、帮助学生、欣赏学生及随和等[①]。学者伦弗克曼尼（Renfro C. Manning）（1988）认为，教学能力应该包括制订教学计划的能力、开展教学活动的能力、课堂管理的能力以及知识传授能力等四个方面[②]。Ronald（1993）认为教学能力应包括六个方面：一是学术能力；二是计划能力；三是管理能力；四是表达和交流能力；五是评估和反馈能力；六是人际交往能力[③]。由此可见，教师的教育教学素养涉及教学和科研两部分。

国内学者关于教师教学能力的研究主要是从教学的角度对其展开论述。例如，学者李春生（1993）从课堂教学效果和教学能力之间的关系出发对其进行了阐释，认为“具备足够的教学能力是保证教师顺利完成课堂教学任务的必然条件，而课堂教学能力水平的好坏与其教学效果的好坏有着密切联系”[④]。学者唐玉光（1999）指出，教师课堂教学能力是教师在课堂教学任务过程中，从教学思想和教学内容的角度出发，完成教学目标和达成一定教学效果的可能性，反映了教师完成教学直接而有效的心理特征，由许多具体的因素组成[⑤]。罗树华、李洪珍（2005）等人认为课堂教学能力主要是指各种类型学科的教师，使用特定的教材进行课堂教学活动及其完成课堂教学任务的能力[⑥]。王宪平（2006）认为，教学能力是指教师在一定的课堂教学情境中，基于一定的课堂教学知识和专业技能，促进课堂教学目标的顺利、高效实现，促进学生身心健康的一种个体心理特征，是科学与

① Hamachek D. Characteristics of Good Teachers and Implications for Teacher Education［M］. The Phi Delta Kappan，1969：341-345.

② Renfro C Manning. The Teacher Evaluation Handbook：Step-by-Step Techniques and Forms for Improving Instruction［M］. Jossey-Bass，1988：125.

③ Simpson R D and Smith K S. Validating teaching competencies for graduate teaching assistants：A national study using the Delphi method［J］. Innovative Higher Education，1993：133-146.

④ 李春生：《中国小学教学百科全书·教育卷》，沈阳出版社 1993 年版，第 95 页。

⑤ 唐玉光：《教师专业发展的研究》，《外国教育资料》1999 年第 6 期。

⑥ 罗树华、李洪珍：《教师能力学》，山东教育出版社 2005 年版，第 15-20 页。

艺术的统一[①]。此外，徐继红（2013）等从能力和教学能力的关系出发对教学能力进行了阐释。“认为教学能力是能力的一个下属概念，是一种特殊的能力，是指教师为促进学生发展，顺利开展教学实践活动所应具备的多方面特征的综合。”[②]

关于教师教学能力构成要素的研究情况，主要有两种范式：一种是基于心理学对能力的界定。例如，学者顾明远（1999）认为，教学能力是教师为了顺利完成教学目标而在教学活动中所表现出来的一种心理特征。它由教学活动的认知能力（一般能力）和教学活动的专门能力（特殊能力）两部分组成[③]。学者廖嗣德（2000）将教师的教育教学能力分为普通教育教学能力（教育能力、班级管理能力和教学能力）和特殊教学能力（学科教学能力）两部分。学者张学民、申继亮、林崇德（2003）等认为，将教师的教学能力分为知识结构（本体知识、实践知识、基本心理能力）、教学效能（一般教学效能、学科效能、活动效能）和教学监控能力（计划与实施、组织与管理、反馈与调节，反思与评价）[④]。一种是基于教师教学实践对教师能力的界定。例如，学者孟育群（1991）认为，教学能力主要由五部分组成，即认知能力、设计能力、传播能力、组织能力和沟通能力。同时，他又从讲授、练习、评价的维度，将教学能力分为讲授能力、提问能力、组织讨论能力、实验教学能力、实践教学能力、作业检查能力、参观或观察教学能力、考核和评价的能力[⑤]。学者朱欣欣（2004）认为，教师的教育教学能力主要由三部分组成，即教师的基本素养、知识结构以及教学技能。

---

① 王宪平：《课程改革视野下教师教学能力发展研究》，博士学位论文，华东师范大学，2006年，第5页。

② 徐继红：《高校教师教学能力结构模型研究》，博士学位论文，东北师范大学，2013年，第33页。

③ 顾明远：《教育大辞典》，上海教育出版社1999年版，第195页。

④ 张学民、申继亮、林崇德：《小学教师课堂教学能力构成的研究》，《心理发展与教育》2003年第3期。

⑤ 孟育群：《现代教师论》，黑龙江教育出版社1991年版，第120页。

在此基础上，学者们对于教师教学能力结构的研究成果也较多。学者们运用能力结构模型对教师教学能力结构进行了构建。例如，学者康锦堂（1991）提出的二维教学能力结构模型。他认为，教学能力结构具有多层次、多群落、多水平的特征，将其分为基本能力、专业能力两个层次。[①]学者张龙飞（2012）等根据教学活动的方式，将教学能力分为两部分：教育能力和教学能力，构建了 IKEP 结构模型[②]。

此外，学者 W. M. Molenaar，A. Zanting，P. Van Beukelen 等将教学能力分为三个维度，即能力、组织层面和教学领域，并在此基础上构建了教学能力的三维结构模型。学者徐继红（2013）又提出了新的教学能力三维结构模型。将教学能力从能力构成（个人特质、态度、知识、技能）、工作领域（专业能力、课程能力、教学能力和职业能力）及教学活动（设计能力、开发能力、利用能力、管理能力、评价能力）三个方面进行了划分[③]。

综上，学者们对于教师教育教学能力和素养的研究相对比较成熟。在教育教学素养视域下，将对教师的高要求延展到青年思政课教师群体。青年思政课教师应该在职业成长过程中养成什么样的教育教学素养成为思政课教师核心素养培育着重思考的问题之一。同时，在思政“金课”建设的高质量要求之下，推动学校思政课教学内涵式发展成为思政课建设发展的重点。青年思政课教师的教育教学素养与思政课建设质量密切相关。在教育教学过程中，青年思政课教师的教育教学素养主要侧重于教师如何将自身所具有的专业知识及道德情操等一系列知识教授给学生，这在一定程度上取决于青年思政课教师所具备的教育教学素养水平的高低。教师不仅仅是知识的简单传递者，而且要让学生在学习过程中学到活的知识，让学生

---

① 康锦堂：《教学能力结构及测评》，厦门大学出版社。

② 张龙飞、张西广：《高校专业教师教学能力结构及 IK 能力分析》，《计算机教育》2012 年第 2 期。

③ 徐继红：《高校教师教学能力结构模型研究》，博士学位论文，东北师范大学，2013 年，第 50 页。

懂得思政课知识之于个人、社会以及国家发展的价值和意义。从教育目的的层面分析，思政课教师教育教学素养培育的目的是服务并促进学生学科素养的培育，进而实现立德树人的根本任务。青年思政课教师教育教学素养在思政课的教学准备、课堂教学以及后课堂教学三个环节养成并体现出来。在教学准备环节，青年思政课教师要将着力点放在教材和教学目标的解读上，教材是青年思政课教师进行教学的载体，正确解读教材是青年思政课教师教育教学素养培育的基础；教学目标的解读主要包括教师对于知识技能的铺垫以及对于情感态度价值观的预设和引领。课堂教学环节是师生展开互动以及动态生成教学效果的关键阶段。在这一阶段，青年思政课教师对于教学原则的遵循、教学模式的选择、教学方式的运用以及自身行为举止的示范都对教学效果产生直接影响。后课堂教学环节是青年思政课教师对于教学设计和教学结果进行检验、分析和反思的环节。对于检验分析和反思过程发现的问题，教师要及时对问题进行研究，并将研究成果及时转化应用于教学，以促进教学效果和教学质量的提升。

第二节　教育教学素养的内容

一、正确解读教材的能力

正确领会和解析教材的能力是青年思政课教师进行课堂教学的第一步。教材是教师完成规定教学任务的根本依据，是学校制定教学大纲的基本根据，是国家“课程目标”完成的具体体现，是教师更好地组织教学内容的重要载体，是教师的教与学生的学之间的有效媒介，是贯穿整个教学过程的整体支架。作为教师，若不理解教材所要表达的意图，那如何更好地开展教学工作呢？教材是教师开展教学工作的依据。学校思想政治理论课教材中蕴含着党和国家制定大政方针的要求和目的，需要教师自身正确地进行领悟和理解，从而更好地将国家意图表达出来，为学生更好地进行讲解和分析。同时，教师对教材的解读范围是十分广泛的，如今新时代，对教材解读的范围不再是狭义地对教材内容的解读，而是对学生发展和学校社会背景下的整体解读，这样才能够更好地把握教学设计的方向。对现代教材的解读应该从教学环境分析、课程目标的设置、课程内容的组织、课程的实施、课程的评价等方面开展。

了解所用教材的特点，体会教材编写者的意图是青年思政课教师解读教材不能忽视的重要环节。如《毛泽东思想和中国特色社会主义理论体系概论》是和时事热点分不开的，在不同的时代背景下教材会不断更新和发展。因此，青年思政课教师在步入新课程之前，要充分理解教材，做好热身运动，避免走弯路。青年思政课教师要对学生进行行之有效的教学指导，就必须通读教材，在通盘考虑的基础上，真正理解教材所要传达的意图。同时，要注意的是，青年思政课教师要加深对教材的理解，更加准确地解读教材所蕴含的理念，还需要多搜集教材编写者的讲座和书籍，多听、多学各个专家对于教材的评价和体会。

明确教材脉络，明晰教材模块目标要求。青年思政课教师要清楚的是，教材只是服务于教学的工具，而教师应该是解读教材的主人。因此，青年思政课教师在通读教材的过程中，要清楚该门课程传递的教学理念、教材内容的设计思路等。要清楚课本的主线和逻辑结构，熟悉各个板块之间的关系。对于每个板块中的话题、结构和功能要认真领会。明确该门课程的重难点以及每个知识点教学过程中的重难点。同时，在精读教材的基础上，教师在教学过程中还要对课本内容进行灵活处理，适时、有效地对教材进行延伸、重新整合，将课本内容转化为教学语言，完成从教材体系向教学体系的转变。

领会教材编写逻辑，正确把握教材的内在联系。教材的编写一般是以学生的认知为基础，遵循从感性到理性的认知过程。因此，教材的知识性、生活性较强。这就导致习惯于老教材的教师往往不适应新教材。因此，青年思政课教师在学习教材的过程中，要明晰教材的编写逻辑以及教材的编写主线，做到心中有数。只有通盘考虑全书的编写思路，才能够把握每一个单元、每一节课的重点和难点，将一些不重要的知识大胆删去。这样，青年思政课教师才能在教学中做到游刃有余。如高一年级《经济生活》教材的基本逻辑顺序是：从消费、交换出发，依次分析生产、分配，最后介绍我国从事这些经济活动的基本背景——面向全球开放的社会主义市场经济。教师在教学实践中，应提高解读、分析、整合、驾驭教材的能力，根据教学需要对教材中的活动精选巧用，灵活处理，合理、有效地对教材进行补充、延伸、拓展、整合，开发与教材相关的教学资源，并注重教材与社会生活和学生生活实际经验的联系和融合，以达到让学生在生活中获取知识之目的。①

对学科课程标准的正确认识、理解和有效落实是青年思政课教师的基础工作之一。教师及师范生需明确学科课程标准的基本内容、教学理念、设计思路、实施策略、落实情况等；要能够根据教学情境的需要选择合适的教材、合理运用相关内容并能对教材进行创造性使用。对于“文本资源开发应该遵循以学生为中心、因材施教、具体生活化、开发与应用相同步等原则”。②

基于不同学段的要求，内容讲解上区分侧重点。不同学段教材内容讲授的侧重点不同，青年思政课教师要明确自己教学所处学段，明晰自身学段教学内容的重点，进而将本学段所要传达的教学内容和教学理念传递给学生。重视各个学段思政课教学内容的衔接问题。大中小学思政课在教学内容设置上存在既定性的问题，各个学段都会涉及一些主题。例如，爱国主义的教育主题、社会主义核心价值观教学，以及中华优秀传统文化教育等内容。尽管在教材的编排上，根据不同学段的特殊情况，采用了学段编

① 肖学平：《教师的基本技能之一：解读教材的能力》，《福建基础教育研究》2012 年第 1 期。

② 张宝印：《高中生物新教材文本资源开发策略探究》，《考试周刊》2020 年第 48 期。

排的模式。但是一些基础性的重点知识，不可避免地会出现重复。如果教师在教学的过程中只是简单机械地重复，则会让学生误以为思政课是老生常谈，进而减弱思政课的好奇心和新鲜感。青年思政课教师在挖掘教材的过程中要关注学段的特殊性，在内容的讲解上有侧重点，体现教学内容的递进性。"用好国家统编教材。以讲好用好教材为基础，认真参加教材使用培训和集体备课，深入研究教材内容，吃准吃透教材基本精神，全面把握教材重点、难点，认真做好教材转化工作，编写好教案，切实推动教材体系向教学体系转化。"①

综上，正确解读教材的能力对于青年思政课教师来说尤为重要。思想政治理论课程教材的知识点往往表现为概念、特点、原理、价值观、方法论、现实生活中现象与观点分析等，所以教师需要反复阅读教材，在此基础上进一步罗列知识点。在罗列知识点的过程中，首先要详细罗列教材涉及的知识点；其次，在对较多知识点的分析当中，提炼出教材的核心知识点，以便有针对性地对学生开展教学工作。在不断实施过程中，知识点间的逻辑关系的分析不仅依赖于教师对单个知识点的掌握和分析，还要进一步借助教师对一课时教材内容的理解和把握，形成该课时知识点间逻辑关系的整理，为下一步分析教学思路做好铺垫。而思想政治理论课的教学重难点的分析，也是十分重要的，这些都是需要青年思政课教师对教材进行完整解读之后完成的。

二、良好的教学设计能力

教师的教学能力是指将教师作为自己职业规划的师范生或其他想从事教育行业的学生，未来在从事教书育人活动中所必备的专业能力，主要包括终身学习能力、语言表达能力、教材处理能力、教学监控能力、师生沟

① 中华人民共和国国务院：《新时代高等学校思想政治理论课教师队伍建设规定》，《中华人民共和国国务院公报》2020 年第 13 期。

通协调能力等。良好的教学设计能力就是青年思政课教师必备的教学能力之一，在教师教学能力素养中占有不可忽视的地位。教学设计能力通常是指教师在核心素养的基本要求之下，对受教育者、教学目的和教学任务等进行分析和整理，设置合理的教学目标，选择适当的教学方法和手段，充分运用合理的教学资源，能够设计出一系列教学活动的能力。而核心素养背景下的教学设计要摒弃理论性强、内容枯燥、纯理论性灌输等不足，以学生、教育对象为本，将核心素养的理念引入到教学设计中来。教师在正式开展教学工作之前，要充分对学习者、教材内容、教学目标以及课程标准等进行分析整合，为后续更好地进行教学活动提供理论性指导。在教学过程设计中，教师应该依据目标和内容主题，优选各种教学方法手段，创设真实情境，合理规划教学活动，为学生搭建展示自我的平台，在真实情境中体验学习、享受学习。①在教学评价设计中，教师应该树立素养为本的评价观，依据学科核心素养及学业质量标准确定评价目标，优选多种评价手段，设计恰当的评价方案。②在进行教学过程中，能够根据教学目标，对标学生核心素养完成情况，及时准确地调整教学活动，进一步实现教、学、评一体化机制。

青年思政课教师要想让学生充分地投入自己的教学活动中，就要设计出一套能够将不同兴趣、不同需要的学生都带入课堂活动中，全心全意地投入教师既定的课堂学习中的教学系列活动，就是要让教师在课堂教学中用自己的教学内容、教学方法、环节安排等吸引全体同学。这就需要青年思政课教师努力提高自己的教学设计能力，尽己所能地给学生带来更好的教育，带领学生一起朝着更好的方向发展。这就需要做到以下几个方面。

首先，要充分发挥学生的主体作用。在课堂上教师要充分尊重学生主

---

① 徐前芳：《核心素养背景下化学师范生教学能力研究——以湖南师范大学为例》，硕士学位论文，湖南师范大学，2019 年，第 28 页。

② 中华人民共和国教育部：《普通高中化学课程标准（2017 年版）》，人民教育出版社 2018 年版，第 74 页。

体地位，把课堂权力交给学生，教师充分发挥自己的主导性作用。而在课堂上，教师讲课就是为了学生能够从中有所得，如果教师在讲台上只顾自己讲得滔滔不绝，不考虑学生听得怎样，那就难以取得好的教学效果。教师讲课是讲给学生听，因此，只有充分尊重学生的主体地位，尊重学生课堂学习的需要，在教学设计中更多考虑到学生，才能够实现教学目标、教学任务的要求。其次，要从不同的学情中调整教学内容。不同年级、不同学龄的学生，他们的学习情况是有很大区别的，不能以偏概全、一概而论，要有所侧重。就比如高中生，高中生一般在 15 岁至 18 岁之间，在思维发展和心理特征等方面都有特征差异，能够具有分析、综合、判断、推理等一系列的理性思维，甚至有时可以提出自己独到的设想和见解。另外，高中阶段的学生情感丰富鲜明，有了自己对事物的情感倾向与较明确的兴趣爱好。这时，就需要青年思政课教师适时地做出调整，对于学生能够自己看明白的内容可以少讲或者引导学生自学，有所侧重地进行讲解。青年思政课教师要能够“以学定教”，在分析学情的基础上，思考、研究、取舍、确定适合学生需要学的内容，以学生的实际需求进行讲授，真正做到“传道受业解惑”。最后，青年思政课教师要改进教学方法，创新理性思维。据相关调查发现，教师在课堂上还是较多地采取讲授法进行教学，这样就显得整个教学过程过于枯燥无趣，难以激发学生的学习热情和兴趣。教师一直采用讲授式的教学方法，自己也容易讲得口干舌燥，整堂课下来也备感疲惫，学生在课堂上只需要听，不用动脑筋想，看似很轻松，却容易形成思维惰性。因此，青年思政课教师应该充分创新教学方法，尽可能多地设计一些和教学内容相关的主题活动，增加教学过程的趣味性，从教材出发，结合学生的兴趣爱好，鼓励学生积极参与到活动当中去，勇敢表达自己的想法和观点，使课堂呈现出有序、开放、活泼的风貌；还可以引导学生自主合作探究，让学生能够自主探索、研究学习。教师要对课堂时间进行合理分配，将更多的时间留给学生，引导学生多思考、多动脑，发展学生的创新思维。①

作为一名青年思政课教师，拥有良好的教学设计能力在整个教学过程中是十分重要的。教师要不断培养自身的创新意识，并将这种创新意识融入日常教学过程之中；要充分把握时代脉络，了解更多的网络教学内容，丰富思想政治课堂，不断提升课堂教学质量；要根据学生的学习状态不断调整教学进度，在教学过程中能够最大限度地理解学生的想法，不断探索适合学生的教学方法，进一步提升教学的影响力和感染力，激发学生的学习兴趣；学校与学校之间、老师与老师之间、学生与老师之间要不断地进行交流，在交流中不断提升自己、共同学习、共同进步。

三、精湛的教学转化能力

教学转化能力就是指教师在课堂上的传授，不仅仅是知识的有效搬运工，而是将知识、成果、经验进行综合、发酵、转化，进而转变成符合学生认知规律、与以往知识体系进行有效融合、因果分明、循序渐进的教学内容。习近平总书记在北京大学师生座谈会上强调指出："古人说：'师者，人之模范也。'在学生眼里，老师是'吐辞为经、举足为法'，一言一行都给学生以极大影响。教师思想政治状况具有很强的示范性。要坚持教育者先受教育，让教师更好担当起学生健康成长指导者和引路人的责任。"②这就是在一定程度上说明教师要有充分的教学能力水平。而一个好的教师，就能够将在众多教材中汇集各家所长、在日新月异的科研成果中沉淀下知识的共性和基础、将教学经验转换成学生的专业和非专业的通识知识。教师要转变教育观念，真正认可师生平等的观点。在课堂上，最大程度地引导学生进入探索、创新的空间，从根本上改变老师"满堂灌"的教学方式，

---

① 陈帆：《核心素养视域下高中语文教师课堂教学能力培养研究》，硕士学位论文，江西师范大学，2018年，第43页。

② 习近平：《习近平在北京大学师生座谈会上的讲话》，《人民日报》2018年5月2日。

而且要充分信任、尊重学生，大胆地进行教学改革。将学习的主动权交还给学生，让学生真正能够成长为学习的主人。如果在教学课堂上，教师包办、讲授得过多，那么学生就会缺乏积极互动、积极合作的机会，更加缺乏自由探索的空间，也无法更好地参与到日常教学活动中去。这就在一定程度上束缚了学生的创新发展空间，而使学生得到一堆堆的较僵化的知识体系，不能举一反三。因此，青年思政课教师要拥有精湛的教学转化能力，不断为学生创造自由探索和主动学习的空间，让教育教学真正成为在老师的正确组织和引导下，学生能够积极主动、富有个性地进行学习的学习过程。

教师拥有了精湛的教学转化能力，才能从传统应试教育向现代教育方式转化。传统教学往往以教师为本，过于注重知识的传授，忽视了学生在教学过程中的主体性。青年思政课教师应该由传授知识向引导全面发展转化。教师“教学生学习任何科目，绝不是在学生心灵中灌输些固定的知识，而是启发学生主动求取知识与组织知识”。创设一个平等、民主、开放的教育环境，进而充分发挥学生的学习积极性，提高学生的探索创新能力。青年思政课教师应该由组织教学向探究教学转化。教学过程应该从善于组织教学向善于探究、探索教学转化，在此教学需要为学生制定一个合理的学习目标，进而寻求恰当的教学方法，引导学生养成良好的学习习惯，创设和谐、温馨、热情、有序的课堂氛围。

青年思政课教师应该由教学权威性向共同学习性转化。古往今来，传统的教学师生关系是“师道权威、师道尊严”，往往过于强调教师的严厉性，这在一定方面说明了教师是整个教学过程中的组织者、传授者，更是教学内容的确定者、学生综合成绩的评价者，进而形成了一种教学过程上的权威性。如今，在新课程改革的全面要求下，教师应该从之前的权威向学生的学习伙伴转化，从而使教师能够成为学生学习上的合作者、参与者与引导者，体现出一种师生共同学习、共同交流、共同发展的氛围。如教师在讲解《思想道德与法治》这一门课程时，不能纯理论讲授，应该适当设置一些情景剧，和学生一起扮演角色，从而得出这一情景剧所要传达的理论知识，这样更能使学生理解和感悟所学的理论知识。教师应该从传统教学法向现代化教学法转变。

当今，进入数字化时代，各种社会思潮、网络信息扑面而来，但数字化社会急需数字技术人才，而数字技术人才的教育和培养就依赖于教育的进一步数字化。现在的教材也已经进行了改革，从之前纯文字化向以文字为主、音频视频电子教材的多媒体方向转化，多媒体教材比之前传统教材更加直观形象、更加活泼生动、更能够激发学生的学习兴趣，这样就更加有利于教师引导学生进行学习，也可以开阔学生的视野，让学生能够了解多方面的知识。青年思政课教师不能像之前传统教学一样，照搬照抄教材内容，过多地依赖于教材，而忽视自身的创造力发展。教师应该积极主动地投身于科研创新，增强自身的创新性，不断丰富教学课程，使教学过程成为师生共建共创的过程。

理论思维能力和科研创新能力是教学转化能力的基础和前提。我国著名学者叶澜教授就教师的专业化成长这一问题，较早地有针对性地提出了教师的“自我更新”取向，主张将教师专业发展的关注点从外在的标准转向教师自我，激励教师主动更新自我专业结构，成为自身专业成长的主人。[①]这就在一定程度上说明了教师的“自我更新”取向强调教师自我发展的意识，要求教师成为专业成长中的主体，教师成长为“双师型”教师应该更多地关注自身内在的综合能力素质的提升。[②]近年来，国家高度重视青年思政课教师队伍的教育教学能力，举办了全国高校教师教学创新大赛、全国高校青年教师教学竞赛、全国高校思政课教学展示活动“教学竞赛单元”等竞赛活动，通过以赛促教的方式促使青年思政课教师深耕课堂。

① 叶澜、白益民：《教师角色与教师发展新探》，教育科学出版社 2011 年版，第 267 页。

② 廖康平：《基于胜任力模型的高职“双师型”教师资格认定标准的优化研究》，硕士学位论文，华中师范大学教育学院，第 47 页。

第三节　教育教学素养的实践

一、小学思政课教师典型案例

小学阶段是学生接受正规教育的初始阶段。小学生在思维上尚处于未成熟阶段，知识积累和知识储备还不够丰富。因此，小学生对于一些复杂问题的接受能力较弱，学习方法和学习习惯还有赖于进一步引导和培育。基于此，小学阶段的思政课教师在进行教学分析、提出教学策略、开发和选择学习内容的过程中，要有针对性地组织教学活动，明确教学目标和任务，合理安排教学时间和步骤，使教学过程更加有序和高效。还可以预设、准备多种教学手段和资源，如游戏、实践活动、多媒体教学等，通过直观的方式，创设丰富多样的学习情境，提供多种学习体验，运用简洁的语言启发学生的思维。从毛芳芳老师的课堂教学中，我们可以看到毛老师对课堂的重视与用心。

案例十七：

思政课是可爱的，值得热爱的

毛芳芳是衢州市实验学校菱湖校区的一名思政课教师，她善于以儿童生活作为思政课程的基础，坚持站在儿童立场，打造思政“童心课堂”。以儿童生活作为思政课程的基础，毛芳芳不断探求儿童与思政课的联结，打造基于儿童文化的小学思政生本课堂。一年级有一堂课《早睡早起》，薄薄两页纸的内容关系着孩子良好生活习惯的养成。但很多学生并不以为意，“睡觉还不会吗？”“爸爸妈妈会催我睡觉、喊我起床的。”越是简单的小事越难教出彩。怎样让学生认识到早睡早起这种健康生活作息的重要性并自觉养成习惯，毛芳芳有自己的办法。提前一周，她就布置了一项调查作业：“你和你的家人几点睡？”学生们记录了自己和家人一周的作息时间。她引导学生从自己的生活入手，展开真实对话：“你为什么这么晚睡？”“你早上为什么起不来？”“晚睡后第二天的状态好不好？”她在课堂上通过还原真实的生活，理解儿童，引导儿童自己去解决生活中的问题。课上，毛芳芳一边活用教材自带的案例，一边引入绘本故事，带着学生们以旁观者视角感受故事主人公不早睡早起的危害，然后再引导他们反观己身，主动去了解“不早睡早起是不好的”“为什么不好”“应该怎么样”等问题。她不仅邀请学生上台分享自己的调查所得，还以视频的方式引入医生对早睡早起的科学建议，强化对良好习惯的认识，加深学生的印象。“我希望在课堂内外，带着孩子们从活动和体验中去还原生活，然后引导他们自己去感悟，从而得出自己的见解，而不是将思政理论知识简单、机械地灌输给他们。”毛芳芳说。

案例来源：舒玲玲、邵焕荣：《毛芳芳：思政课是可爱的，值得热爱的——年度思政人物⑮》，《浙江教育报》微信公众号，2022 年 11 月 25 日。

我们从案例中看到，针对小学阶段学生的特点，毛老师精心设计贴近儿童生活的教学，打造基于儿童文化的思政课堂。从课前设计调查小问题到课堂上还原学生真实的生活，引导学生反思自身，都体现了毛老师精心设计教学。毛老师寓情于景、寓教于实。从生活的实际观察、探索，在教学中充分考虑到小学生的实际情况，让小学思想政治理论课“活”起来，从而达到寓教于乐的课堂教学效果。课堂教学取得如此良好的效果，离不开毛老师对课堂的精心设计。

由此可见，要上好小学阶段的思想政治理论课，教师必须对教学进行精心设计。在设计的过程中充分考虑到课堂教学的各个环节，考虑到教学基本内容，基于教学内容选择适宜的教学方式。首先，在设计教学时，思政课教师要明确教学目标，明确自己希望学生达到的知识、技能或能力水平，将学习内容组织成结构合理的知识体系，按照由易到难、由浅入深的原则进行教学，使学生能够逐步从基础知识到高阶知识进行学习，以确保学生建立稳固的知识框架。其次，青年思政课教师要充分关注学生的个体差异，采用差异化教学策略。根据学生的学习能力、兴趣爱好、学习风格等方面的差异，针对不同学生的需求进行个性化辅导和指导，使每个学生都能够获得适合自己的学习机会和资源。最后，青年思政课教师可以在设计教学时采用多种多样的教学策略，以满足学生不同的学习需求和学习风格，运用讲解、示范、讨论、实践等多种教学方法，培养学生的思维能力、动手能力和合作能力。

二、初中思政课教师典型案例

初中阶段的“道德与法治”课程有了一定的知识点。初中生较之于小学生而言，意志有了明显的发展，具有“小大人”的特点。同时，初中生有了一定的知识储备，且求知欲较强。基于此，初中阶段思政课教师的教学风格和方式是吸引学生认真听课的关键因素。相同的知识点运用不同的教学方式和教学风格则会收获不同的教学反馈和教学效果。因此，初中学段的思政课教师要运用好教材这一“媒介”和“载体”，就必须将教材文本进行有效的筛选和组织，使教学内容深入浅出地呈现，让整个课堂的结构更加适应学生的学习能力，让学生能够理解得更加透彻，提升思想政治理论课的课堂效率。正确解读教材能让青年思政课教师准确确定“教什么”，而“教什么”是“怎么教”的前提。

案例十八：

成长，需要自己创设空间

杭州市萧山区瓜沥镇第二初级中学的徐建章老师，曾获浙江省农村教师突出贡献奖、浙江省春蚕奖、杭州市最美思政课教师等荣誉。徐建章老师在他的自述中写道，他在坚持写作16年的教育空间日志中写得最多的是对教材的处理和思考。徐建章老师说道："尤其是新课程教材实施的近几年，很多一线老师都说新教材难教，被新教材弄得焦头烂额。说句实话，我还基本上没有这样的感觉，这得益于我对教材的二次处理。我觉得，学科教师必须学会对本学科教材文本的重构，从而实现轻松授课，进而达成学科育人的目的。我们都知道，我们是用教材来教学的，不是教教材的，新教材尤其是道德与法治教材，文本内容里有很多党和国家重大会议内容的原文摘录，对于初中生而言，理解起来难度很大。但是，作为教师，需要具备将党和国家的大政方针与学科知识之间对接的能力，需要具备整合教材、处理教材生本化的能力。因为我总是习惯于对教材进行二次加工，实践得多了，感受就多起来，感受多了，就想表达出来。自然而然，对教材的处理和思考，在我的教育空间里占了不少篇目。"

案例来源：徐建章：《省特级教师徐建章：成长，需要自己创设空间》，"萧山网教育"微信公众号，2023年2月13日。

在案例当中，我们可以看到，徐建章老师对于教材的正确认知。同时，深刻认识到教材对于教师教育教学的重要作用。徐老师对教材没有生搬硬套、照本宣科，而是对教材进行二次处理。在新课程教材实施之后整合教材，对教材文本进行重构，完成了从教材体系向教学体系的转变，使学生能够更好地接受知识，进而达成思政课育人的目的。这种从教材体系向教学体系的转变也使得教师在教学中不再拘泥于教材，不再受到教材的限制，而不知道如何进行教学。故而，青年思政课教师必须具备正确解读教材的能力。作为青年思政课教师，在教学过程中，必然会有如何将教材体系转化为教学体系的疑问和困惑。解决这一问题，就需要青年思政课教师充分认识到自主研读教材文本的重要性和必要性。在平时的教材解读过程中，深挖教材内容，明确教材编写的意图以及教材编写的逻辑。注重对教材文本的自我分析和检索，对于教师参考用书中的教材解读结果，要带着批判和审视的眼光去思考与评判，在借鉴中不忘学习与反思，从而形成自己的教材解读结果，同时发展自主意识、批判意识与反思意识。从而不断提升自己正确解读教材的能力，促使自己对教材的解读能力向更高、更细致、更专业的方向发展，进而实现教学能力的提高。

三、高中思政课教师典型案例

当前，在升学压力下，高中思政课教学仍然存在一些弊端。例如，教学方式和方法缺乏灵活性、个性化培育被忽视等。面对新时代课程教学改革的挑战，需要高中学段的思政课教师升级教学理念和教学观念。作为承前启后的“关键一环”，高中思政课教师的教育教学素养成为解决教学难题的不二法门。正所谓“教学有法，教无定法”。高中学段的思政课教师在教学中不应该拘泥于传统的教学方式，而应根据教学的主体、内容和学生的学情，大胆尝试和探索多样化的课堂教学方法。探索和尝试的前提是熟练掌握课堂教学内容，高中思政课教师在职业成长的各个阶段，应该注重自身教学能力的培养，认真对待课堂，针对教学内容的特点精心设计有趣味性、吸引力的教学方式；在激发学生的学习兴趣上，提高学生学习和掌握知识的积极性，顺利完成教学任务。

案例十九：

思政课要打通校内“小课堂”与社会“大课堂”

浙江省温岭中学的思政课教师王海波，善于创新课堂模式，不只局限于45分钟的课堂，更将思政课融入学生生活。“与其让孩子记忆枯燥的法律法规知识，不如带着他们走进法院沉浸式体验和了解。”从2018年至今，每年，温岭中学的高中生们都会在思政教师王海波的带领下，走进当地司法机关，“零距离”体验庭审的真实场景。从事一线教学25年，王海波愈发感受到打通校内“小课堂”与社会“大课堂”的重要性。现在，在她的课堂上，学生可以自信地走上讲台成为小“讲师”，为同班同学带来精彩的思政微课；还可以走出校门，走进企业和职能部门，上一堂“行走”的大思政课。“一堂学生喜爱的思政课，一定是能让所有学生都爱听爱学并且能听懂学会的，所谓‘内化于心、外化于行’，这就需要教师做很多创造性工作。”王海波说。学生在上台前，做的准备工作让知识得到解构重组和吸收；在讲台上，学生成为课堂的“主角”，表达、沟通等能力都得到了充分锻炼；课堂外，学生制作的“微课”作品会在全校师生乃至浙江省名师网进行展示，更是培养了学生的自信心。在王海波的努力下，温岭中学政治组教师团队的社会“大课堂”教学素材逐渐丰富起来，目前已建立十余个校外社会实践基地和志愿服务项目，推出了企业模拟人才招聘会等一系列活动，打通校内“小课堂”与社会“大课堂”间的“最后一公里”。

案例来源：江晨、朱郑远：《王海波：思政课要打通校内“小课堂”与社会“大课堂”——年度思政人物⑧》，《浙江教育报》微信公众号，2022年11月16日。

教师的教育教学素养是教师教学内容以及教育思想得以贯彻和展现的重要手段。教育是一门综合性的培养人的活动。良好的教育效果依托于教师高超的教学技能。从上述案例中，我们可以看到王海波老师面对高中阶段的学生，创新了教学模式，将思政课的教学融入生活，让学生在体验和感知中加深对课堂内容的理解。针对不同的教学主题，王老师采用了与主题内容适切的教学方法。例如，对于法律法规知识点的讲解，是让学生深入当地司法机关，“零距离”体验庭审的真实场景。这种沉浸式的体验让学生在了解真实的庭审的基础上，加深了对教材内容的理解。此外，王老师创新教学模式将思政“小课堂”和社会“大课堂”结合起来，充分调动学生的积极主动性，引导学生在自主学习和探索中，增加对思政课的喜爱。这种方式摆脱了传统的思政课教师完全占据课堂的教学方式，让学生成为课堂的“主角”，充分发挥教师的主导作用，让学生在实地体验当中，接受知识的洗礼，增强了思政课的趣味性和吸引力。同时，这样一种方式能够促使学生主动学习，在对知识内容进行解构重组的基础上，进一步巩固知识。王老师的这种教学方式充分体现其对于课堂教学内容的掌握，以及其对于课堂教学的精心设计，充分挖掘了学生的潜能，在完成作业的过程中，培养了学生的能力。基于此，青年思政课教师在职业成长的过程中，通过观摩其他优秀教师的授课，借鉴他们的教学方法和教学技巧。在借鉴优秀思政课教师的课堂教学的基础上，结合自身的实际情况，探索适合自己的教学方式。同时，青年思政课教师要重视教学反思，对自己的教学进行复盘，总结经验。通过同行听课等方式进行交流，提高自己的教学技能。

四、大学思政课教师典型案例

大学阶段的教学与小学、初中阶段的教学有一定的区别。大学教学中，师生之间的关系以及学生实现学习和发展的渠道、途径和手段较之于基础教育阶段更为复杂。因此，大学阶段的思政课教学呈现出专业性、创造性和自主性等特点。首先，随着认识水平的不断深入，学生对于思政课的教学内容形成了知识体系。因此，在大学教学中，要为学生构建一个知识能力框架。其次，大学阶段更加注重学生的创新创造能力。故而，在传授知识的同时，要注重学生创新能力的培养。最后，大学阶段学生自己支配的时间较多。因此，在教学的各个环节，教师应该有目的地训练和培养学生独立学习能力和独立工作能力。基于此，高校思政课教师在教育教学中应该更加注重提升自身的教育教学素养。

案例二十：

伏案四百分钟，只为一堂思政课

天津师范大学的思政课教师王雪超，是一位年轻、有活力、爱创新的思想政治理论课教师，他被学生亲切地称呼为“超哥”。“超哥的‘中国近代史纲要’课，我们班同学没有不喜欢的！”“这学期上了一门需要抢座的课——去晚了只能坐后排……”这是天津师范大学的学生对王雪超最真实的评价。王雪超被学生如此喜爱并不是毫无理由的，为了上好这门难度不小的课，王雪超在探索创新的路上，付出了许多精力和心血。从教学内容设计、课件制作到教学方法探索，哪怕是一则材料的取舍、一张图片的选择，他都精益求精、慎而又慎。“说真的，准备一学期的课程，不亚于我又写了一篇博士毕业论文。”每一节 45 分钟的课，背后凝结的是他 400 分钟以上的教学准备。王雪超对症下药，在授课中探索出“问题教学法”。“疑点问题不敷衍、热点问题不遗漏、敏感问题不回避。”王雪超立足于教材，又不拘泥于教材，把课程的重点、难点，社会和学界的热点、焦点，以及学生的兴趣点和疑惑点有机结合，凝练成系列问题，为学生带来了一堂堂精彩的思政课。

案例来源：陈建强：《伏案四百分钟，只为一堂思政课》，《光明日报》2019 年 7 月 11 日第 9 版。

从案例中，我们可以看到，王雪超老师为了上好思想政治理论课，付出很多心血和精力，不断探索创新教学内容设计和教学方式。正所谓“台上一分钟，台下十年功”。在每一节 45 分钟的课背后凝结的是王老师 400 分钟以上的对课堂教学环节和教学内容的准备。王老师能将充分的教学准备完美地展现给学生，离不开其高超的课堂教学能力。课堂教学能力是教师教学素养最为直观的表现形式，同时也是教师个人魅力展现的场所之一。面对学生们对思政课颇多抱怨的顽症——内容老套、照本宣科，王老师对症下药，以“时事问题”为突破口，探索出了问题探究法，与学生进行课堂互动。诚如别敦荣教授所言，“每一个老师的课都要为学生锻炼和提高沟通表达能力提供机会，要让他们写，要让他们说，把沉默的课堂变成交流互动的场所……把信息传递的课堂变成智慧的课堂，让课堂成为智慧激荡的地方”①。在互动教学中，王老师让学生高度参与到课堂教学的各个环节，从刚开始的“找事”到“超哥时评”，极大地调动了学生，让学生进行了充分的思维活动。在王老师的案例中，我们可以看到，王老师准确定位自己在课堂中的角色和位置，不断创新教学方法，精心设计教学，从而使得自己所讲授的“近现代史纲要”这门课程又“火”了起来，成为学生爱听且能听懂的思政课，赢得了学生的喜爱。在王老师的事迹中，我们可以发现，思政课教师的教育教学素养对于上好思政课至关重要。因此，作为一名青年思政课教师，要上好思想政治理论课、站稳讲台、赢得学生的喜爱和尊

① 别敦荣：《大学新教师入职要面对的十个问题及其解决方案》，《江苏高教》2019 年第 1 期。

重，必然要思考自身教育教学素养的现状，在此基础上，不断学习创新，培养和提升自己的教育教学素养，促使思政课教学向“金课”的目标努力。

时任教育部部长陈宝生曾指出：“思政课的对象是人、重点是思、方向是政、载体是课。”课堂（包括实验课、实践课）是学生受教育的主要场所和主要阵地，也是师生交流以及学生相互交流的主要场合；课堂教学是学生价值观塑造、能力提升、知识传授的主要渠道、主要途径和基本方式。[①]而课堂教学效果是学校思想政治理论课教学中最直观、最普遍、最关键的问题。在新时代提出建设高质量“金课”，消火低质量“水课”的要求下，课堂教学更是成为建设高质量“金课”的主阵地、主战场和主渠道。面对这一情形，青年思政课教师如何发挥自己课堂领导者和价值引领者的作用？如何有效地推进课堂教学改革？如何打造“金课”教学的主阵地以及筑牢培养创新人才的主阵地？这些都是青年思政课教师在课堂教学中值得深思的现实问题。对于这一问题的思考，必然离不开教师教学能力素养的培养。

① 卫建国：《以改造课堂为突破口提高人才培养质量》，《教育研究》2017 年第 6 期。

第七章 数字技术素养

“当前，以 ChatGPT 为代表的生成式人工智能横空出世，为创新路径、重塑形态、推动发展提供新的重大机遇的同时，也带来了新的挑战。‘教育何为’‘教育应该往何处去’成为世界各国共同思考的命题。”① 纵观教育的发展史，可以发现，科技革命和产业变革总会促进教育的跨越式发展。党的二十大对教育数字化作出了专门的战略部署：“推进教育数字化，建设全民终身学习的学习型社会、学习型大国。”②2023 年 5 月 29 日，中共中央政治局就建设教育强国进行第五次集体学习，习近平总书记再次强调，“教育数字化是我国开辟教育发展新赛道和塑造教育发展新优势的重要突破口。进一步推进数字教育，为个性化学习、终身学习、扩大优质教育资源覆盖面和教育现代化提供有效支撑”③。数字化技术在教育领域的应用和发展，为教学发展带来了新的机遇和空间。同样，打破传统的思政课教育教学模式，以数字化赋能推进思想政治教育现代化已然成为必然趋势。基于此，青年思政课教师作为思政课教育数字化转型的主导者，数字技术素养则是其不可或缺的核心素养之一。青年思政课教师要主动适应智慧思政建设的发展需要，以数字化促进思政课课堂教学的变革，成为数字社会学习的示范者，助力学习型社会和学习型大国的建设。

---

① 教育部副部长吴岩：《数字化是影响甚至决定高等教育高质量发展的战略性问题》，《人民政协报》2023 年 12 月 20 日第 9 版。

② 教育部：《以高质量发展推进学习型社会、学习型大国建设》，2023 年 9 月。

③ 习近平：《中共中央政治局第五次集体学习时强调加快建设教育强国为中华民族伟大复兴提供有力支撑》，《人民日报》2023 年 5 月 30 日第 1 版。

第一节　数字技术素养概述

一、数字

探讨青年思政课教师的数字技术素养，必然要明晰数字技术的起点——“数字”。学术研究中，数字亦称“数码”，用来记数的符号。[①]对于数字的认知起源于古代人类对数量的认知和表达需求。因地域和文化的不同而有所差异，历史上存在罗马数字、希腊数字、埃及象形数字等多种数字。随着阿拉伯数字的发展和传播，它成为现代世界中最通用的数字，即0、1、2、3、4、5、6、7、8、9。阿拉伯数字采用了十进制系统，基于数字0到9的组合。每个数字的数值取决于其位置。例如，数字123表示1个百位数、2个十位数和3个个位数。通过增加或减少数字的数量和位置，我们可以表示任意大的数值。除了计数的功能外，数字还具有测量和比较物体的属性、描述事件的发生顺序、记录时间和日期等作用。

随着数字技术的兴起与发展，数字不再是简单的计数工具，而是演化为信息的承担者。数字被广泛运用于数学、计算机编程、金融、统计学等各种领域之中。数字技术的发展使得我们不仅能够通过数字表示和传输各种文本、图像、音频和视频等媒体内容，还可以进行复杂的计算和数据处理。数字化则是信号以“1”和“0”这种计算机语言数字形式来传送，人类迎来了数字化时代，即一种以信息存在为方式的、越来越趋向于数字形式，并以数字技术为运作规则的时代。在数字化时代，数字技术已经渗透到人们生产生活的方方面面，改变了人们的生产方式、生活方式和思维方

① 陈至立:《辞海》第七版。

式。数字化的发展不仅带来了便捷和高效，也带来了新的挑战和机遇。一方面，数字化的发展推动了社会的信息化和智能化。通过数字化技术，可以实现信息的高效存储、快速传递和处理，极大地提高了工作、学习的效率和生活品质。另一方面，数字化的发展也带来了新的挑战。随着数字技术的普及，信息安全、隐私保护等问题日益突出。我们需要加强技术研发和管理，保障信息安全和保护个人隐私权益。

二、数字技术

数字技术伴随着电子计算机产生，是指借助一定的设备，将图、文、声、像等信息转化为电子计算机能识别的二进制数字，而后进行运算、加工、存储、传送、传播、还原的技术。因在运算、存储等环节中要借助计算机对信息进行编码、压缩、解码等，也被称为数码技术、计算机数字技术、数字控制技术等。

在 20 世纪，随着电子技术的发展、电子管的发明和应用，1937 年，美国的约翰·艾特金森（John Atanasoff）和克利福德·贝瑞（Clifford Berry）研制出了第一台电子数字计算机，人类进入电子计算机时代。在这一时期，电子计算机开始出现并得到广泛应用。计算机技术的快速发展使得数据处理能力大幅提升，为数字技术的发展奠定了基础。1991 年，英国计算机科学家蒂姆·伯纳斯－李（Tim Berners-Lee）发明了万维网，这是一种通过超文本标记语言（HTML）连接和浏览文本、图片、视频等多媒体信息的技术。在计算机和互联网的推动下，人们可以更加高效地进行数据的处理和分析，更加便捷地进行远程交流和信息传递。

进入 21 世纪，在计算能力大幅提升和相应成本下降的基础上，数字技术得到长足发展。数字技术开始融入各个领域，涵盖了从简单的文档扫描到复杂的工业生产过程自动化等各种范围，有力地推动了生产力的发展，人们的生产方式、生活方式也在发生迅速的变革。“数字技术的发展在今天已经形成了一个相互依赖和相互作用的数字技术生态系统（An ecosystem of interdependent digital technology），并成为经济和社会变革的推动力量。从目前的发展来看，构成这一数字技术生态系统的诸要素在相互作用和支持下，具有比单一技术发展更强的功能。”①数字技术生态系统主要包括：物联网（Internet of things）、新无线网络“5G”、云计算（Cloud computing）、大数据分析（Big data analysis）、人工智能（Artificial intelligence）、区块链（Blockchain）、计算能力（Computing power）。党的十八大以后，我们关注到数字转型成为各个行业关注的焦点和热点。作为信息技术的延伸，数字技术被认为是信息技术的“第二曲线”。数字技术正以新的形态全面融入人类经济、政治、文化生活的各领域和全过程，给人类带来广泛而深刻的影响。当前，世界处于百年未有之大变局，数字化的发展趋势是国际社会携手抓住机遇、应对挑战的重要方式。

在教育领域，数字化转型是新时代教育教学改革的重要途径。数字技术的普及和发展，带来了教育领域的巨大变革，促进了数字技术与教育教学的深度融合。教育数字技术将数字技术应用于教育领域，它利用计算机、互联网和其他数字工具，即数字学习资源、互动教学工具、在线学习平台、数据分析和个性化学习、远程教育等来改善教育过程。在智能化教育服务、终身学习公共服务平台、课堂教学变革等方面发挥了十分重要的作用。

三、数字技术素养

数字技术素养指人们使用数字技术工具、利用数字资源所必备的技能，主要包括计算机基础知识、网络使用技能、数据处理和分析能力等。青年思政课教师同样需要具备使用数字技术工具、利用数字资源的能力和素养。在数字时代，将数字技术融入思政课教学过程，以及运用数字资源拓宽教

① 张成福、谢侃侃：《数字化时代的政府转型与数字政府》，《行政论坛》2020 年第 6 期。

学的深度和广度，应当成为青年思政课教师必备的能力。具备一定的数字技术素养能够更好地适应数字化时代，提高工作效率和创造力。当前，针对数字技术与教学融合的问题，教育部颁布了《教师数字素养》（2022）行业标准。其中，提到教师的数字素养主要包括数字化意识、数字技术知识与技能以及数字化应用等方面。

首先，数字化意识。数字化意识主要指客观存在的数字化相关活动在教师头脑中的能动反映，主要包括数字化认识、数字化意愿和数字化意志等。所谓数字化认识，是指教师对数字技术在经济社会及教育发展中价值的理解，对教育教学中出现的新问题的认识以及数字技术发展在教育领域中引起的变革和发展。具体表现为教师要了解数字技术引发国际数字经济竞争与发展，理解数字技术在经济社会及教育发展中的价值和数字技术推动教育数字化转型的重要意义。意识到将数字技术资源应用于教育教学过程所产生的教学理论、教学模式、教学方法方面的创新，以及可能出现伦理道德方面的问题。所谓数字化意愿则指将数字技术资源应用于教育教学，教师所持有的态度。例如，教师是否有学习和使用数字技术资源的意愿，主动了解数字技术资源的功能作用，并深刻认识到数字技术资源助推教育高质量发展的重要性；是否具有开展数字化实践、数字化探索以及数字化创新的能动性。换言之，教师在教学中是否愿意融入数字技术进行教学模式的创新。数字化意志主要是指当面对教育数字化以及数字化转型的问题时，教师能否具备克服风险和挑战，从而解决问题的信念。

其次，数字技术知识与技能。教师数字素养标准要求教师要掌握系统的数字技术知识和基本的数字技术技能，充分利用数字技术资源促进自身及教育共同体的专业化发展。教师的数字技术知识与技能主要包括数字化学习与研修、数字化教学研究与创新、数字化科研研究与创新。其中，数字化学习与研修指的是教师应用数字技术资源进行教育教学知识技能的学习和分享，进而推进教学实践反思与改进。教师根据个人发展的需要，运用数字技术资源开展持续性学习，利用数字教育资源进行学科知识、教学法知识、技术知识、教育教学管理知识的学习；利用数字技术资源进行反思与改进，特别是教师利用数字技术资源对个人教学实践进行量化、分析。数字化教学研究与创新是指教师围绕数字化教学过程中的相关问题展开教学研究，以及运用数字技术资源实现教学创新的能力，包括开展数字化教学研究、创新教学模式与学习方式。其中，开展数字化教学研究是指教师针对数字化教学问题，利用数字技术资源支持教学研究活动；开展创新教学模式与学习方式是指教师利用数字技术资源不断创新教学模式、改进教学活动、转变学生学习方式，从而更好地适应数字化时代的需要。数字化科研研究与创新是指教师将数字技术资源在数据处理、概率计算等方面的技术优势融入自身科研研究之中，进而推动科研发展与创新。主要包括开展数字化科研的研究，参与或主持网络科研模式的探索。充分发挥数字技术优势，对科研项目中的数据实证、资料分析等部分的质量进行验证，进而提高科研项目的质量。

最后，数字化应用。指教师要在学习、生活以及教学中，充分利用当前多样化的数字资源、数字工具以及数字化平台，探索和创新教学的方式和模式。需要教师不断培养创新思维，形成创新能力，促使教学方式更加贴近学生，提升学生参与课堂的积极性和主动性。数字化应用包括数字化教学设计、数字化教学实施、数字化学业评价、数字化协同育人和数字化社会责任。

数字化教学设计是指教师运用数字技术资源，开展学习情况分析、精心设计教学活动、创设学习环境的能力。开展学习情况分析就是教师运用数字化的评价工具对学生进行学情分析。比如，教师运用智能阅卷、题库以及测评系统对学生的知识储备、学习能力和水平及学生的学习风格等进行分析和判断。设计教学活动主要是指教师通过多渠道收集资料，并依据教学的需要选择、制作、运用数字化教育资源，设计合理且适宜的教学活动。创设混合学习环境主要是指教师突破时间和空间的限制，实现网络学习空间和实际物理学习空间的融合。这进一步拓展了学生的学习方式。

数字化教学实施是指教师运用数字技术资源进行教学的能力。具体表现为：教师要利用数字技术资源支持教学活动组织与管理，提升学生的参与度和交流的主动性；利用数字技术资源优化教学流程，使用数字工具实时收集学生对教学的反馈。在此基础上，转变教学行为，优化课堂教学环节，调控教学进程；利用数字技术资源发现学生学习差异，开展有针对性的指导。

数字化学业评价是指将数字技术资源运用于学生学业评价的能力。即教师能够合理选择并运用数字工具采集多模态学业评价数据，选择与应用合适的数据分析模型开展学业数据分析，借助数字工具可视化呈现学业数据分析结果并进行合理解释，实现学业数据可视化与解释。该过程包括选择和运用评价数据采集工具、应用数据分析模型进行学业数据分析以及实现学业数据可视化与解释。

数字化协同育人是指教师应用数字技术资源促进学校、家庭、社会协同育人的能力，包括学生数字素养培养、利用数字技术资源开展德育、心理健康教育及家校协同共育。推动数字化协同育人需要从以下几方面发力：一是教师要加强对学生数字素养的培养，指导学生恰当地选择和使用数字技术资源支持学习，注重培养学生的计算思维和数字社会责任感。二是教师要利用数字技术资源开展德育，拓宽德育途径、创新德育模式。在数字技术资源的辅助下，开展多样化、创新性的心理健康教育活动。三是利用数字技术资源开展家校协同共育，主动争取社会资源，拓宽育人途径。

数字社会责任是指教师在数字化活动中所具备的道德修养及遵守行为规范方面的责任，包括法治道德规范、数字安全保护。运用数字化资源的同时，要兼顾责任。一方面，教师要遵从法治道德规范要求，依法规范上网。使用数字产品和服务，务必遵循正当必要、知情同意、目的明确、安全保障的原则。尊重知识产权，注重学生身心健康。维护积极健康的网络环境，遵守网络传播秩序，利用网络传播正能量。另一方面，教师要保护个人信息和隐私。在工作中对学生、家长及其他人的数据进行收集、存储、使用、传播时注重数据安全维护。注重网络安全防护，有效辨别、防范、处置网络谣言、网络暴力、电信诈骗、信息窃取等网络风险行为。

第二节 数字技术素养的内容

随着通信技术、人工智能、大数据等现代科学技术的发展，数字技术正在加速不同领域、不同产业紧密结合，重构产业内部结构，提升产业效益，正渗透到青年思政课教师生活的方方面面，并推动人类向数字化时代迈进。数字化时代的到来，“突破‘时空限制’，推动教与学的‘双重革命’，打造了‘没有围墙的学校’，汇聚了‘海量知识资源’，为学习者提供更加优质、更加多样、更加个性化的学习支持。”[①]推进不同地区、不同群体之间教育的平衡发展，使得教育公平理念从理想走向现实。对于思想政治理论课而言，存在同样的问题和现状。因此，提高青年思政课教师的数字技术素养对于全面贯彻党的教育方针，落实立德树人根本任务，提高思想政治理论课教学质量，确保人才培养质量都具有十分重要的意义。

一、树立数字化意识

首先，深化思政课教师的数字化认识。数字化认识是教师对数字技术在经济社会及教育发展中价值的理解，以及在教育教学中可能产生新问题的认识。第一，要引导思政课教师树立对数字技术的正确认识。在当下，数字技术蓬勃发展，以 OpenAI 为代表的人工智能研究公司发展迅速，在

① 任友群:《〈青岛宣言〉解读：信息时代教育公平的新内涵》,《中国教育报》2015 年 6 月 16 日第 8 版。

全球引发广泛关注。面对时代发展的新潮流，思政课教师要树立责任意识，要打开眼界，积极了解当前时代数字技术发展成果，思考数字技术推动思政课教学的可能性和可行性。第二，辩证看待数字技术给思政课带来的机遇和挑战。思政课教师在应用数字技术的过程中，极大地丰富了思政课教学设计、教学实施、教学评价等环节，提高了思政课讲授的效果与感染力。但对于数字技术的运用要结合思政课的课程特点和教育特色，不能照搬照抄，应树立实事求是的态度，根据实际情况推动思政课程与数字技术的有机融合。同时也要意识到，数字技术并不是万能的，也存在许多局限性。某一种媒体对某一种教育教学活动来说，可能比别的媒体更为有效，但是，没有人人适用、处处适用的万能媒体。①

其次，强化思政课教师的数字化意愿。提高思政课教师的数字素养，不仅要增强思政课教师对于数字技术的认识，还要提高思政课教师运用数字技术的情感与意愿，为思政课教师运用数字技术提供内在动力。一方面，要提高思政课教师主动学习和使用数字技术资源的意愿。在国家层面，教育部门要制定教师数字素养相关的行业标准，为思政课教师主动学习和使用数字技术资源提供政策方面的支持和指导。在社会层面，我国学校思想政治理论课有着广大的学生受众，企业可以结合思政课教育教学的实际需求，在数字教具、虚拟教学、教育专属大模型等方面深入钻研，提高所提供的数字技术资源的服务质量。从降低使用难度、解决实际思政课问题的角度，增强思政课教师使用意愿，从而实现开拓市场，实现共赢。在学校层面，学校要加大资金投入，引进充足的高质量数字资源，为思政课教师利用数字技术资源开展实际教学提供外在物质条件。同时，学校要加强对青年思政课教师应用数字技术的相关指导。另一方面，要增强思政课教师开展教育数字化探索、创新的能动性。在数字时代，数字技术已经在教育领域蓬勃发展，不同学科的课程都在推进数字化教育教学的相关活动。作

① 南国农：《怎样理解信息技术及其教师素养形成》,《现代远程教育研究》2013 年版第 1 期。

为学校思想政治教育的主体力量的青年思政课教师必须肩负起身上的责任，充分发挥自身能动性，推动思想政治理论课数字化发展。同时，要加大对思政课教师数字化创新教学的成功案例宣传。通过对相关成功案例的宣传，可以激发思政课教师的创新意识和探索精神，提供相关经验上的启示，激发思政课教师推动思政课实践创新的愿望。

最后，坚定思政课教师的数字化意志。数字化意志是教师在面对教育数字化问题时，具有积极克服困难和解决问题的信念，包括战胜教育数字化实践中遇到的困难和挑战的信心与决心。第一，要增强思政课教师的数字化自信心。增强思政课教师的数字化自信心，要使思政课教师相信数字化技术在思政课教育领域的价值和作用，坚信自己能够掌握和应用数字技术资源，在推动思政课的数字化发展的同时提高自身教学水平和教学质量。第二，要坚定思政课教师数字化教育的信念。要坚定思政课教师数字化教育的信念，培养思政课教师具备坚韧不拔的品质，不怕失败、不怕困难，坚持不懈地推动教育数字化。同时，学校和社会也应该为思政课教师提供必要的支持和帮助，让他们在面对困难时能够得到及时的帮助和支持。

二、培育数字化技能

首先，加大思政课教师的数字化学习与研修。加强对数字技术有关知识和技能的掌握，是提高青年思政课教师数字素养、开展数字化教学和科研、推动数字化应用的基础。数字化学习与研修既包括根据个人发展的需要，利用数字技术资源开展持续性学习；也包括利用数字技术资源对个人教学实践进行量化并进行分析，支持教学反思与改进的高质量推进。推动思政课教师的数字化学习与研修学校可以组织定期的数字化教学培训和研讨会，使思政课教师掌握最新的数字技术和发展动态，提升他们对数字化相关知识的理解和相关技能的掌握。同时，学校应购置相关的在线教学资源和课件、数字化教学工具和平台，提供技术支持和解决方案，为思政课教师将所学的数字知识与技能应用于实践提供帮助和保障。

其次，推动思政课教师的数字化教学与创新。推动思政课教师的数字化教学与创新是相辅相成的。一方面，数字化教学本身就是思想政治理论课创新的重要组成部分，推动数字化教学的过程就是推动思想政治理论课创新的过程；另一方面，将数字技术应用于思想政治理论课教学这一过程的创新，为教育数字技术的发展指明了方向，进一步推动了思政课教师的数字化教学。推动学校青年思政课教师的数字化教学与创新，要鼓励思政课教师将数字技术融入课堂教学设计，创新教学方法和手段，充分发挥数字技术在数据分析、可视化呈现、跨时空情境营造等方面的优势，提升教学效果。建立健全思政课教师的数字化教学评价与激励机制。学校应建立科学合理的数字化教学评价体系，充分考虑思政课教师的数字化教学成果、学生满意度等因素，给予思政课教师公正的评价和表彰。推动学校青年思政课教师的数字化教学与创新，要建立丰富的思政课数字化教学资源库，为思政课教师提供丰富、优质的数字化教学素材和实践案例，方便教师根据实际需求进行选择和应用。

最后，鼓励思政课教师进行数字化科研与创新。数字化科研与创新是思政课教师数字技术素养提高的深入体现，也是推动思想政治理论课教育改革的重要指引。数字化科学研究与创新是指教师利用数字技术资源在数据处理、概率计算等方面的技术优势，将其融入自身科学研究之中，利用数字资源推动科研发展与创新。数字化科研与创新要求思政课教师在科研的过程中，充分发挥数字技术的优势，提高科研项目中的数据实证、资料分析等部分的质量，推动科研项目的高质量发展。积极参与或主持网络科研，利用数字技术的优势打破地域限制，参与或主持网络研讨共同体，寻求帮助、开展合作、共同科研、解决问题。

三、推动数字化应用

提高思政课教师的数字化教学设计水平。第一，要确定教学目标。思政课教师要根据所处学段学生培养方案的要求和学生所处阶段身心发展的特点，明确教学目标和学生需要达到的能力水平。同时根据所讲授课程的具体要求和学生的学习基础，确定数字化教学的目标和重点，从而为数字化资源的选取指明方向。第二，选择合适的数字化工具和平台。在当下，数字技术蓬勃发展，为思政课教师开展数字化教学提供了必要的物质技术支持，同时也提高了思政课教师选取数字化资源的难度。要加强思政课教师对于数字技术资源的策略选择，思政课教师可以根据教学目标和内容，以及自身的特点，选择适合的数字化工具和平台。第三，设计教学活动和教学资源。思政课要根据教学目标、教学内容、课程进度和学生的学习需求，制订数字化教学的详细计划，设计相应的教学活动和教学资源，科学地确定每一堂课的教学内容、教学方法和使用的数字化工具，确保高效实现课堂教学的目标。

增强思政课教师的数字化教学实施能力。第一，提升思政课教师的数字化课堂教学能力。思政课教师的数字化课堂教学能力，首先应增强思政课教师对各类数字化教学工具和平台的掌握程度，如互联网在线教学平台、互动白板、多媒体资源、生成式教育对话模型等。将这些工具融入课堂教学，能够有效提升讲解的效率和提高学生学习的积极性，切实提高思政课的教学效果。第二，提高思政课教师的数字化组织学习能力。一方面，思政课教师在课上要善于利用数字化工具和平台。教师通过数字化工具和平台组织学生开展合作学习、探究学习等活动，积极采用交互式的数字化教学方法，如在线讨论、问答环节、虚拟情境教学等。另一方面，思政课教师在课下努力搭建数字化学习社群。思政课教师可以与其他学科教师一起组建数字化学习社群，为学生提供线上交流和互动的平台。平台可以提供多样化的数字化学习资源，同时还具备针对线下学生的学习情况提供自学建议。学生可以在社群中分享学习体会、互相探讨问题，促进集体学习和共同成长。第三，提升思政课教师的数字化个别化指导能力。一方面，思政课教师需要掌握数字化个别化指导的技术和工具。这些技术和工具可以帮助教师更好地了解学生的学习情况和需求，从而提供更加个性化的指导。另一方面，思政课教师需要积极探索数字化个别化指导的方法和策略。例如，教师可以利用腾讯会议教育版进行在线辅导、微信一对一视频通话等方式，与学生进行个性化的交流和指导。这些方法和策略可以根据学生的学习情况和需求进行灵活调整，从而提供更加个性化的指导。

加强思政课教师数字化学业评价的应用。第一，加强思政课教师数字化学业评价的意识和观念。在当前数字化学业评价在思政课中的运用较少，其中一个重要原因就是当下思政课教师数字化学业评价的意识和观念淡薄。思政课教师应该认识到数字化学业评价的重要性和必要性，树立数字化学业评价的意识和观念，积极学习和掌握数字化学业评价的相关知识和技能，为科学地选择和运用评价数据采集工具奠定基础。第二，加强思政课教师数字化学业评价的应用和实践。学校应当加大资金投入，购置高质量的数字化学业评价工具和平台，为思政课教师数字化学业评价的应用和实践提供物质保障。同时，思政课教师在运用数字化学业评价工具时，应当加强对多模态学业评价数据的采集，提高评价的准确性和客观性。思政课教师应该在进行数字化学业评价的实际过程中，通过实践不断探索和完善数字化学业评价的方法和策略，提高评价的效果和质量。第三，注重思政课教师数字化学业评价的反馈和改进。思政课教师在运用数字化学业评价的过程中，可以采用可视化呈现的方式将学生的表现数据化并及时反馈，使思政课教师能够更清晰地了解每个学生的学业状况、思想动态、行为方式，进而有针对性地进行教学和辅导。思政课教师在这一过程中，可以根据数字化学业评价反馈结果，不断优化教学内容、方法以及数字化学业评价的运用，提高教学效果和质量；同时还可以根据使用过程中的情况，对技术提供方进行反馈，推动数字化学业评价工具的调整和完善。

推动思政课教师的数字化协同育人。第一，加强思政课教师数字化协同育人的意识和能力。思政课教师应该认识到数字化协同育人的重要性和必要性，树立数字化协同育人的意识和观念，积极学习和掌握数字化协同育人的相关知识和技能。第二，利用数字技术资源开展德育。思政课教师可以利用数字技术资源开展德育，如中国大学 MOOC、抖音短视频等在线平台，向学生传递正能量，弘扬社会主义核心价值观，引导学生树立正确的世界观、人生观和价值观。第三，利用数字技术平台开展家校协同共育。思政课教师可以利用数字技术资源开展家校协同共育，如利用微信、QQ 等社交媒体工具与家长保持联系，及时了解学生的家庭情况和思想动态，为家长提供相关的指导和帮助。同时，教师还可以通过线上家长会、家访等方式，与学生家长进行面对面的交流和沟通，增强家校协同共育的效果和质量。

增强思政课教师的数字社会责任。同其他教师一样，在数字化应用的过程中，思政课教师要增强自身的社会数字责任。第一，思政课教师要树立数字社会责任意识。学校可以组织相关的培训和研讨会，使思政课教师认识到自己在数字化应用中的社会责任，积极履行数字社会责任，确保自己的数字化活动合法合规。第二，思政课教师要维护数据安全。一方面，思政课教师在数字化应用中应该注重保护个人和数据安全，不得泄露他人的个人信息和数据，确保自身的数字化活动安全可靠；另一方面，思政课教师在数字化应用中应该注重维护工作数据安全，不得泄露工作数据，不得利用数字化工具进行违法犯罪活动。第三，推动数字社会责任普及。思政课教师在数字化应用中应该积极推动数字社会责任普及，使自身成为数字社会责任的榜样和引领者。通过自身积极参与数字社会建设的实践，在不断提升自己的数字素养和社会责任感的同时，也积极引导学生树立正确的数字化应用观念和行为规范。思政课教师还可以通过课堂教学、实践活动等方式，向学生传递数字社会责任的理念和实践经验，提高学生的数字素养和社会责任感，使学生在实际生活中践行数字社会责任，促进社会的数字化进程。

第三节　数字技术素养的实践

一、小学思政课教师典型案例

数字化意识是指教师对数字技术和数字化资源的认知和理解，树立数字化意识有利于青年思政课教师主动去加深与探索对教育科技工具、在线资源、学习管理系统等数字化工具的认识。当前，树立数字化意识对青年思政课教师的专业发展至关重要。一方面，树立数字化意识有利于提升思政课教学效果，正如案例中所呈现的，数字化工具和资源可以增强教学的吸引力，帮助学生更好地理解和掌握知识；另一方面，树立数字化意识利于“因材施教”的个性化教育，每个学生都有不同的爱好与专长，通过数字化平台实现对学生成绩与课业表现的动态追踪，能够帮助教师制订出针对不同学生的学习方案，加深学生的学习体验。同时，就小学思政课教学而言，数字技术的应用能够最大限度地让小学生融入课堂教学环节，吸引学生的注意力。因此，小学阶段的思政课教师要根据小学生受教育的特殊性，树立良好的数字意识，通过参加培训、研讨会和在线课程，了解最新的数字化教育工具和最佳实践，同时也要勇于尝试不同的数字工具和资源，探索它们如何能够融入教学活动。

案例二十一：

巧用数字化技术　赋能小学思政课堂

上海市浦东新区竹园小学张杨校区的韩璐老师在小学道德与法治课程中通过 Classin 平台（具体包括通过 LMS 学习管理系统、TeacherIn 课程社区、HLS 混合学习空间）打造智慧课堂。以《法律作用大》这一节课程为例，韩老师引入了新闻时事，在教学中以情境为载体，以问题为纽带，以驱动性任务为引领，通过自评、互评、师评等多主体评价，适时关注学生的学习表现，以更好地促进学生的学。在指南针明方向这一环节中，韩老师设计了两次报与不报的投票活动，分别放在思辨前和思辨后，学生在不同的观点互相碰撞的过程中完成自评。韩老师通过数字化技术促进师生互动和生生互动，通过在线讨论、在线问答等方式，鼓励学生积极参与课堂讨论和思考，培养学生的思辨能力和表达能力，给予学生充分的话语权，让学生真正地学有所得。

案例来源：吴晓丽：《巧用数字化技术　赋能小学思政课堂——竹园小学道德与法治学科 12 月大教研顺利举行》，“上海市浦东新区竹园小学”微信公众号，2023 年 12 月 16 日。

数字化是教育现代化的重要组成部分，思想政治教育学科是实践性与时代感极强的学科。因此青年思政课教师须紧贴时代脉搏，树立良好的数字化意识，不断发展自己的教学技术，才能担负好这门学科教学的使命。对于小学生而言，他们的认知水平处于发展初期，对于“法律”这类抽象词汇的含义及意义还不能很好理解，这意味着想要贯彻收获“道德与法治”课程的良好实效，必须积极采取更形象、更生动、更通俗易懂的方式加深学生对晦涩抽象知识点的理解。而树立数字教学意识，掌握数字教学技能是极为有益于这一目标实现的。案例中的韩璐老师，在小学道德与法治的教学课堂中有效利用起了Classin这一新兴数字平台进行课堂投票，促进师生互动和生生互动，这一活动有效调动起学生的积极性，提升了学生主体的参与度，增强了学生对课程的参与感。可以试想，相较于“照本宣科”的沉闷说教，数字思政课堂更有趣味性、更富体验性、更有沉浸感，这刚好与小学生的认知发展特点相符合，可以使他们在学习生活中锻炼思考能力，在思考中加深对知识点的理解。也就是说，树立数字化意识是教师形成数字素养的第一步，它表明教师认识到数字技术在教育中的重要性和潜在价值。在本案例中，学校首先发挥了很好的引导作用，上海市浦东新区竹园小学极力推动数字化转型实践框架，精心架构道德与法治学科大教研活动，以“迈入数字赋能的思政课堂教学实践”为主题，以线上线下交互研修模式为策略，以文献研读、课例观摩、研讨交流为路径，扎实开展主题式深度教研，Classin平台学习活动正是在这样的号召下兴起的。因此，以韩璐老师为代表的具备良好数字化意识的竹园小学教师纷纷进行尝试，丰富课堂活动，收获了良好的教学效果。

二、初中思政课教师典型案例

青年思政课教师的数字素养很大程度上直接体现在其掌握数字技能的程度。一方面，掌握数字技能能够有效提升教育资源的可用性。掌握数字技能使教师能够创建和分享数字化教育资源，丰富课堂内容。另一方面，掌握数字技能应对教育技术的发展。数字技术领域不断演进，掌握数字技能有助于教师跟上最新的教育技术趋势。根据初中思政课教学的现实情况，多样化的数字资源拓宽了初中学段思政课教师教学的广度和深度。同时，数字化应用促进教师能力提升，使思政课教师能够有针对性地对学生的闪光点进行点评，从而赢得学生的好评。

案例二十二：

数字化赋能教学　助力课堂新样态

上海市青浦一中教师徐平老师使用上海市中小学数字教学系统（“三个助手”）进行道德与法治数字化转型的课堂探索。徐平老师选取了浙江安吉余村发展案例来阐释九年级道德与法治教材第三单元第四课时《共筑生命家园》一课。课前利用“备课助手”进行任务发布，让学生找寻体现心目中“美丽中国”的照片，进行思维预热，导入新课。在课堂教学过程中，徐老师利用“教学助手”中的互动课件和教学工具，组织学生通过论坛在线实时互动、绘制关系图拍照上传、数字资料圈画批注等方式，有效引导学生厘清余村美丽蜕变之路中的具体举措和探讨实现这些举措背后的深层原因，从中认识到人与自然的关系以及如何实现和谐共生这一目标。在共筑生命家园的微倡议环节，徐老师引导学生将建设美丽中国落实到日常的具体行动中。下课后，“作业助手”为同学们发布课后作业，并对同学们所提交的作业情况进行数据统计与错因分析。

案例来源：汪婷：《数字化赋能教学 助力课堂新样态》，“青浦一中”微信公众号，2023 年 12 月 26 日。

从上述案例可以发现，在徐平老师的精心设计下，“三个助手”已经很好地融入了思政课堂中。课前利用“备课助手”进行思维预热引出新课程，课中利用“教学助手”引导教学流程，激发学生的思考讨论，课后利用“作业助手”了解学生掌握知识点的情况，在数字技能赋能下徐平老师完成了一堂《共筑生命家园》的生态文明教育大课。从这一案例中可以看出，青年思政课教师掌握数字技能的出发点与落脚点是上好思政课，是改进自己的教学方法，提升思政课的质效。从引导学生厘清余村美丽蜕变之路中的具体举措和探讨实现这些举措背后的深层原因，到升华认识到人与自然的关系以及如何实现和谐共生这一目标，再到引导学生将建设美丽中国落实到日常的具体行动中，徐老师作为课程的主导者，帮助同学们获得了从实践—认识—再实践螺旋上升的思维认知，而在这一过程中，寻找“美丽中国”照片、在线实时互动、绘制关系图拍照上传、数字资料圈画批注这类数字教学手段起到了关键的桥梁作用，使得徐老师的这堂思政课收到了润泽心灵的作用。因此，青年思政课教师首先需要接受基础的培训和学习，参加数字技术培训课程，学习如何使用教育工具和应用程序。其次，需要进行实践和探索，积极尝试不同的数字工具和应用程序，通过实际操作来熟练掌握如何将数字技能应用于思政课堂。最后，教师需要持续更新知识，跟踪教育技术领域的最新发展，不断学习和适应新的工具和方法。

三、高中思政课教师典型案例

研究数字教学是指教师积极探索和了解如何有效地将数字技术和教育工具整合到他们的教学实践中，主动研究数字教学并将其应用在思政课堂中是最能体现思政课教师数字素养发展程度的一项能力。高中学段的思政课教师面临着学生高考的压力，因此在数字化应用方面，教师的挑战和压力并存。高中学段的思政课教师在教学过程中，一方面要充分利用数字化资源，挑选促进学生发展的内容；另一方面，教师在数字化应用过程中，要避免数字化教育流于形式，而影响学生成绩。案例中的张仁勇老师通过在教学中不断摸索，自创了阅卷与教学一体化的网络教学平台，激发了学生的学习兴趣，提高了思政课的实效性，这对于高中学段思政课教师数字化素养的培育提供了借鉴作用。

案例二十三：

要当教育家，不做教书匠

张仁勇老师是中山市永安中学的一名高中思政课教师。他勤耕课堂，把三尺讲台当成挥洒青春与智慧的舞台，17年来初心不忘，谨记“要当教育家，不做教书匠”的信条，研究不止，创新不倦。他是学政治的“程序猿”。他的思政课堂，个性鲜明，形式新颖，独树一帜，在中山市也颇有影响力。他的课堂永远充满了激情与力量，他独具特色的大气课堂让学生正能量满满，他深入浅出、生动活泼的教学风格深受学生欢迎。他教学理念先进，2002年起便开始研究信息技术与思政课教学的融合。他二十年如一日，靠自学，靠摸索，一点一点地打造出了一个功能完备，特色鲜明的网络教学平台。特别是他自主开发了走在全国前列的主观题自动阅卷系统，提高了教学效率，增强了学生的学习兴趣。在疫情期间的线上教学中，他借助自创的网络教学平台，运用大数据分析，精准化辅导，游戏化教学，体验式学习，让他成为星光熠熠的“顶流”老师。

案例来源：《思政教师风采展示丨寻找身边的思政好老师》，“中山市永安中学”微信公众号，2022年11月4日。

研究数字教学是促使教师树立数字化意识和掌握数字技能最持久的源泉，是教师数字素养发展趋于完备的高级体现。第一，只有树立鲜明的数字化意识，带着教学研究的目的将数字化意识植入教学实践，浸入生活点滴，才能于细节处发现数字教学的可能性。正如案例中的张仁勇老师，他在二十年的执教生涯中孜孜不倦地摸索和自学，一点一点地打造出了一个功能完备的自主教学平台。第二，研究数字教学是开发与探索数字技能的基础与源泉，将教学情境中的问题抽象成教学学术问题，用数字化的思维与工具解决这一学术问题，并将其成果运用于实际教学中，数字教学技能是这一成果的直接体现。正如张仁勇老师将其自主研发的网络教学平台应用于他的思政课教学过程中，在整合教学资源的同时提高教学效率，在寓教于乐的同时提高教学针对性，使在数字教学研究中产生的数字教学工具很好地服务于教学实践。

四、大学思政课教师典型案例

研究数字化教学是指教师积极探索和了解如何有效地整合数字技术和教育工具到他们的教学实践中，主动研究数字化教学并将其应用在思政课堂中是最能体现思政课教师数字技术素养发展程度的一项能力。相较于其他学段，大学阶段，学校的数字化设备较好且学校对于教师进行数字化教育的支持力度较大。同时，在数字化高速发展的时代，大学教师对数字化研究的程度相对较为深入。因此，在教学过程中，大学阶段的教师也乐于尝试和探索。希望通过数字化应用创新教学模式和教学方法，让学生以全新的视角理解思政课教育的价值意蕴。下面案例中的李伏清老师孜孜不倦地在思政课改革的探索中研究数字教学，《恰同学少年》虚拟仿真教学系统课程、虚拟仿真馆建设、金微课、《思政热点思与行》访谈教学都是此项探索下的丰硕成果。可以看出，研究数字教学是思政课教师形成数字素养的源泉和动力，思政课教师从自身在教学中的收获、感悟、想法出发，以数字意识与数字技能为中介，研发丰富多样的方法途径，使数字教学意识切实落地，将停留在头脑中的教学意识转化为可行的教学技能。

案例二十四：

心中有爱、眼里有光

湘潭大学李伏清老师从教15年潜心科研、成果颇丰。她注重思政课改革、获奖无数，她探索将新兴科技融入思政课教学，在她的多番努力下，第一期“恰同学少年”虚拟仿真教学系统课程上线。该系统以三维建模、声光电特效、方言对话等形式，最大限度还原了特定的历史场景，学习者以“第一视角”参与，通过沙盘关卡式趣味问答、宣誓体验等方式，获得学习沉浸感、历史紧张感与革命使命感。从“指尖”到“心尖”，科技助力，让思政课真正实现了“潮”起来。在第二期虚拟仿真项目建设中，团队还完成了“四史”中标志性纪念馆、博物馆、展览馆等28个虚拟仿真馆建设，打造360°全沉浸式爱国主义教育基地，提升思政教学效果。她组建团队，制作了《湘谈“四史”》50讲、“恰同学少年”“百年百地正青春”等金微课。作为这些课程的主要开发者，李伏清从设计理念的提出到内容建设，再到文稿把关、视频审核，都亲力亲为、不敢有一丝懈怠，力求把每一个史实核准、把每一个理论讲透。同时，李伏清还结合多年教学经验，将思政热点策划成“新闻观察”访谈节目，并把案例集结为《思政热点思与行》，学校师生及社会人员可以通过扫码边看访谈边学习。这一课堂教学与网络教学、第一课堂与第二课堂、线上学习与线下学习良性互动的教学体系，让思政课堂真正“活”了起来。

案例来源：李银艳、肖睿洋、赵芳：《心中有爱、眼里有光——记湖南省首届最美思政课教师李伏清》，光明网《非凡十年我的教育故事》专题，2022年8月16日。

目前，思政数字教学研究主要聚焦于研究不同的教育技术方法、在线学习资源、虚拟教室设计等方面，优秀的思政课教师们不断推进这一事业的发展，帮助他们不断改进教学方法，提高学生的学习成果。具体而言，第一，青年思政课教师应保持旺盛的好奇心与学习力，积极参与领域内相关的教育技术研讨会、阅读相关文献、关注教育技术领域的最新趋势和研究。第二，青年思政课教师可以积极尝试不同的数字化教育方法，并评估其对学生学习成果的影响，总结出切合学生实际、利于教学成效的数字教学模式。第三，在思政课教师集体备课会、教师传帮带等教师互相交流学习的活动中，应有意识地与其他教师分享自己推进数字思政教学经验，在互相激发灵感的过程中探讨出数字教学的最佳实践。

第八章　青年思政课教师核心素养培育的可能路径与未来展望

青年思政课教师核心素养的提升是一个价值重大、意蕴丰富的课题，需要长期坚持、共同培育。在贯彻落实《关于加强和改进新形势下高校思想政治工作的意见》《关于深化新时代学校思想政治理论课改革创新的若干意见》《全面推进“大思政课”建设的工作方案》《新时代高等学校思想政治理论课教师队伍建设规定》等文件要求的基础上，应以提升青年思政课教师教学能力和育人水平为出发点，通过凝聚共识、遵循规律、协同共育和现实保障四方面着力，共同推进青年思政课教师核心素养的提升，着力铸造思政“金师”，打造思政“金课”，推动思想政治理论课内涵式发展，进一步落实好立德树人根本任务。

第一节　培育视阈：“冰山模型”的启示

“核心素养”在职业发展的语境中亦可理解为某专业领域从业人员有效或卓越地完成从事工作所必须具备的能力。具备核心素养的个体在工作中表现为一种明显的胜任状。因此，我们又将素养称为胜任力

（competence）。在前文中，我们得出了新时代青年思政课教师六种核心素养的构成，说明了具备什么样的素养，青年思政课教师能够很好地胜任他们的工作。如此一来，我们面临的新问题是，在具体实践中，究竟如何衡量青年思政课教师的胜任程度？为此，我们基于在学界广为使用的“素养冰山模型”，对新时代青年思政课教师核心素养的培养问题开展研究。具体包括从冰山上下、显性与隐性的视角下，六种素养分别具备什么特征？六种素养之间的关系如何？培育的侧重点是什么？是否拥有清晰统一的量化标准？对一系列问题的剖析都能够进一步加深对新时代青年思政课教师核心素养培育问题的分析。

一、基于“冰山模型”的核心素养分析

对素养或胜任力的探讨是以对某专业领域人员的能力评价需要为起点的。20 世纪 70 年代初，美国心理学家麦克利兰（David McClelland）意识到社会正在用一套单一的智商测评或学业评价体系衡量与预测已然从学校毕业的工厂工人、银行出纳员或空中交通管制员等职业人员的工作表现，而事实是大量证据表明这一单一评价体系与他们是否在领域内取得成功并无明确相关性，我们需要的是制定一套确定有效完成特定工作所需的素养体系①，由此开启了专业素养的探究道路。麦克利兰将素养定义为“一种个人特质或习惯，它能带来更有效或更出色的工作表现”，认为素养主要是由动机、个性、自我形象与价值观、态度、知识、技能等要素构成，就此提出了一种胜任力评价工具——“素养冰山模型”，以此拟态个人专业素养的基本存在方式，并对素养类型进一步划分，提出了显性素养与隐性素养概

① McClelland，David C. Testing for competence rather than for" intelligence"［J］. American psychologist，1973，28（1）：1.

念。麦克利兰认为，对知识与技能的熟练掌握对应的是显性素养，因为它们宛如暴露在洋面上的冰山，清晰可见、容易观测，相对而言也比较容易通过培训来改变和发展；牵涉自我动机、职业态度、自我形象与价值观的是隐性素养，它们像洋面下的冰山，虽不易被直接观测却是整个冰山的根基，对个人职业发展起着支撑性的作用。概言之，对于某领域从业者核心素养的呈现需要一个具体的模型或框架，为培育主体提供卓越人才的培育方向，同时支持个体实现其职业发展目标，而“素养冰山模型”正是这样的模型构想。

新时代青年思政课教师应该是具备多种专业素养的复合型人才。一方面，他们既要具备中国特色社会主义教育体系下卓越的教育工作者所共有的教育教学素养，还要具备思政课教师在教育实践中特有的职业素养，发挥出思政课作为立德树人关键课程的主渠道作用；另一方面，新时代青年思政课教师核心素养应包括对青年思政课教师知识储备与教学技能等相对应的显性素养，还包括自我动机、职业态度、自我形象与价值观等相对应的隐性素养。唯有如此，青年思政课教师才能日益成长为德才兼备的“经师”与“人师”，成为培养时代新人的“大先生”。基于此，我们立足“素养冰山”的理论视域，将“素养冰山模型”的基本构想和理论原则与青年思政课教师的六种素养相结合，根据显性素养与隐性素养的本质与特征对青年思政课教师的核心素养作出观察、分析和比较，将学科知识素养、教育教学素养和数字技术素养划分为显性素养，将政治理论素养、专业道德素养、情感态度素养划分为隐性素养，具体建构情况见图 8-1。

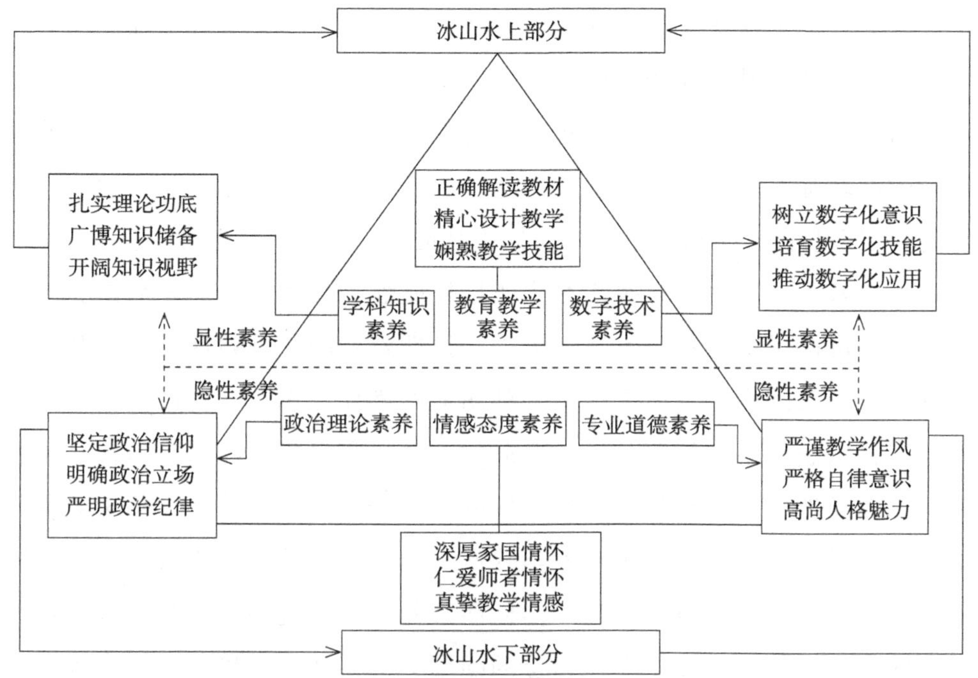

图 8-1 青年思政课教师"素养冰山"分析框架

二、冰山上下的显性素养与隐性素养

(一)冰山之上的显性素养

显性(Explicit),是事物清晰明见的性状表达,韦氏大词典将其阐释为"完全揭示或表达,没有含糊不清、暗示或模棱两可"。[①] 显性素养,是人才素养结构中清晰可见、易于观测的一类素养。根据麦克利兰的"素养冰山理论",这一类素养往往对应的是对知识体系与应用技能的集中要求。青年思政课教师"冰山之上"的显性素养,是指他们在收获良好的教育教

① 原文为"Explicit, Fully Revealed or Expressed Without Vagueness, Implication, or Ambiguity",摘自 Webster's Encyclopedic Unabridged Dictionary of the English Language [M]. New York: Gramercy Books, 1989: 323.

学成效的目标下应该具备的知识与技能，给予青年思政课教师独立应对教学过程中出现的基础问题的能力。这一类素养对于思政课教师发展举足轻重，因为它既是思政课教师区别于其他课程教师的重要体现，又代表着青年思政课教师对所承担教学任务的基本胜任力。某种程度上而言，这类素养是青年思政课教师成为精通专业知识技能的“经师”的起点。

顾名思义，显性素养的基本特征是外显性，具体表现为显性素养的易观察性、可衡量性与易培育性。第一，显性素养的易观察性是指在某专业领域的操作实践中，个体呈现出一种明显的胜任状态，一些情况下甚至可以说这种状态是不言自明、无须推敲的。在研究青年思政课教师核心素养时，可以发现一些素养是通过教师们的行为表现直接反映于青年思政课教师的教学过程中的，容易被观察与检测。因此，这些素养被我们纳入“冰山之上”的显性素养范围。第二，显性素养的可衡量性是指某一些素养针对个体在适应与精通某一专业岗位的问题上具备清晰明确的评价指标或衡量方法，能直接检验个体素养发展情况的有或无、好或坏。对青年思政课教师而言，可以借助学科背景审核、教学技能考核、技能证书要求等具备规范性的审核方式了解教师核心素养的发展层次与梯度目标。因此，与此相对应的素养也应一同纳入显性素养之中。第三，显性素养的易培育性是由其易观察性与可衡量性共同决定的。培育的基础是评价，评价的核心要义是规范与统一，规范与统一的前提是可以被观察，而正是因为这类素养具备明显的观测与评价手段，也就具备清晰的生成与提升路径，并且可以在评价反馈与针对性培养的良性互动中不断加强。需要特别指出的是，任何素养都是在长期的行动意愿与实践反馈的共同作用下形成的，都不是一蹴而就的，这里的易培育性是显性素养相较于隐性素养所具有的显著特征。

从青年思政课教师核心素养的要素结构出发，不同的素养提升问题，总存在有难有易、有深有浅的情况，需要区别看待，针对性发力，这也正是我们划分显性素养与隐性素养的初衷所在。综上，将显性素养的本质和特征与青年思政课教师核心素养要素一一匹配后，将学科知识素养、教育教学素养、数字技术素养纳入“冰山之上”显性素养的考查范围。

青年思政课教师的学科知识素养主要是指教师对学科知识具备深厚的理解、积累、运用能力，是思政课教师上好思政课的前置性素养。思政课教师需要熟知马克思主义理论与中国特色社会主义知识体系，具备深厚的马克思主义理论功底，在此基础上拥有广博的知识储备与广阔的知识视野，深刻理解与灵活运用知识体系，增强思政课的理论性。

首先，一位思政课教师是否具备学科知识素养，是可以通过观察其在课堂上的教学表现以及研究论文论著直接反映出来的。在思政课中，思政课教师是否对思政课教学内容了然于心，是否能学贯古今，深入浅出地讲授偏向抽象复杂的马克思主义概念与理论，是否能结合当下实际正确诠释党的方针和路线，这些都是显而易见的，对于我们了解思政课教师的学科知识储备提供了有效方式。

其次，思政课教师的学科知识素养也具备多种方式可以直接检验和评价。例如，可以通过其学科教育背景进行考察。当下，青年思政课教师大多是具备马克思主义理论相关对口专业教育背景的专职教师，具备相应的学科知识储备，为青年思政课教师学科知识素养培育提供了良好前提保证。此外，学科知识素养还可以通过思政课教师的学术造诣侧面反映。学术研究的基础正是对学科知识的深刻理解与积累运用，青年思政课教师大多经受过专业学术训练，拥有良好的学术研究能力，可以通过其发表论文、出版专著、主持或参与社科课题的情况大致窥见其是否具备合格的学科知识素养。

最后，学科知识素养是相对而言易于培养的一种素养，并且已经发展出多种短期与长期相结合的常态化培养机制。例如，2019 年，教育部印发《普通高等学校思想政治理论课教师队伍培养规划（2019—2023 年）》的通知，开设“周末理论大讲堂”，组织专题培训、学习贯彻习近平新时代中国特色社会主义思想专题培训等常态化理论培训机制，很好地补强和更新了青年思政课教师的知识储备，是提升青年思政课教师学科知识素养的重要途径。因此，学科知识素养拥有完备的评价机制与短期起效的培育路径。

青年思政课教师的教育教学素养主要是指教师在教学实践中对学科知识的转化能力，是思政课教师上好思政课最核心的能力，具体体现为教师是否有能力创设利于知识融入的教学情境、设计有助于知识展开的教学环节、开发收获良好成效的教学模式等能力。教师在自身拥有良好学科知识素养的前提下，是否能正确解读教材，在课堂上将马克思主义世界观与方法论，党的创新理论与路线方针，正确的价值观念与价值取向准确无误地传达给学生，是否具备精心设计教学的能力与娴熟的教学能力，避免沉闷枯燥的“填鸭式”教育，使思政课堂“活起来”，保证思政课严肃性的同时增强思政课的吸引力，这些都牵涉教学的智慧，需要教师的教育教学素养作为支撑。

首先，青年思政课教师的教育教学素养同样直接表现在其教学过程中。在思政课堂上，教师是否能流畅自然地传授教材内容，是否精心设计了一系列教学活动，是否努力将学生带入课程，引导学生进一步思考，这一系列表现都是直观可见的，也是我们衡量一位思政课教师是否称职最关键的指标。

其次，青年思政课教师的教育教学素养应具备规范统一且逐步完善的评价体系。例如，党的十八大以来，教育部陆续发布《关于加强新时代中小学思想政治理论课教师队伍建设的意见》《新时代高等学校思想政治理论课教师队伍建设规定》《高等学校课程思政建设指导纲要》等文件，致力于建立思政课教师教学能力的综合性、动态性、发展性评价体系，指出“要将教学效果作为思政课教师专业技术职务（职称）评聘的根本标准”，[①]各级学校逐渐将思政课教师的教学能力考核放在思政课建设的层面上去抓，通过随堂听课、学生评价、教师自评等环节，逐步建立起完善的思政课教师教学成效考核评价体系和监督检查机制意识。

① 教育部办公厅：《教育部办公厅关于学习宣传和贯彻实施〈新时代高等学校思想政治理论课教师队伍建设规定〉的通知》，2020 年 2 月。

最后，青年思政课教师的教育教学素养在越发完善的思政课教师培训培养体系中逐步得到强化。当前，思政课教师教学能力的培养体系具有从分散走向联合、从随意走向规范、从短期培训走向制度常态化的特征，不仅有思政课教师队伍后备人才培养专项支持计划、骨干教师研修项目等统一的示范培训计划，国家还统一鼓励支持思政课教师省校协作培训项目、思政课教师校际协作项目等在各地培养机制的实践落地，在各级各类学校，跨越学校层次与专业类别的教师集体备课会与传帮带制度也在逐步推广与建立。因此，教育教学素养具有趋于完善的评价方式与逐步丰富的培养体系。

青年思政课教师的数字技术素养主要是指在信息时代的大背景下思政课教师数字教学的能力，其核心是在建立数字意识与研究数字教学的基础上掌握数字教学技能。数字化是教育现代化的重要内涵，教育数字化趋势已经逐渐成为推动思政课改革与现代教育发展不可忽视的重要力量。青年思政课教师们思维活跃、学习能力强，是思政教育群体中最富生气的力量。思想政治教育是一门实践性与时代感极强的学科，思政课教师通过树立数字意识、掌握数字技能、探索数字科研，不断更新与强化自己的数字教学能力，以增强思政课堂的趣味性、吸引力与感染力。

首先，教师的数字技术素养可以通过其对数字教学的研究直观体现出来，具体表现为思政课教师对教学资源的开拓情况与教师利用数字技术创新思政课育人方式的情况。近些年，各地思政课教师发挥主动性与创造性，搭建了以线上教学平台、公众号、短视频为代表的全媒体思政育人矩阵，建设起整合作业审核、成绩录入、课程评价等功能一体化的数字化考核评价平台，涌现出大批以精彩教案、精彩课件与精彩课程为主要内容的思政精品课程资源库，利用 VR 技术在思政课堂上呈现出纪念馆、博物馆、革命旧址、革命人物旧居等虚拟仿真教学场景用 VR 技术，利于生动形象地展示教材知识，增强学生的体验感和沉浸感。因此，对于这些新兴数字育人资源与数字育人方式的掌握与运用可以直观地体现青年思政课教师的数字素养发展情况。

其次，教师的数字技术素养可以通过多种方式检验和评价。对数字技术素养的检验和评价有助于促进青年思政课教师在数字化时代的成长和发展。因此，对于教师数字技术素养的检验和评价可以通过过程测试和结果测试相结合的方式进行。过程测试主要侧重于教师活动各个环节进行数据采集、加工和分析的方法。这种测试方式相对而言较为公平和全面。而结果测试主要是通过调查问卷、水平测试以及开展实地调研等方式对教师数字技术进行检验和评价。此外，还可以通过参加各级各类培训的结业证书进行检验和评价。

最后，数字技术素养是可以通过短期培训最快提升的素养之一。例如，学校可以开设数字技术学习的专题培训班，邀请数字技术领域的专家对思政课教师的数字技术进行针对性的辅导。学校还可以组织青年思政课教师到智慧思政建设成效显著的高校参观学习和交流。此外，学校可以通过数字化教学培训和研讨会，组建团队开展“数字化思政课教学变革和应用”，使思政课教师掌握最新的数字技术和发展动态，提升其数字素养。

（二）冰山之下的隐性素养

隐性（implicit），是隐于事物内部而不表现在外的性状，韦氏词典将其阐释为“牵涉事物的天性或决定事物的本质，尽管没有揭示、表达或发展”，[①]在“隐藏”或“隐匿”的含义之上对这一性状诠释事物本质的效力性与其对于事物存在与发展的决定性作用予以肯定。隐性素养是个体若想胜任某一工作必须具备的重要素养，对于个体在专业领域内的卓越表现起着至关重要的支撑性作用。麦克利兰认为隐性素养一般涉及个体的自我动机、职业态度、自我形象与价值观。青年思政课教师“冰山之下”的隐性素养，

① 原文为“Involved in the Nature or Essence of Something Though not Revealed, Expressed, or Developed”，摘自 Webster's Encyclopedic Unabridged Dictionary of the English Language [M]. New York: Gramercy Books, 1989: 560.

是指在职业长期发展的视角下对于他们人格和道德品质等能力的进一步要求，主要体现为其如何看待思政课教师这一职业，如何定位自己在其中的育人角色，如何认识党的思想政治教育这一事业的综合性涵养。这一类素养是青年思政课教师核心素养发展的根基，主导着思政课教师的行为逻辑，其存在与否与发展层次是区分“合格”与“卓越”的思政课教师的关键考量，象征着一名思政课教师实现了从精通专业的“经师”走向德才兼备的“人师”的重大跨越。

与显性素养相对立，内隐性是隐性素养最核心的特征。这意味着，隐性素养难以直接观察，难以建立量化的评价指标，且必须立足于长期、持久的培育策略上考虑其培育进路。首先，隐性素养不具备清晰直接的观察手段，只能通过间接手段观察。在实际工作情境中，个体的胜任力主要外显为其知识和技能。那么个体往往不会也不必表露其深层次与潜意识之中的内在想法。因此，我们往往需要从个体的话语与行为倒推其自我认知、道德品质、情感倾向。尽管如此，这种倒推也只能作为侧面反映个体隐性素养的间接证据。

其次，隐性素养不具备清晰客观的评价指标，只能通过主观反馈衡量其发展程度。究其原因，如果说观察的目的是评价，那么评价的目的就是培育。隐性素养不易被观测、不易被表达的内隐性特征几乎拒绝了直接观察的可能，自然也就使得隐性素养不易制定出统一客观甚至具备量化指标的评价体系。然而，对于青年思政课教师这一群体而言，由于近年来国家对于师德师风建设的重视，各类主体逐渐关注到了师德师风评价考核这一问题，相关讨论的声音越来越多，这一情况稍有好转。不过，相关学者共同指出，相较于对教师科研与教学能力的详细考核指标体系，师德师风仍缺乏明确的考核指标，还需要进一步的操作化设计与实践反馈[①]。

最后，隐性素养的培育必须立足于长期培育机制的形成，这是一项更

① 万美容、王芳芳、袁本芳：《高校师德建设长效机制研究综述》，《思想政治教育研究》2014年第4期。

需要智慧、方法与耐心的工作。一是因为隐性素养的形成牵涉一系列复杂的认知与成长机制，它是在教师长期的生活实践中形成的，当然也要考虑在长期的培育中去塑形。二是因为隐性素养的形成与培育虽然较为困难，但一旦形成便不会轻易改变和动摇，具有稳固持久的特征，深刻影响着思政课教师的行为表现。正是因为如此，我们亟须关注思政课教师的隐性素养培育，激发教师自身的人格成长与职业发展内驱力，不懈探寻青年思政课教师隐性素养培育的可能路径。综上，根据隐性素养本质与特征，将政治理论素养、专业道德素养、情感态度素养归纳为新时代学校青年思政课教师的隐性素养。

政治理论素养是青年思政课教师必须具备的基础性素养。于思政课教师而言，政治理论素养毫无疑问是第一位的要求，习近平总书记对思政课教师提出的“六个要”要求中也将“政治要强”放在首位。可见，政治理论素养是思政课教师必须养成和具备的素质，它具体表现为坚定的政治信仰、明确的政治立场及严明的政治纪律。

首先，青年思政课教师的政治理论素养是通过其言行举止间接反映的。根据“素养冰山模型”的理论原则，政治理论素养是青年思政课教师价值观的集中体现，从根本上而言是隐性素养的一种。同时，思政课教师自身是否具有坚定的政治信仰、鲜明的政治态度、正确的政治站位，这一点本身却难以直接观测，在教育教学过程中，我们可以通过青年思政课教师在课堂上对时事热点的解读方式、在平常生活中对社会思潮的态度倾向、在网络平台上的言行举止侧面间接地反映出来。

其次，青年思政课教师的政治理论素养的评价主要依赖于主观反馈。当前，各级各类学校在聘用教师时都会进行政治审查，在此基础上针对教师的政治评价考虑是否录用，这其实就是一种最基本的政治理论素养评价方式。而在教师入职过后，针对青年思政课教师理论素养的评价机制还比较缺乏，主要从教师的工作报告或相关类型问卷调查等渠道中反馈。然而这类反馈渠道往往采用教师自评的方式开展，不免会流于形式而导致分析不够深入，评价不够客观。既然政治理论素养作为一种隐性素养本就难以建立客观的评价量化指标，那么就可以拓宽主观的评价主体范围，采用多元主体评价、过程性动态评价相结合的方式作为青年思政课教师理论素养评价体系的基本取向，将教师、学生、教研室主任、教学主管等评价主体共同纳入评价体系，多方面多角度反馈教师政治理论素养，尽可能保证评价结果的全面性与客观性。

最后，政治理论素养培育是一个长期动态发展的工作。思政课教师的政治理论素养是在其长期的政治理论学习中积淀而成的，同样受其成长环境与工作环境的影响。因此，要将青年思政课教师政治理论素养的培育聚焦于建立教师对党和国家事业的深刻认同上，树立青年思政课教师在大是大非问题面前旗帜鲜明讲政治的意识。强调青年思政课教师以绝不触碰政治红线为原则规范自己的言行举止的重要性，突出青年思政课教师在遵守政治纪律、遵守学校纪律的表率作用。深化以党的旗帜为旗帜、以党的意志为意志的认识，以此作为其在思政课堂上讲好马克思主义、讲好党的理论和政策的重要保障。

专业道德素养是学校思政课教师成为德才兼备的“人师”的根本前提。思政课教师的教学活动是科学性和道德性的统一，专业道德素养是为人师表最基本的道德操守。

首先，青年思政课教师专业道德素养通过其对职业的认可与认同间接反映在其教学表现上。根据“素养冰山模型”，专业道德素养涉及教师的职业态度与自我形象，是隐性素养的重要构成。青年思政课教师的专业道德水平是难以直接观察的，但是，它可以通过教师在教学中严谨的教学作风与严格的自律意识侧面表现出来，具备了专业道德素养的思政课教师同样也是拥有高尚人格魅力的教师，而这种魅力会感染学生，为其树立良好的表率。

其次，青年思政课教师的专业道德素养同样缺乏进一步的评价指标。同政治理论素养一样，当下针对青年思政课教师专业道德素养的评价机制有待进一步探索，而针对教师失德现象的整治机制却在进一步规范。例如，思政课教师的专业道德素养评价考核问题在国家师德师风建设的号召中正日益被重视起来。2019 年，教育部等七部门印发《关于加强和改进新时代师德师风建设的意见》，指出要“将师德考核摆在教师考核的首要位置”。①2020 年，教育部发布《新时代高等学校思想政治理论课教师队伍建设规定》，进一步规定对于在师德师风方面存在突出问题的思政课教师，在专业技术职务（职称）评聘中实行“一票否决”。②可以预见，青年思政课教师的专业道德评价在未来会依托于坚决的惩处执行、多元的评价主体、科学的评价体系日益趋于规范与完善。

最后，青年思政课教师涵养德性、润己泽人是在长期的教学实践中实现与加强的。同样，在国家对学校教师师德师风建设的重视下，思政课教师专业道德的培育也日益引起各级各类主体的注意。《关于加强和改进新时代师德师风建设的意见》提出要通过“突出课堂育德”“突出典型树德”“突出规则立德”③，强调师德培育要侧重于场域性、激励性与纪律性。“德高为师，无德无以为师。”思政课教师是学生成长的“引路人”，是立德树人根本任务的“守土人”，对学生的健康成长以及价值观的正确树立起着重要的正向引领作用。因此，青年思政课教师的专业道德素养须在规范评价考核与完善培育路径的道路上逐步健全。

情感态度素养是青年思政课教师自觉精进其他核心素养，上好思政课的持久动力。习近平总书记指出，教育是一门“仁而爱人”的事业，有爱才有责任。④青年思政课教师的情感态度素养主要体现为其对于思政课教师

---

① 教育部等七部门:《教育部等七部门印发〈关于加强和改进新时代师德师风建设的意见〉的通知》，2019 年 11 月。

② 教育部办公厅:《教育部办公厅关于学习宣传和贯彻实施〈新时代高等学校思想政治理论课教师队伍建设规定〉的通知》，2020 年 2 月。

③ 教育部等七部门:《教育部等七部门印发〈关于加强和改进新时代师德师风建设的意见〉的通知》，2019 年 11 月。

④ 新华社:《建设中国特色、世界一流大学，习近平指出这样一条路》，2022 年 4 月。

这份职业的价值认同，对于师者情怀的使命追求与收获师生情谊的精神满足，三者的良好融合使青年思政课教师得以在教育教学过程中收获职业幸福感，使青年思政课教师在职业发展的前进道路上同时满足自我实现的高尚追求。

首先，青年思政课教师的情感态度素养是通过其在教学和平常生活中的言行举止间接反映的。从本质上而言，情感态度属于内在动机，是“素养冰山模型”中最根本、最重要的素养要素，因为在折射思政课教师“能做什么”与“想做什么”的素养之外，“为什么想”是更深层次、更为重要、对结果影响更为明显的素养，青年思政课教师情感态度素养则表现出教师受情感驱动而想要胜任思政课教学的状态，是一种极为强大的自驱力。一位教师是否热爱他的国家、是否热爱他的事业、是否关心他的学生，都是比较容易通过他的行为表现出来的。

其次，青年思政课教师情感态度素养的评价难以形成量化指标。教学的过程是一个双向互动的过程，教师在教学过程中不只是向学生输出知识、传授技能，更重要的要在与学生的互动过程中激发情感。然而，情感是一种内隐性很强的个体感受与态度，并且常以一种模糊的状态存在，不轻易被提及与表达，只能通过教师在教学中的表现与综合成效侧面反映。而教师教学的综合成效又由多种素养共同决定，导致情感态度素养很难观测，也很难进一步建立针对情感态度素养评价的指标体系或评价工具。简而言之，情感的存在无法检测，情感的浓度也无法量化。因此，情感态度素养可以说是最难以被检测与评价的素养之一。

最后，青年思政课教师在长期的实践与培育中生成教学情感。虽然缺乏量化评价指标使得教师情感培育缺乏具体的方向引导，但是情感态度素养是青年思政课教师收获职业幸福感的关键，是激发青年思政课教师上好思政课的积极性与主动性的关键，是使得思政课成为触动心灵、滋养灵魂课程的关键。因此，必须尤其关注青年思政课教师的情感态度培育这一问题，创造师生互动的交流窗口。例如，从外部来看，各级主体可以适度调整“重科研、轻教学”的考核权重，尽量为教师能够沉浸教学“松绑减负”；从内部来看，应以着重树立青年思政课教师的职业认同感为抓手，以家国情怀、师者情操、师生情感的培育为聚焦点，以此奠定青年思政课教师情感态度素养培育的主基调。

三、在显隐有机联动中培育核心素养

正如冰山没有根基就会坍塌，没有山顶便不成形状，新时代青年思政课教师的显性素养与隐性素养不是孤立存在的，二者在青年思政课教师的职业成长道路上共同发挥着重要作用。由学科知识素养、教育教学素养、数字技术素养所构成的“冰山之上”显性素养是外显直观的能力表现，相较而言易于观测也易于培养，是青年思政课教师核心素养培育的主要着力方向；由政治理论素养、专业道德素养、情感态度素养所构成的“冰山之下”隐性素养是隐而不彰的人格涵养，作为深沉持久的驱动力量深藏在教师的人格之中，支配着教师的行为表现，是青年思政课教师核心素养培育必须牢牢抓住的关键。显性素养与隐性素养之间不是各自发展的孤立状态，而是在青年思政课教师职业发展过程中呈现整体性，相互影响、相互促进。具体而言，隐性素养作为根基力量驱动推进着显性素养的发展，显性素养的不断发展又进一步促进了隐性素养的生成与提升，二者在内在统一与有机互动中构筑了新时代青年思政课教师循环往复、螺旋上升的核心素养发展体系。

一方面，隐性素养寓于显性素养中，推动着显性素养的发展。自我动机、职业态度、自我形象与价值观深藏在个体认知结构的内部，对个体发展什么样的知识与技能起着驱动与选择作用。因此，思政课教师的政治理论素养、专业道德素养、情感态度素养推动着他们的学科知识素养、教育教学素养、数字技术素养的发展。例如，当思政课教师自身具备良好的政治理论素养时，他们则具备了钻研马克思主义学科知识、熟练掌握思想政治教育知识的内生动力，在这样的动力下他们会视知识学习为乐趣而不是任务。这客观上有助于增进他们对学科知识的理解与运用，提升其学科知识素养。同时，他们对所教知识的深切认同会自然而然地增加思政课的感染力与信服力，提升青年思政课教师的教学技能。同样，当思政课教师具备良好的专业道德素养与情感态度素养时，他们会对思政课教师这一职业产生深切的价值认同，思政课教学则成为他们的事业而不是工作，牵涉他们的潜能发挥与自我实现，这样的认知会强化其在教学能力提升上的追求，钻研教学技能、数字技能的主动性、创造性与执行力都能被很好地激发与调动起来，在日复一日地总结与实践中成为兼具技能与涵养的教书育人“大先生”。

另一方面，显性素养表征着隐性素养，促进着隐性素养的生成。显性素养主要表现为教师的知识储备与专业技能。随着青年思政课教师在思想政治教育领域的长久深耕，他们掌握的知识体系与专业技能越发完善与成熟，对日常教学与科研任务的胜任力逐步提升，此时他们终能从繁忙的日常工作中得以暂时抽身，审视自己的精神追求，思考自己在这份职业中的真实收获。在这一过程中，隐性素养逐渐生成。例如，青年思政课教师在拥有娴熟的教学技能时，教学成效的良性反馈使他们更能享受到教学的乐趣，使他们沉浸其中，以严谨的教学作风与严格的自律精神约束自己的行为，自发精进自己的知识体系与专业技能，以收获更好的教学成效。由此，培育出其高尚的人格魅力。在这一情境下，教育教学素养便有效转化为了专业道德素养。在学科知识、教育教学、数字技术能力所带来的教学成效的提升可以使思政课教师收获到思政课教学给自己带来的成就感与满足感，日益感受到师者的幸福，这种幸福是履行“传道受业解惑”职责使命的幸福，也是自己与学生互相学习时“如切如磋，如琢如磨”的幸福，还是“桃李不言，下自成蹊”般成就学生的幸福，是教师关爱自己的学生、热爱自己的教学事业、成就自己的教育人生的重要推动力量。

综上，新时代思政课教师的显性素养与隐性素养在青年思政课教师身上扮演着不同的角色，它们互相补充了青年思政课教师胜任这一职业的角色功能。在实际生活中，显性素养和隐性素养在相互影响中相互促进，青年思政课教师的胜任力在这一良性循环中不断迭代、不断提升。正是在这种循环往复、螺旋上升的素养发展动态体系的日益促成下，青年思政课教师终将更好地担负起“为党育人、为国育才”的光荣使命。

第二节　凝聚共识：明确素养提升的目标指向

一、推动教育强国建设

习近平总书记在党的二十大报告中指出，“高质量发展是全面建设社会主义现代化国家的首要任务”，不仅要体现在政治、经济、文化领域，也要体现在教育领域，以高质量发展为导向推进教育事业内涵式发展，实现教育强国的建设目标。思政课是落实立德树人根本任务的关键课程，思政课教师是办好思政课、落实好立德树人根本任务的关键。青年思政课教师肩负着传授知识、播种信念、夯实信仰、塑造灵魂的重任，其核心素养直接关系到立德树人根本任务的落实和新时代党和国家教育事业的发展。

首先，以教育现代化建设为指向推进青年思政课教师素养的提升。“教育必须为社会主义现代化建设服务”的方针要求教育必须适应社会发展，必须为社会主义建设服务。在中国式现代化的伟大进程中，教育现代化起着至关重要的作用。“教育现代化是教育高水平的发展状态，是教育发展理念、发展方式、体系制度等全方位的转变，是教育普及、质量、公平、结构等方面整体水平的提升。”①具体包括教育观念现代化、教育内容现代化、教育装备现代化、师资队伍现代化、教育管理现代化等。其中师资队伍现

① 蒲智勇、贺祖斌：《论中国式教育现代化的核心要义与推进方略》，《中国教育科学》（中英文）2023 年第 5 期。

代化是教育现代化的重要内容。青年思政课教师作为教育领域的主力军，其核心素养的发展对于推进教育现代化具有关键作用。青年思政课教师是马克思主义信仰的坚定守护者，同时也是科学社会主义理论的积极传播者，肩负着宣传党的路线、方针、政策的重要使命。在教育现代化的进程中，青年思政课教师的作用不可替代。他们不仅是知识的传授者，更是学生心灵的引路人，对学生的成长和发展起着至关重要的作用。要深入推进青年思政课教师核心素养的提升，不断加强青年思政课教师队伍建设，为中国式教育现代化的发展提供人才支撑和智力支撑。

其次，以提高人才培养质量为目标推进青年思政课教师素养的培育。深入实施新时代人才强国战略，需要我们全面提高人才培养质量，为推进中国式现代化提供有力的人才支撑。青年思政课教师作为教育事业的关键主体，肩负着“育才先育德”的重要使命，其核心素养的提升对于提高人才培养质量具有至关重要的作用。一方面，提升核心素养致力于为学生提供更加优质的教学服务。提升教师的专业素养、教学能力、教育理念等，注重学生的个性化需求，采用更加科学、有效的教学方法，提高学生的学习兴趣和积极性。同时，教师还应该更好地引导学生发现自己的潜力和特长，帮助他们更好地实现自我价值。另一方面，提升青年思政课教师核心素养致力于促进学生的全面发展与综合素质。教师在教育过程中，不仅要注重知识的传授，更要注重学生的品德教育、创新能力、实践能力等方面的培养。通过教师的言传身教和引导，学生能够在学习过程中培养出良好的品德、创新思维和实践能力，从而更好地适应社会发展的需求。另外，要全面提高教育培养质量。教育是一个系统工程，需要教师、学生、学校、家庭和社会等多个方面的共同努力。而青年思政课教师作为教育事业的主体，其核心素养的提升能够带动整个教育系统的改进和发展，从而提高人才培养的整体质量。

二、推进思想政治理论课程建设

教育部在《关于进一步加强新时代中小学思政课建设的意见》中指出："切实加强思政课教师队伍建设，统筹用好各类教育资源，大力提升思政课育人质量。"[①]青年思政课教师队伍核心素养的提升直接关系到课堂教学和实践育人效果，能够进一步彰显思政课的政治引领和价值引领功能。

首先，青年思政课教师要强化大中小学一体化建设理念。习近平总书记强调："要把统筹推进大中小学思政课一体化建设作为一项重要工程，推动思政课建设内涵式发展。"[②]推动思想政治理论课建设，大中小学思政课一体化是重要的着力点，思政课一体化注重资源整合，形成协同育人格局，其中构建一体化的教师队伍，是打破各学段思政课教师之间壁垒的关键所在，也是推动思政课内涵式发展的关键一招。因此，大中小学思政课教师队伍要立足思政课的政治属性，遵循学生认知发展规律，按照循序渐进、螺旋上升的原则，由浅入深地设计思政课教学内容，为实现思政课在各级学校的一体化建设做好铺垫。小学阶段的思政课教师要开展启蒙性教学，重在培养学生的道德情感；初中阶段的思政课教师要开展体验性教学，重在打牢学生的思想基础；高中阶段的思政课教师要开展常识性教学，重在提升学生的政治素养；大学阶段的思政课教师要开展理论探究性教学，重在增强学生的使命担当。各学段思政课教师要以习近平新时代中国特色社会主义思想为核心内容，聚焦各阶段教学内容，优化教学方法，不断增强各学段思政课的思想性、理论性、亲和力、针对性。

其次，青年思政课教师要创新思政课教学理念。作为新时代的青年思政课教师，肩负着培养时代新人的重要使命。在传统的教学理念中，教师

①《教育部关于进一步加强新时代中小学思政课建设的意见》,《中华人民共和国教育部公报》2023 年 Z1 期。

② 习近平：《思政课是落实立德树人根本任务的关键课程》,《求是》2020 年第 17 期。

占据着教育教学的主体地位，学生则是教学的客体。目前，随着课程教学改革的推动和发展，基于素养的教学理念正逐渐被教师接纳和认可。正确、专业的教学理念对青年思政课教师的发展具有深远、持久的影响。正确、专业的教学理念是青年思政课教师发展的基石。拥有正确、专业的教学理念，教师才会有自己的教学判断，从而根据自身以及学生的实际情况，探索属于自己的教学方式，而不是一味地相信一些教学模式，禁锢自身的教学。在教学过程中，学生是具有主观能动性的个体，他们的思想、情感和行为都是动态变化的。因此，思政课教师应从整体出发，根据学生动态变化的过程，充分运用各地区丰富的本土资源以及独特的地理优势资源，建构一种适合学生的思政课教学方法，增加课堂教学的趣味性，让学生在舒适的氛围中掌握知识。

最后，青年思政课教师要推动思政课教学模式改革创新。要系统构筑针对传统教学存在的沉疴痼疾，因势利导、量体裁衣，彻底打破过去以教师为主体、灌输为教法、学生为受体的单向教学，迎头痛击以理论为教学内容，以 PPT 为教学依赖、以传统教室为教学空间的平面教学模式，形成以教师为主导，大班教学、小班实践为教法，以学生为主体的双向教学模式，形成以“理论 + 实践”为教学内容、“PPT+ 虚拟仿真实验室”为教学媒介、“教室 + 基地”为教学空间的立体教学模式，深挖创新点和理路，勠力构筑联动互建，适应新时代要求的“双向 + 立体”思政课教学模式。一是充分发挥课堂教学主渠道作用。思政“金课”建设要以课堂教学为根本，遵循教育教学规律和学生成长规律，扎实推进习近平新时代中国特色社会主义思想进课堂、进教材、进头脑，不断提高课堂教学的针对性和实效性。二是弘扬网络育人的主旋律。打造思政“金课”要充分运用各种网络媒体，借助人工智能等现代信息技术，通过慕课、云课堂等网络教学平台，延伸、拓展课堂教学的时间和空间。三是筑牢社会实践主阵地。思政“金课”要善用“大思政课”，与社会大课堂相融通，以社会实践大平台激发思政“金课”建设活力，在丰富的社会实践中持续汇聚育人“大能量”。

三、促进青年思政课教师发展

马克思曾指出："能给人以尊严的只有这样的职业：在从事这种职业时，我们不是作为奴隶般的工具，而是在自己领域内独立地进行创造。"[①]职业更深层的力量来自从职业中获得精神财富，实现自己的价值。中国式现代化推动教育事业不断向前发展的同时，也为青年思政课教师推动自我发展、实现自我价值提供了重要动力，而教师素养则是教师实现全方位发展的重要契机。

首先，教师要增强自我发展意识。教师的"自我发展"意识是教师真正实现发展，是实现自身核心素养发展的首要因素。教师要以核心素养发展作为自身发展的目标指向，要充分发挥自身的主观能动性，树立主动提高、自我发展的意识。不断加强自我职业道德建设，提高道德水平，在热爱学生、热爱教育事业、爱岗敬业、乐于奉献的信念支撑下，不断激励自己积极主动地加强自身学习提高，促进自我专业化发展。学校和教育部门可以通过组织理论学习、外出参观学习和观摩课等形式，激发思政课教师"教"的积极性、主动性和创造性，实现从"要我教"到"我要教"的转变。以此激发教师自我发展意识，使教师意识到只有提升核心素养，才能更好地适应时代提出的新要求，进一步提升教育质量。

其次，要加强教师队伍专业化建设。加强教师队伍专业化建设，能够为培养德智体美劳全面发展的社会主义建设者和接班人提供基础支撑。要尊重教师的主体地位，充分发挥教师的积极性、主动性和创造性。学校要为教师的专业化发展提供良好的平台，使之在人才培养、科学研究、学科建设、学术事务决策与管理等方面享有充分的发言权，并充分肯定教师在教育改革发展中的重要作用。

---

①［德］马克思：《马克思恩格斯全集》第 40 卷，人民出版社 1982 年，第 6 页。

最后，要推动教师队伍一体化。办好思政课，关键要靠大中小学思政课教师。要从加强顶层设计、培训机制、资源共享、保障机制等途径优化思政教师队伍发展一体化。如可通过大中小学思政课教师外出参加培训、交流合作、对口支援等活动，充分发挥思政课教师的能动性和创造力，在全方位提高大中小学思政课一体化建设水平和效能的同时，在纵向上推动育人队伍的高质量发展。

第三节 遵循规律：把握素养培育的几对关系

一、显性与隐性

前文我们提到，青年思政课教师核心素养是一个由显性素养与隐性素养相辅相成所构筑的综合素养体系。显性素养与隐性素养孰轻孰重、谁先谁后？这是一个极难回答的问题，因为二者本就是思政课教师对思政课教学工作所表现的胜任状态的不同面向，对任一者的偏颇或罔顾都会阻碍青年思政课教师的职业成长。为此，做好青年思政课教师核心素养的培育工作，要同样重视显性素养与隐性素养的培育，也要深刻检视显性与隐性之间的关系，坚持技能培训与品格涵养相结合的培育方向。

第一，显性素养是青年思政课教师职业技能和教学水平的直接体现，具有可测可评的特征，是培育青年思政课教师核心素养的关键着力点。以青年思政课教师的学科知识素养为例，显性素养的培育大多可以通过外界推动，譬如教研室组织的集体备课和校方定期举办的短期培训等，都是提升青年思政课教师学科知识素养的有效方式。在教师完成一系列培训后，还可以通过撰写报告、进行检测、座谈分享等多种方式验收培训质效。同样，教育教学素养、数字技术素养也具备易测易评的特征，可以通过具备规范性、组织性、纪律性的培训手段有效提升。因此，要坚持以显性素养为关键的培育取向，以技能培训为着眼点推进其提升与发展。

第二，隐性素养是青年思政课教师职业发展的根基，难以直接观察，难以建立量化的评价指标，在培育上虽具复杂性与挑战性，但却对思政课教师的职业成长影响深远，是推进青年思政课教师核心素养提升的潜在突破点与增长点。以青年思政课教师的情感态度素养为例，隐性素养不易被直接观察，它在教师长期的教学实践中积淀下来，浸润着教师的职业态度与职业追求。虽然隐性素养只能通过话语、行为、神态间接表现出来，有或无、多或少都难以量化，但其生成也必然遵循一定的规律，也必定与教师的教学经历息息相关，应该着眼于品格涵养提升思政课教师的隐性素养。因此，可以通过关注教师的职业成长环境、关注教师的工作氛围、关注学校的文化建设等方面促进青年思政课教师情感态度素养、专业道德素养、政治理论素养的养成。

显性素养的培育与提升激发着隐性素养的生成，隐性素养的发展推进着显性素养的进一步提升。一方面，培育显性素养利于青年思政课教师尽快胜任他们的工作；另一方面，培育隐性素养利于青年思政课教师热爱思政课教学，进而进一步提升显性素养，最终在显性素养与隐性素养的良性循环中全面推进青年思政课教师的发展。因此，在教育实践中，我们应该注重教师显性和隐性素养的共同培育，通过制定科学的培训计划和评价体系，为教师提供全方位的培训和学习机会，使其专业知识和教学能力得到不断提升，同时注重其品格涵养的提升，使其成长为能够培养出堪当重任的时代新人的“大先生”。

二、长期与短期

鉴于青年思政课教师核心素养的显隐之分，我们既不能采取同样的措施培育不同的核心素养，也不能用完全一致的成果标准看待核心素养培育问题。整体而言，素养的形成是一个漫长的过程，教师需要在长期的教学实践过程中收获教学经验，并对经验进行反思总结，使经验进一步擢升为教学素养。其中，固然有一些知识与技能可以通过短期培训而实现，但大部分技能甚至品质需要长期的形成过程，因此须意识到核心素养培育是兼具着短期收效性与长期复杂性的工作，应在长期与短期的平衡关系中打造青年思政课教师核心素养培育机制。

第一，短期性是指一些以简单技能为主要内容的核心素养能够在短时间内进行培育与检验。坚持短期性，则可以通过一次性或集中性的培训工作切实推进青年思政课教师核心素养的培育；放弃短期性，青年思政课教师核心素养的培育则会空泛无物，难以行进。例如，数字技术素养大多对应着简单的数字技能，其培育就是典型的短期性工作，无论是数字教学、数字学习还是数字科研，青年思政课教师都能比较快速地掌握其基本操作，再将其应用于自己的工作当中，全过程不会耗时过久。同样，教师可以通过参加各种教学交流活动、观摩优秀教师的教学实践、反思自己的教学方法等方式，进一步提升自己的教学水平。这些活动可以帮助教师迅速地掌握新的教学方法和技能，提高他们的课堂管理能力和与学生沟通的能力。

第二，长期性是指大部分素养的培育与检验是一项长期的工作，其中尤以隐性素养的培育需要长期发力为突出表现。坚持长期性，则是着眼于青年思政课教师职业发展的长期性；放弃长期性，青年思政课教师核心素养培育则会流于形式，失去方向。以思政课教师的政治理论素养为例，坚定的政治信仰、明确的政治立场与严明的政治纪律，应当在教师的执教过程中不断加深。此外，思政课教师在课堂教学中也会碰到时事热点与偶发事件，这时候青年思政课教师便应当担负起引领与纠偏学生价值取向的引路人角色。“仰之弥高，钻之弥坚。”青年思政课教师过硬的政治理论素养正是在思潮跌宕与实践检验中逐步加深与增强的。因此，青年思政课教师的核心素养需要通过长期的系统化培育逐渐提升，从而使教师通过实践经验的积累和反思，进一步深化对教育工作的理解和认识。

第三，短期培训为长期培育提供基础，长期培育为短期培训指明方向。青年思政课教师核心素养培育要处理好长期和短期的关系，须打造“短期＋长期”相结合的常态化培育机制。同样以数字素养为例，即使教师可以通过短期的系统培训掌握简单的数字技能，但是建立数字意识，精通数字技能，直至具备独自钻研与开发数字科研的能力需要不断研磨，久久为功。因此，要打造兼顾短期培训与长期培育的系统化培育机制，切实为青年思政课教师的培育保驾护航。

三、客观与主观

在青年思政课教师的培育问题上，显性与隐性是主要考虑的培育内容，长期与短期是应该坚持并举的培育方式。与此同时，还应关注解决培育的动力问题。从根本上而言，教师具备独立的人格，是自身行为的主要负责人，其是否愿意主动精进教学技能、培育教学素养，根本上影响着素养培育的质效。在此过程中，教师的自主意愿至关重要，而其自主意愿又受主观与客观两个范畴影响，因此，需要统筹主观与客观两个范畴，探寻多元有效的培育驱动力。

第一，主观而言，青年思政课教师核心素养培育符合教师自我发展的内生需要。“非学无以广才，非志无以成学。”教师对于自身发展的自我意志是深沉与持久的驱动力量。教师作为教育实践的主体，其主观能动性的发挥是培育核心素养的前提和基础。只有当教师主体主动自觉地树立起完善自身的发展意识，才能实现核心素养培育的现实转换。因此，青年思政课教师需要积极强化培育核心素养的思想自觉，实现从意识层面的“我想做”到行动层面的“我有能力做”，不断提升自我业务水平以适应教学发展的需求。为了更好地发挥主观能动性，青年思政课教师还需要注重自我反思和终身学习。自我反思能够帮助教师发现自身的不足，找到提升的空间，从而不断完善自己的教学理念和方法。同时，终身学习也是教师必备的素质，通过不断学习新知识、新技能，教师能够更好地应对教育发展的挑战，满足学生发展的需求。

第二，客观而言，青年思政课教师的核心素养培育是实现教育现代化的现实需求。具体而言，主要体现为国家与学校等各级主体对青年思政课教师的要求，学生对思政课教师的期待，以及学生自身成长成才的需求。思政课作为同社会发展紧密联系的课程，必然要适应中国式教育现代化的发展，青年思政课教师正是出于对这些需求的回应提升自身的核心素养。因此，提升思想政治理论课教师素养不仅为学科发展打下坚实的基础，更为培育德智体美劳全面发展的社会主义建设者和接班人提供良好的保障。为了满足这一现实需求，学校和教育部门需要为思政课教师提供更多的培训和发展机会。同时，教育部门还需要建立健全的教师评价体系，将核心素养的培育作为评价教师工作的重要指标，激励教师不断提升自己的素养水平。

第三，短期与显性的客观要求引导着主观需求的形成，长期与隐性的主观需求为客观提供不竭的成长助力。于青年思政课教师而言，他们一开始可能是出于完成工作任务的需求，会按照上级要求精进自己的教学技能，但是当他们熟练掌握思政课教学工作后，就会自发主动地完善、丰富自己的教学素养。在日复一日的客观与主观统筹需求下，青年思政课教师的培育具备了完备的驱动机制。

第四节　协同共育：发挥各级主体的角色优势

青年思政课教师核心素养的培育需要久久为功，其具体落实更是一个动态的发展过程，需要各级主体通力协作，故需要从国家、社会、学校和个人四方主体共同发挥合力，营造良好的学术环境和政治生态环境，为思政课教师队伍发展提供支持和保障。

一、国家层面

在中国式教育现代化的战略指导下，政府接续出台“中长期教育规划纲要”“教师队伍建设改革意见”“国培计划”“强师计划”等顶层设计，多次明确提出要培养一批具有带头作用的“教育家型教师”。因此，青年思政课教师核心素养的高质量发展目标的实现，需从统筹规划整体目标、合理布设发展过程、优化设计保障条件三方面发挥国家顶层设计的作用。

一是统筹规划青年思政课教师核心素养培育的整体目标。在时间维度上，我们需要明确短期、中期和长期目标，为教师的成长提供明确的方向。短期目标可以聚焦于提高教师的思政理论素养和教学能力；中期目标则要关注教师的专业发展以及在教育实践中不断积累经验；长期目标则是培养一批具有深厚理论功底、高度政治觉悟和卓越教学能力的骨干教师，为思政课的长远发展提供人才保障。从内容结构上看，教师核心素养的培育应涵盖师德建设、能力发展和人才培养等多个维度。师德建设是教师职业发展的基石，需要引导教师树立正确的价值观和教育观，增强教师的职业认同感和使命感。能力发展方面应注重培养教师的教育教学能力、创新能力和研究能力，使教师能够更好地适应教育改革和发展的需要。同时，要关注人才培养目标的实现，通过科学合理的评价机制和激励机制，激发教师的积极性和创造力，推动教师队伍的整体优化。

二是合理布设青年思政课教师核心素养培育的发展过程。这一过程需要从制度、政策、文化和信息技术等方面进行全方位的考虑和设计。在制度层面，应建立健全教师教育管理制度，规范教师职前培养、入职培训和职后发展的各个环节，确保教师教育的质量和效果。政策层面，政府应出台相关政策措施，鼓励和支持教师教育的发展，为教师提供更多的培训和学习机会。文化层面，应注重营造良好的教师教育文化氛围，通过开展丰富多彩的教育教学活动，激发教师的积极性和创造性。信息手段的运用也是必不可少的，通过建立教师教育信息化平台，促进教师之间的交流与合作，实现优质教育资源的共享和传递。此外，需要将其核心素养纳入培养培训的各环节和各阶段，开发出层次分明、操作性强的教育培养方案，实现核心素养培育与受教育者专业发展的协调贯通，建构起助力教师教育高质量发展的可能性与平衡点。

三是优化设计青年思政课教师核心素养培育的保障条件。当今世界的竞争说到底是人才竞争、教育竞争。教师的生命质量在一定程度上决定着教育的质量，教师生命质量的存续与发展离不开教师教育保障体系建构。开放多元的网络大数据时代对学习资源的需求提出了新要求，在开放包容的教育家精神科学引领下，教师教育需要加大资金经费的筹措、投入与使用，合理配置和高效运用专项计划支持资金。此外，还需要关注教师的心理健康和职业幸福感。通过提供心理辅导和职业发展规划指导等服务，帮助教师解决工作和生活中遇到的问题和困难，提升教师的心理健康水平和职业幸福感。同时，要建立健全教师评价体系，以科学、客观、全面的方式评价教师的表现和发展成果。通过评价结果的反馈和应用，激励教师不断提升自身的核心素养和专业水平。不断夯实教师教育的教学资源、学科资源以及人力资源，由此推进教育家精神对教师教育高质量发展的有效引领。

二、社会层面

青年思政课教师核心素养的培育“不是一个单纯的教师发展问题，而是一个与社会文化环境不断互动的动态过程”。[①]处于新时代社会大环境下，每一位思政课教师都拥有“社会人”的角色。故而青年思政课教师教学素养的提升和发展与社会大环境是紧密相连的。探究青年思政课教师教学的提升路径必须考虑到新时代社会大环境这一层面。思政课教师的社会地位

① 段志鹏、白鸽：《全球视角下未来高校教师核心素养的内涵与培育研究》，《教育理论与实践》2022 年第 15 期。

只有得到全社会的认可，才能够提高其社会地位，才能够推动青年思政课教师专业化发展以及青年思政课教师队伍的建设。因此，全社会应该重视学校青年思政课教师的专业化发展，为其教学素养的提升营造良好的发展环境。

首先，应营造一种尊师重教、崇尚教育的社会氛围，让教师成为备受尊敬的职业。为了提升教师的社会声望和认可度，我们可以通过各种渠道广泛宣传教师的先进典型、优秀事迹等。这样不仅可以使教师得到更多的尊重和认同，同时也能引导社会对教育的重视，为教育事业的发展提供有力的支持。在此基础上，我们应当引导群众认识到学校青年思政课教师的重要作用和指导意义。思政课是培养学生思想观念、道德品质和政治素养的重要课程，而思政课教师的职责就是传授知识、引导学生。通过不断加强对思政课教师的宣传，提高对思政课的关注和支持。这样不仅可以提升思政课教师的社会地位，同时也能为思政教育的发展提供有力保障。

其次，加强青年思政课教师的社会组织与专业组织建设也是至关重要的。这些组织可以作为教师个人与政府部门、学术界沟通的桥梁，更好地反映和维护青年思政课教师的权益。通过建立规范的行为准则和同行的监督机制，可以强化教师的荣誉感与责任感，减少机会主义行为。这样不仅有助于提高思政课教师的整体素质，还能为全社会树立勤奋敬业、严谨专业的良好风气。

最后，各级政府应加大对青年思政课教师队伍建设发展的支持力度。政府应积极为青年思政课教师创造良好的发展环境，提供充足的资源保障。同时，应建立完善的管理制度，并督促各种制度的执行力度，确保各项措施落到实处。此外，政府还应完善各部门之间的沟通机制，加强协作配合，形成工作合力。制度建立和完善的最终目的是让青年思政课教师在制度的框架下更好地提升自身的发展，实现自我价值和社会价值的双重提升。因此，对于制度的设置要更多地考虑到人文因素，对青年思政课教师多一些信任，使得学校青年思政课教师将思政课的教学作为一种有前途的事业和自己热爱的职业以及自己擅长的专业来做，从而让思政课教师在这一过程中形成一种对自身职业的荣誉感、归属感和自豪感。

三、学校层面

学校是培育教师核心素养的主阵地，也是检验培育效果的主战场。提升青年思政课教师的核心素养不仅需要思政课教师自身的努力，更需要完善的外部环境。而学校营造的学术氛围和教学环境对于提升青年思政课教师核心素养具有重要的支撑作用。因此，学校应该充分发挥其坚强后盾的作用，为提升学校青年思政课教师的教学素养充分发挥自己的职能优势。

第一，要以学校党委为主体强化顶层设计。学校党委要充分发挥自身的职能优势，不断加强对高校意识形态工作、思想政治教育以及道德文化建设过程中的主导作用。首先，学校党委要及时关注教育部关于学校思想政治教育工作文件的落实情况，并监督学习思想政治理论课教师队伍建设情况。这意味着党委需要对各项政策进行深入理解和细致解读，以确保文件的准确实施。此外，党委还需要与相关部门领导人保持密切联系，及时了解情况，针对存在的问题提出切实可行的解决措施。其次，为了更好地履行职责，学校党委还应该建立一套完整的考察体系，定期检查思政课教师的学习情况。这包括理论学习、贯彻系列文件精神、思政课建设以及队伍建设等方面。通过这样的考察体系，党委可以全面了解思政课教师的实际情况，为进一步的工作提供有力支持。最后，学校党委还应该注重与青年思政课教师的沟通与交流。通过开展座谈会、研讨会等形式，鼓励教师们分享经验、交流心得，共同探讨如何提高思政教育的质量。这样的互动不仅有助于激发教师的工作热情，还能够促进彼此之间的合作与共同进步。

第二，要推进教育基础设施建设，改善教育教学环境。教育基础设施是指发展教育事业所必备的物质资源，它对教育事业的发展具有重要的支撑作用。教育基础设施是由教育环境、教育设备以及教育资源三部分构成的。首先，教育环境为教育教学的发展提供了氛围支撑。一个良好的教育环境能够为教育教学提供良好的氛围支撑，有利于提高学生的学习积极性和主动性。学校应当注重校园文化建设，营造积极向上的学习氛围，让学生感受到学习的乐趣和意义。同时，学校应当加强校园环境的整治和美化，为学生提供一个舒适、整洁的学习环境。其次，教育设备是教育基础设施中的物质支撑。随着科技的不断发展，现代化的教育设备对于提高教学质量和效率具有重要作用。学校应当及时更新教育设备，引进先进的教学设施，提高教育教学的技术含量。例如，学校可以引进多媒体教学系统、网络教学平台等现代化教学手段，让学生更加便捷地获取知识和信息，提高学生的学习效果。最后，教育资源是指开展教育教学所需要的知识内容。学校应当注重教育资源的建设和整合，建立完善的教育教学资源库。这包括教材、课件、案例、试题等各类教学资源，为教师提供丰富的教学素材和参考资料。同时，学校应当鼓励教师进行教学资源的开发和研究，不断更新和丰富教学资源库，以满足不断变化的教学需求。因此，学校要充分利用资源，进一步加强学校教育基础设施的建设，改善学校的教育教学环境，为学校青年思政课教师的发展营造良好的教学文化氛围。

第三，学校应进一步整合教学资源。一方面，数字化技术在青年思政课教师的教学活动中具有重要的作用，教师在教学过程中对于一些理论化较强的知识，可以运用图片、视频的方式促进学生的理解，加深学生的印象。目前，学校基本上全部配备了多媒体设备，但是一些设备出现老化未及时维修，从而影响思政课教师的教学。因此，对于老旧的多媒体设备等，学校后勤部门应及时检查维修，对于一些老化的设备要及时更新。同时，学校应及时针对多媒体设备的运行状况，加强多媒体的升级改造，购买一些较为先进和方便的设备，改善学校的教室信息化教学环境，提高教室管理水平，提升线上教学的便捷性。另一方面，一些院校由于是综合类院校或者理工类学校，故而图书资料大多偏重理工科，对于社科类的文献资料存储相对较少。而针对思政课专业文献除了基本的马恩原著以外，最新的文献资料很少，这对于思政课教师提升自己的学科专业素养有一定的局限性。因此，学校在资料采购方面，应该合理安排购买预算，适当增加一些思政课类文献资料的购买比例。同时，学校应该及时购买一些线上的教育资源。

四、个人层面

“百年大计，教育为本；教育大计，教师为本。教师核心素养的培育，核心动力源于个人。”[①]教师个人是核心素养培育的主体和关键，学校青年思政课教师教学素养的提升离不开自身内驱力的推动。教师自身的内驱力是其教学素养提升的基础和关键。因而，要提升学校青年思政课教师的教学素养，教师自身必须树立终身学习的理念及专业化的教学态度，提高自身教学能力，从而不断推动自身教学素养的持续发展。

首先，教师要树立终身学习的理念。终身学习是教学永葆生机的契机所在，也是教师职业发展的永恒话题。树立终身学习的理念，才能更好地适应时代的发展，在不断地自我发展中意识到能力水平的优势所在和不足之处。学习力是思政课教师育人必备的基本能力。要通过“提升思政课教师的学习力，推动思政课教师育人核心素养提升”[②]。一方面，教师要积极学习最新的教学理念。青年思政课教师必须自觉学习新思想、新观点，学会运用马克思主义理论指导和教育学生。同时，对于马克思主义经典著作要自觉主动地去钻研和通读，并在学习的过程中，对于马克思主义要逐步形成全面的认识和理解，坚定自身信仰、夯实其学科基础，将经典著作与理论课教材相融合，促进教材体系向教学体系的转变，不断提高自身的马克

① 刘丽强、谢泽源：《教师核心素养的模型及培育路径研究》，《教育学术月刊》2019 年第 6 期。

② 曾令辉：《论新时代思想政治理论课教师育人核心素养》，《马克思主义理论学科研究》2023 年第 10 期。

思主义理论水平。另一方面，教师要立足实践提升自身核心素养水平。青年思政课教师只有积极投身到教育实践中参加教学实践活动，才能不断发现现实问题，在教学活动的主战场中驾驭好课堂这个主阵地，引导学生积极参与，提升课堂教学质量；在理论教学中主动进行自我反思，思考和总结自己在教育教学活动中的教学行为，以教学素养为基点带动核心素养的整体提升。

其次，教师要树立专业化的教学态度。所谓教学态度，实际上指的是教师对教学工作和学生产生的心理反应倾向。如果教师的教学态度热情自信、尽心尽力，则容易拉近与学生之间的距离。同时，学生可以通过思政课教师的言谈以及行为举止等充分了解到教师对待教学的态度。美国教育心理学家古诺特博士曾说过："在经历了若干年的教师工作之后，我得到了一个令人惶恐的结论：教育的成功和失败，'我'是决定性因素。我个人采用的方法和每天的情绪是造成学习气氛和情境的主因。身为老师，我具有极大的力量，能够让孩子们活得愉快或悲惨，我可以是制造痛苦的工具，也可以是启发灵感的媒介，我能让人丢脸也能叫人开心，能伤人也能救人。"① 由此可见，思政课教师专业化的教学态度会对学生的学习态度产生重要的影响。思政课教师的教学态度主要包含教师对教学的态度以及对学生的态度，即对教学要具备激情和自信，对学生要尊重、善于交流。在教学中，教师如果对自己所讲的内容充满自信和激情，学生也会受到感染和鼓舞。同时，教师给予学生尊重，与学生平等交流，这些都会对思政课教学产生积极影响。大学生相对于中小学生而言，其思想和心智已相对成熟，个性比较明显，内心渴望和追求人与人之间平等的交流。因此，他们更希望老师能够与自己平等交流，相互尊重和理解。在教育教学中，老师让学生感受到尊重、理解，这样会更加激发学生对于学习的热爱和自信。同时，老师只有尊重学生，也才能够得到学生的尊重。

①转引自胡子祥、胡月波：《思想政治理论课教师教学态度对学生学习态度之影响研究》，《西南交通大学学报》（社会科学版）2019 年第 6 期。

最后，教师要提高自身的教学能力。“全部社会生活在本质上是实践的。凡是把理论引向神秘主义的神秘东西，都能在人的实践中以及对这个实践的理解中得到合理的解决。”[①]教学能力关系到教学成果的实效性，是教师核心素养的重要体现。“教师核心素养的发展需要依托自身的教学实践。”[②]青年思政课教师必须重视教学能力的提高，实现教学能力与核心素养的同步提升。一方面，教师要充分把握学校提供的教学培训活动，如入职后开展的青年教师的磨课、微课、慕课、翻转课堂、云课堂、雨课堂、智慧课堂、教学能力考核、教学能力竞赛等培训，提高对教学的认知，总结积累经验，进一步提高自己的教学能力；另一方面，教师自身要充分利用网络渠道，如各名校的线上课程、思想政治理论课高精尖创新中心平台推送的名师视频等，观摩学习他人的教学实践，并与自身教学实践进行对比，在学习过程中反思以发现自身教学实践的不足之处，以期有针对性地改进不足，提高教学能力。

第五节　现实保障：建设素养培育的平台机制

一、培训机制

立足新时代，以落实立德树人根本任务为目标牵引，明晰青年思政课教师队伍培训机制，对于培养一支可信、可敬、可靠，乐为、敢为、有为的思政课教师队伍，推动思政课改革创新具有重要意义。要整体把握培训机制的主体、内容和方式，以明晰青年思政课教师核心素养培育机制的内

① 《马克思恩格斯选集》，人民出版社 1995 年版，第 56 页。

② 辛继湘、李瑞：《新课标视野下教师核心素养的构成及发展路径》，《教育科学》2023 年第 5 期。

涵要求。

第一，培训主体要坚持全面性和层次性相结合。思政课教师队伍培训的主体是大中小学各个学段的青年思政课教师，主体的多样性特征要求培训要兼顾全面性和层次性。首先，培训要兼顾大中小学各个学段的每一位青年思政课教师。因为教师素质的培养和能力的提升是大中小学全体青年思政课教师的共性需求。这就需要将培训置于大视野中，进行整体规划，实现培训主体的全覆盖，即让每一位青年思政课教师都有提升的机会。同时，通过搭建培训平台，有利于增进青年思政课教师之间的交流互动和协作，使大中小学思政课教师队伍成为一个有机整体。其次，培训要在尊重差异的基础上凸显层次性。所谓凸显层次性主要是指设置培训内容要充分考虑大中小学各个学段教师所教授的内容，以及教师的年龄、教龄和学校的办学特色，进而分层分类地对不同群体制订具有针对性和侧重点的培训方案。例如，对于非马克思主义理论学科背景的青年思政课教师，在培训内容上要注重马克思主义理论知识的培训。针对新入职教师群体，在培训过程中要引导他们做好角色转换；对于骨干教师而言，要注重总结和凝练教学经验，通过“传、帮、带”的形式发挥其引领作用。

第二，培训内容要坚持理论性和实践性相结合。学校思政课是理论性与实践性相统一的课程。因此，青年思政课教师核心素养的培育要兼顾理论和实践两方面的培训机制，即在不断优化青年思政课教师知识结构，提高理论思维和学术素养的同时，要着力提升教师的学科素养和教学能力，提高青年思政课教师对党在社会主义现代化建设实际的感知和理解。一方面，理论培训是基础。在培训中，要引导青年思政课教师重视和学习马克思主义理论知识，进而厚实教学的理论功底；另一方面，对青年思政课教师的培训要以实践教学为导向。培训不只是进行理论学习，而是要在理论学习的基础上进行实践教学。因此，在培训的过程中，要定期组织青年思政课教师群体之间进行跨学段、跨校的观摩访学，以及通过轮岗上课、理论宣讲、挂职锻炼等方式强化青年思政课教师的学习。“坚持理论教育和实践体验相结合，既符合思政课建设要遵循理论性与实践性相统一的基本要求，也体现出思政课教师素养提升在理论与实践两方面的双重需要。”①

第三，培训方式要坚持统一性和创新性相结合。高效的培训方式是实现素质培育目标的抓手，同时，也是充分展现培训内容的重要载体。因此，在培训的过程中要根据青年思政课教师的共同需求，构建国家示范培训、省级骨干轮训、市级分批培训、校级全员培训的国家—省—市—校四级联动的培训体系，围绕核心素养的具体内容进行集中培训。形成思政课教师纵向跨学段、横向跨学科的交流研修平台，引导教师把握核心素养的内涵构成，提高教学能力和水平。同时，青年思政课教师队伍是一个多元复杂的庞大群体。因此，培训的需求也是多样化的，这就要求培训设置必须创新满足主体的不同需求。要坚持具体问题具体分析，根据地域特色、学段培养目标，以及教师的个性需求，探索专题理论轮训、项目资助计划、座谈讨论、专题报告、集体备课、参观访问等分众培训模式。此外，要充分推动数字技术与培训一体化的有机结合，实行线上线下相结合的混合式研修，以此提升培训的吸引力和感染力。

二、管理机制

学校青年思政课教师队伍管理机制的建立与完善是教师队伍建设的重要环节和保障，也是提高教师队伍核心素养和专业化水平的必要前提。“管理制度是教师队伍建设的根本保障。”②健全优化教师队伍的管理机制不仅有助于调动教师的积极性，对教师形成正向导向，在一定程度上保证教学质量，而且可以激励教师实现自我核心素养的有效提升。因此，要从顶层设

① 杨晓慧：《提升思政课教师素养的主要成就、基本经验和理论思考》，《中国高等教育》2024年第6期。

② 徐昭东、王家云：《核心素养视域下综合实践活动师资队伍的建设》，《教学与管理》2019年第36期。

计、不同学段协同发展两方面着手健全管理机制。

一方面，国家应从顶层设计的角度加大对学校青年思政课教师队伍的政策支持力度。面对时代发展提出的新问题、新机遇，提升学校青年思政课教师队伍的核心素养，需坚持党管人才的原则，进一步强化顶层设计，完善管理机制，构建一支定位明确、结构合理的思政课教师队伍。因此，要坚持立德树人的政策导向，从顶层设计上完善思政课教师队伍核心素养培育的总体规划，着力解决影响思政课教师核心素养培育的政策性瓶颈问题，合理搭建培育核心素养的体系架构，使思政课教师的核心素养在动态发展中不断得到提升。

另一方面，要加强不同学段教师队伍协同发展的管理。学校青年思政课教师队伍核心素养的提升，既离不开各学段青年思政课教师的自我发展，也离不开各级各类组织对于思政课教师队伍建设的管理支持和保障，形成协同发展的培训模式。有效的协同性管理可以在教师交流合作的过程中增强教师的共同体意识。因此，不同学段的青年思政课教师之间要建立有效的沟通机制，各学段青年思政课教师应该定期进行交流和沟通，分享教学经验和教学资源。同时，学校和相关部门也应该为思政课教师提供更多的交流机会，如组织学术研讨会、教学观摩等活动。通过开展各种形式的培训和研修活动，提高思政课教师的专业素养和教学能力。这不仅可以促进教师的个人成长，也有助于提升整个思政课教师队伍的素质和能力。

三、评价机制

教师评价体系是教师成长的标尺和灯塔[①]，构建学校青年思政课教师核心素养的评价体系，是提升教师教学水平和核心素养的必要途径。对于不同阶段、不同层次、不同学科的青年教师，其评价体系应注重全面性、科

① 陈红艳：《专业发展下的创新型教师及其素养建构》，《教育与教学研究》2013 年第 12 期。

学性、系统性。因此，学校应不断优化思政课教师的教学评价方式，科学定位其教学评价，设置合理的教学评价内容，采用多元的教学评价方式，进而不断提高评价的有效性，以评价促进青年思政课教师的自我发展。

首先，科学定位学校青年思政课教师的教学评价。在学校青年思政课教师专业化发展的视角下，对学校思政课教师的教学评价进行科学定位是至关重要的。其目的不仅在于更好地推动教育教学的发展，更在于不断推动学校青年思政课教师评价体系的发展和完善。要实现这一目标，首先需要对教学评价内容进行精准定位。这需要基于思政课教师教学活动的全程表现，进行前后对比，以发现教师在教学内容、教学方法等方面的不足之处。通过这种方式，教师可以更加清晰地认识到自己的不足，从而不断优化教学内容，提升教学水平。同时，教学评价的结果还可以为教师制订个人发展规划提供有力依据。根据评价结果，可以为青年思政课教师制订有针对性的培养规划，以促进其核心素养的全面发展。这样的规划可以帮助青年思政课教师更加系统化、规范化地提升自己的教学能力，实现个人与职业的共同成长。此外，为了确保教学评价的科学性和公正性，还需要建立一套完善的评价机制。这套机制应该包括评价标准、评价流程、评价方法等多个方面，以确保评价结果能够真实反映教师的教学水平和发展潜力。同时，评价机制还应该鼓励思政课教师之间的交流与合作，以促进教师之间的互帮互助，共同提高教学水平。

其次，设置合理的教学评价内容。根据学校思政课教师所承担的教学使命和特点，其评价内容应该从以下几个方面进行：1. 对学校青年思政课教师的核心素养进行评价。主要包括教师的学科知识素养、专业道德素养、教育教学素养、政治理论素养以及情感态度素养、数字技术素养等方面的评价，这些评价内容可以用于学校青年思政课教师的职称评定及职位晋升。2. 要对其教学过程进行评价。主要是指对思政课教师的课堂教学管理、组织社会实践活动、信息挖掘能力、教学设计能力以及思政课教师参加教学研究和承担社会工作等方面的内容。对青年思政课教师采取过程性评价的主要目的是帮助教师提升其基础教学素养，改进教学工作成效，提高教学质量。3. 对其教学工作成果进行评价。在这一方面的评价主要包含对学校青年思政课教师的课时量、教学质量、科研成果等的评价。对于思政课教师教学工作成果的评价，有利于督促教师提升自我发展的内驱力，让教师自己认识到思政课教学的重要性，提高教师的责任心。

最后，采用多元化的教学评价方式。由于评价主体的不同，对于学校青年思政课教师核心素养的评价主要有学生评价、领导评价以及专家评价等几种方式。1. 学生评价。学生评价的方式主要有问卷调查、座谈会，评价的主要内容主要是从教师的教学态度、课堂组织、语言表达以及教学方法、人格魅力等方面进行。学生评价可以更好地了解教师的专业知识素养、教学能力水平等方面的状况。2. 领导评价。这种评价方式主要是指学校的上级领导对思政课教师的评价。一般通过听课、检查教师的课程教案和教学效果记录、科研成果等方式，获得一些评价信息。3. 专家评价。专家评价主要是通过听课和督察科研成果的方式进行的。进行专家评价，专家组可以通过教师的实际教学情境，更好地帮助思政课教师发现问题、解决问题，从而提高教育教学的质量和水平。

参考文献

一、著作

［1］马克思、恩格斯:《马克思恩格斯全集》第2卷，人民出版社1965年版，第399页。

［2］《列宁论教育》，人民出版社1979年版，第245页。

［3］《列宁选集》第4卷，人民教育出版社，第367页。

［4］《列宁全集》第32卷，第71页。

［5］《列宁全集》第35卷，人民出版社，第421页。

［6］汪荣宝、叶澜:《新尔雅》，上海明权社1903年版。

［7］阮元校刻:《十三经注疏》，中华书局1980年版，第175页。

［8］段玉裁:《说文解字注》，上海古籍出版社1981年版，第743页。

［9］［苏］霍姆林斯基:《少年的教育与自我教育》，姜励群译，北京出版社1984年版，第249页。

［10］列宁:《列宁教育文集：上卷》，人民教育出版社，1984年版，第184页。

［11］王策三:《教学论稿》，人民教育出版社1985年版，第84—85页。

［12］董纯才:《中国大百科全书·教育卷》，中国大百科全书出版社1985年版，第525页。

［13］《辞海》，上海辞书出版社1986年版，第871页。

［14］［俄］洛尔德基帕尼泽:《乌申斯基教育学说》，范云门等译，江苏教育出版社1987年版，第307页。

［15］［美］贾诺维茨，韦斯布鲁克:《军人的政治教育》，谭晓雯，郭

力译，北京解放军出版社 1987 年版，第 192 页。

［16］郑肇桢：《教师教育》，香港中文大学 1987 年版。

［17］罗国杰：《伦理学》，人民出版社 1989 年版，第 51 页。

［18］《辞海》，商务印书馆 1989 年版。

［19］邓金：《培格曼最新国际教师百科全书》，学苑出版社 1989 年版，第 553 页。

［20］《列宁全集》第 45 卷，人民出版社 1990 年版，第 249—250 页。

［21］顾明远：《教育大辞典》第 1 卷，上海教育出版社 1990 年版，第 14 页。

［22］刘大鹏著：《退想斋日记》，山西人民出版社 1990 年版，第 55 页。

［23］孟育群：《现代教师论》，黑龙江教育出版社 1991 年版，第 120 页。

［24］《毛泽东选集》第 3 卷，人民出版社，第 626 页。

［25］《毛泽东选集》第 4 卷，人民出版社 1991 年版，第 1471 页。

［26］程舜英：《中国古代教育家语录今译》，北京师范大学出版社 1991 年版，第 172 页。

［27］［德］雅斯贝尔斯：《什么是教育》，邹进译，生活·读书·新知三联书店 1991 年版，第 4、51 页。

［28］李春生：《中国小学教学百科全书·教育卷》，沈阳出版社 1993 年版，第 95 页。

［29］王天一：《外国教育史》，北京师范大学出版社 1993 年版，第 224 页。

［30］魏英敏：《新伦理学教程》，北京大学出版社 1993 年版，第 114 页。

［31］《邓小平文选》第 2 卷，人民出版社 1994 年版，第 108 页。

［32］马克思、恩格斯：《马克思恩格斯选集》第 3 卷，人民出版社 1995 年版，第 134 页。

［33］《马克思恩格斯选集》第1卷，人民出版社1995年版。

［34］［苏］B. A. 苏霍姆林斯基：《和青年校长的谈话》，赵玮译，教育科学出版社1998年版，第29页。

［35］张传燧：《中国教学论史纲》，湖南教育出版社1999年版，第73—75页。

［36］顾明远主编：《教育大辞典》，上海教育出版社1999年版，第362页。

［37］唐凯麟：《伦理学》，高等教育出版社1999年版，第38页。

［38］《辞海》，上海辞书出版社2000年1月第1版，第4920页。

［39］卢家楣：《情感教学心理学》，上海教育出版社2000年版，第1—3页。

［40］柳海民：《教育原理》，东北师范大学出版社2000年版，第100页。

［41］宋希仁：《伦理与人生》，教育科学出版社2000年版，第12页。

［42］于光远：《我的教育思想》，苏州大学出版社2000年版，第5页。

［43］涂尔干：《涂尔干文集（第2卷）职业伦理与公民道德（上）》，上海人民出版社2001年版，第8页。

［44］腾大春：《美国教育史》，人民教育出版社2001年版，第220页。

［45］侯玉波：《社会心理学》，北京大学出版社2002年版，第95页。

［46］杨国荣：《伦理与存在——道德哲学研究》，上海人民出版社2002年版，第11页。

［47］车文博：《人本主义心理学》，浙江教育出版社2003年版。

［48］范良火：《教师教学知识发展研究》，华东师范大学出版社2003年版，第5页。

［49］李萍：《伦理学基础》，首都经济贸易大学出版社2004年版，第20—21页。

［50］罗树华、李洪珍：《教师能力学》，山东教育出版社2005年版，

第 15—20 页。

[51] 裴娣娜:《现代教学论(第一卷)》,人民教育出版社 2005 年版,第 19—20 页。

[52] 戴维 · 迈尔斯:《社会心理学》,人民邮电出版社 2006 年版,第 98 页。

[53]《江泽民文选》第 2 卷,人民出版社 2006 年版,第 588 页。

[54] 许慎:《说文解字》,张三夕、刘果整理,岳麓书社 2006 年版,第 107 页。

[55] 裴娣娜:《教学论》,教育科学出版社 2007 年版,第 9 页。

[56] 戴昀主编:《尚书 · 毕命》,线装书局 2007 年版,第 25 页。

[57] 朱小蔓:《情感教育论》,人民出版社 2007 年版,第 19 页。

[58] 教育部社会科学司:《普通高校思想政治理论课文献选编(1949—2008)》,中国人民大学出版社 2008 年版,第 94 页。

[59] 艾肯(Lewis R. Aiken):《态度与行为:理论、测量与研究》,中国轻工业出版社 2008 年版,第 3 页。

[60] 全国 13 所高等院校《社会心理学》编写组:《社会心理学》,2008 年第 4 版,第 135 页。

[61] 斯蒂芬 · 沃切尔:《社会心理学》,江苏教育出版社 2008 年版,第 141 页。

[62] 老子:《道德经》,北京燕山出版社 2009 年版,第 11 页。

[63]《马克思恩格斯文集(1)》,人民出版社 2009 年版,第 501 页。

[64] 马克思主义哲学编写组:《马克思主义哲学》,高等教育出版社、人民出版社 2009 年版,第 263 页。

[65] 中共中央马克思恩格斯列宁斯大林著作编译局《马克思恩格斯文集》(第 1 卷),人民出版社 2009 年版,第 500 页。

[66] 朱永新:《我的教育理想》,漓江出版社 2009 年版,第 39 页。

[67] 孙关宏、胡春雨:《政治学》,复旦大学出版社 2010 年版,第

5 页。

[68] 谢利 · 泰勒:《社会心理学》,上海人民出版社 2010 年版,第 132 页。

[69]《现代汉语大词典》,上海辞书出版社 2010 年版。

[70] [英] 戴维 · 米勒:《布莱克维尔政治思想百科全书》,邓正来等译,中国政法大学出版社 2011 年版,第 439—440 页。

[71] 李森:《现代教学论》,人民教育出版社 2011 年版,第 7 页。

[72] 叶澜、白益民:《教师角色与教师发展新探》,教育科学出版社 2011 年版,第 267 页。

[73] 中共中央文献研究室:《建国以来重要文献选编》(第三册),中央文献出版社 2011 年版,第 319 页。

[74] 中共中央文献研究室:《建国以来重要文献选编》(第十四册),中央文献出版社 2011 年版,第 518 页。

[75] 中共中央文献研究室:《建国以来重要文献选编》(第十九册),中央文献出版社 2011 年版,第 215 页。

[76] 朱旭东:《教师专业发展理论研究》,北京师范大学出版社 2011 年版,第 67 页。

[77]《列宁选集》第 4 卷,人民出版社 2012 年版,第 407 页。

[78] 孙本文:《孙本文文集(第二卷)社会心理学》,社会科学文献出版社 2012 年版,第 178 页。

[79] 万俊人:《人为什么要有道德》,清华大学出版社 2013 年版,第 102 页。

[80] 习近平:《在纪念毛泽东诞辰 120 周年座谈会上的讲话》,人民出版社 2013 年版,第 17 页。

[81] 李德顺:《价值论:一种主体性的研究》,中国人民大学出版社 2013 年版,第 136 页。

[82] 习近平:《青年要自觉践行社会主义核心价值观——在北京大学

师生座谈会上的讲话》，人民出版社 2014 年版，第 13 页。

［83］习近平：《做党和人民满意的好老师——同北京师范大学师生代表座谈时的讲话》，人民出版社 2014 年版，第 4 页。

［84］中共中央纪律检查委员会、中共中央研究室编：《习近平关于严明党的纪律和规矩论述摘编》，中央文献出版社 2014 年版，第 131—132 页。

［85］［苏］B.A. 苏霍姆林斯基著：《给教师的建议》，周蕖译，长江文艺出版社 2014 年版。

［86］［美］威廉·鲍威尔，［印尼］欧辰·库苏玛—鲍威尔：《做一名高情商教师》，张园译，教育科学出版社 2015 年版，第 24 页。

［87］郭树芹、王胜：《老子〈道德经〉释译》，中央编译出版社 2015 年版，第 162 页。

［88］陈万柏、张耀灿：《思想政治教育学原理》第 3 版，高等教育出版社 2015 年版。

［89］刘江宁：《自我、自由与存在：当代中国青少年政治信仰研究》，山东人民出版社 2015 年版，第 39 页。

［90］陈文强：《核心素养与学校变革》，厦门大学出版社 2016 年版，第 12 页。

［91］王沪宁：《政治的逻辑》，上海人民出版社 2016 年版，第 7—9 页。

［92］习近平：《在哲学社会科学工作座谈会上的讲话》，人民出版社 2016 年版，第 12 页。

［93］习近平：《习近平关于严明党的纪律和规矩论述摘编》，中央文献出版社 2016 年版，第 23—24 页。

［94］习近平：《习近平关于严明党的纪律和规矩论述摘编》，中央文献出版社 2016 年版，第 13 页。

［95］［古希腊］亚里士多德：《政治学》，商务印书馆 2016 年版，第 115 页。

［96］中国社会科学院语言研究所词典编辑室编修，吕叔湘、丁声树主

编:《现代汉语词典》(第七版),商务印书馆 2016 年版。

[97] 郑永廷:《思想政治教育学原理》,高等教育出版社 2017 年版,第 371 页。

[98] 桑国元、郑立平、李进成:《21 世纪教师的核心素养》,北京师范大学出版社 2017 年版,第 47 页。

[99] 冯刚:《改革开放以来学校思想政治教育发展史》,人民出版社 2018 年版,第 321—322 页。

[100]《习近平谈治国理政》第一卷,外文出版社 2018 年版,第 153 页。

[101] 中华人民共和国教育部制定:《普通高中化学课程标准(2017 年版)》,人民教育出版社 2018 年版,第 74 页。

[102] 蔡中宏、麻艳香:《学校思想政治理论课教师专业化发展研究》,人民出版社 2019 年版,第 129 页。

[103] 檀传宝、张宁娟:《教师专业伦理基础与实践》,华东师范大学出版社 2019 年版,第 12 页。

[104]《吴恩裕文集》第 2 卷,商务印书馆 2019 年版,第 44 页。

[105] 中共中央党史和文献研究院,中央"不忘初心、牢记使命"主题教育领导小组办公室:《习近平关于"不忘初心、牢记使命"重要论述选编》,党建读物出版社 2019 年版,第 2 页。

[106]《政治学概论》编写组:《政治学概论(第二版)》,高等教育出版社 2020 年版,第 5 页。

[107] 习近平:《论党的宣传思想工作》,中央文献出版社 2020 年版,第 276 页。

[108] 张磊:《高校青年教师德性养成的伦理文化环境研究》,中国社会科学出版社 2022 年版,第 43 页。

[109] 艾四林、吴潜涛:《高校马克思主义理论学科发展报告》,人民出版社 2022 年版,第 59 页。

[110]《习近平谈治国理政》(第四卷),外文出版社 2022 年版。

[111] 詹姆斯·A·古尔德、文森特·V·瑟斯比主编：《现代政治思想》，第26页。

二、期刊

[1] 梅贻琦：《大学一解》，《清华大学学报》（自然科学版）1941年第1期。

[2] C.涅德巴那娃、黄云英：《教师必须具备哪些能力》，《外国教育资料》1982年第6期。

[3] 欧阳康：《论主体能力》，《哲学研究》1985年第7期。

[4] 秦国龙：《对中小学教师教育教学基本能力培训的几点认识》，《普教研究》1996年第1期。

[5] 叶澜：《创建上海中小学新型师资队伍决策性研究总报告》，《华东师范大学学报》（教育科学版）1997年第1期。

[6] 叶澜：《新世纪教师专业素养初探》，《教育研究与实验》1998年第1期。

[7] 姚亚平、胡伯项：《把邓小平理论化为跨世纪青年教师思想政治建设的伟大实践——对江西学校教师思想政治状况调查的深层思考》，《南昌大学学报》（社会科学版）1998年第1期。

[8] 唐玉光：《教师专业发展的研究》，《外国教育资料》1999年第6期。

[9] 宋绍峰：《新形势下高校教师思想政治教育工作面临的挑战与对策》，《黑龙江高教研究》2000年第3期。

[10] 徐启斌：《思政课课堂组织教学技能述略》，《上饶师范学院学报》2001年第4期。

[11] 李志：《“大政治课”教学必须正确处理的八个关系》，《山东教育》2002年第11期。

[12] 张学民、申继亮、林崇德：《小学教师课堂教学能力构成的研

究》,《心理发展与教育》2003 年第 3 期。

[13] 李化树、任丽平、徐廷福:《论教育实践中教师的情感投入》,《中国教育学刊》2004 年第 5 期。

[14] 陈桂生:《〈学记〉纲要》,《华东师范大学学报(教育科学版)》2004 年第 3 期。

[15] 唐贤秋:《现代化中的传统道德与传统道德的现代化》,《贵州民族学院学报》(哲学社会科学版)2004 年第 4 期。

[16] 吕慧萍:《学校思政课“灌—启”式教学模式探讨》,《理论导刊》2005 年第 9 期。

[17] 彭玉琨:《师范生教学能力培养模式的思考》,《吉林工程技术师范学院学报》2005 年第 5 期。

[18] 张华:《试论教学中的知识问题》,《全球教育展望》2008 年第 11 期。

[19] 袁宜:《提振女教师在人际交往中的自信心》,《学校党建与思想教育》2009 年第 12 期。

[20] 郭九苓、王肖群:《做一名优秀的大学教师——北京大学名师访谈及探讨》,《中国大学教学》2009 年第 3 期。

[21] 杨叔子、余东升:《坚持以人为本　走素质教育之路》,《中国高等教育》2010 年第 7 期。

[22] 宁虹:《教师能力标准理论模型》,《教育研究》2010 年第 11 期。

[23] 曹辉:《教师专业发展中的教学道德素养及其实践内涵》,《河北师范大学学报》(教育科学版)2011 年第 8 期。

[24] 陈志科:《教学风格追求与教师专业发展》,《教育学术月刊》2012 年第 8 期。

[25] 兰英:《中美教师职业道德规范的文本分析及建议》,《西南大学学报》(社会科学版)2012 年第 5 期。

[26] 李建华、刘仁贵:《伦理道德关系再认识》,《江苏行政学院学报》

2012 年第 6 期。

[27] 肖学平:《教师的基本技能之一：解读教材的能力》,《福建基础教育研究》2012 第 1 期。

[28] 许博:《政治含义探究》,《法制与社会》2012 年第 2 期。

[29] 张龙飞、张西广:《高校专业教师教学能力结构及 IK 能力分析》,《计算机教育》2012 年第 2 期。

[30] 张利荣、刘艳平:《高校思政课教师专业化发展的困惑与对策》,《教育与职业》2012 年版第 24 期。

[31] 张娜:《DeSeCo 项目关于核心素养的研究及启示》,《教育科学研究》2013 年第 10 期。

[32] 南国农:《怎样理解信息技术及其教师素养形成》,《现代远程教育研究》2013 年第 1 期。

[33] 马多秀:《教师情感素养：教师专业发展的内在源泉》,《中小学管理》2013 年第 5 期。

[34] 段鸣骅、郑晓云:《浅析高校青年教师的政治信仰与育人影响力》,《职业时空》2013 年第 9 期。

[35] 裴新宁、刘新阳:《为 21 世纪重建教育——欧盟“核心素养”框架的确立》,《全球教育展望》2013 年第 12 期。

[36] 邓国彬、杨鲜丽:《高校思想政治理论课教师专业素养评价体系构建探析》,《高教论坛》2014 年第 2 期。

[37] 李庆丰:《大学新教师教学能力发展研究：核心概念与基本问题》,《中国高教研究》2014 年第 3 期。

[38] 万美容、王芳芳、袁本芳:《高校师德建设长效机制研究综述》,《思想政治教育研究》2014 年第 4 期。

[39] 阮一帆、李战胜:《联邦德国政治教育思想理论变迁的历史回顾》,《中国地质大学学报》(社会科学版) 2015 年第 1 期。

[40] 刘清堂、吴莉霞、张思等:《教师数字化能力标准模型构建研

究》,《中国电化教育》2015 年第 5 期。

[41] 徐才魁、李霞:《从课堂细节，看语文名师教学艺术》,《华夏教师》2015 年第 2 期。

[42] 杨晓哲、任友群:《数字化时代的 STEM 教育与创客教育》,《开放教育研究》2015 年第 21 卷第 5 期。

[43] 张娜:《联合国教科文组织的核心素养研究及其启示》,《教育导刊》2015 年第 7 期。

[44] 陆道坤、张芬芬:《论教师专业道德——从概念界定到特征分析》,《教师教育研究》2016 年第 3 期。

[45] 陈莉:《高校思政课教师素养提升的问题与对策》,《 高教学刊》2016 年第 13 期。

[46] 吴春雷:《青年思政课教师职业发展研究》,《学校党建与思想教育》2017 年第 20 期。

[47] 卫建国:《以改造课堂为突破口提高人才培养质量》,《教育研究》2017 年第 6 期。

[48] 杨银付、涂端午、俞可:《发展具有中国特色、世界水平的现代教育——深入学习习近平总书记教育思想核心要义》,《人民教育》2017 年第 19 期。

[49] 张娜:《三大国际组织核心素养指标框架分析与启示》,《教育测量与评价》2017 年第 7 期。

[50] 曾文茜、罗生全:《教师核心素养的生成逻辑与价值取向》,《教学与管理》2017 年第 28 期。

[51] 教育科学论坛:《新时代高校思想政治理论课教学工作基本要求（节选）》,《教育科学论坛》2018 年第 15 期。

[52] 刘小翠:《以终身学习为目的的高校思政课教师专业化成长实践研究》,《陕西教育（高教）》2018 年版第 8 期。

[53] 赵鑫、李森:《教学情感的基本特征与内在逻辑》,《教育研究》

2018 年第 6 期。

[54] 吴林龙：《高校思想政治理论课教师的话语权及其提升策略》,《思想理论教育》2018 年第 11 期。

[55] 吴潜涛、张磊：《新时代思想政治理论课教师的核心素养及其培育》,《教学与研究》2019 年第 7 期。

[56] 王素月、罗生全、赵正：《教师道德的多层次发展逻辑及其结构模型》,《教育研究》2019 年第 10 期。

[57] 白亮、王爽、武芳：《乡村教师发展支持体系研究》,《中国教育学刊》2019 年第 1 期。

[58] 别敦荣：《大学新教师入职要面对的十个问题及其解决方案》,《江苏高教》2019 年第 1 期。

[59] 蔡辰梅：《在实践与研究中探析教师核心道德素养》,《中国德育》2019 年第 4 期。

[60] 崔振成：《教育知识觉悟下教师教学素养发展智慧》,《教育科学研究》2019 年第 4 期。

[61] 胡庆有：《政治课教师"视野要广"》,《思想政治课教学》2019 年第 10 期。

[62] 胡子祥、胡月波：《思想政治理论课教师教学态度对学生学习态度之影响研究》,《西南交通大学学报》(社会科学版)2019 年第 6 期。

[63] 郝潞霞、韩建新：《论思想政治理论课教师"政治要强"》,《思想理论教育导刊》2019 年第 11 期。

[64] 刘建军：《思政课教师要做有深广情怀的人》,《现代教学》2019 年第 8 期。

[65] 刘丽强、谢泽源：《教师核心素养的模型及培育路径研究》,《教育学术月刊》2019 年第 6 期。

[66] 刘先春、葛英儒：《新时代思政课教师"政治要强"的多重意蕴》,《马克思主义理论学科研究》2019 年第 4 期。

［67］单文鹏：《论思想政治理论课教师“政治要强”》，《北京教育（德育）》2019 年第 5 期。

［68］秦宣：《思想政治理论课教师应树立坚定的政治信仰》，《思想理论教育导刊》2019 年第 5 期。

［69］宋阔：《严明政治纪律，严守政治规矩》，《奋斗》2019 年第 21 期

［70］王光明、张楠、李健：《教师核心素养和能力的结构体系及发展建议》，《中国教育学刊》2019 年第 3 期。

［71］徐奉臻：《视野要广：思政课教师的基本功》，《思想政治教育研究》2019 年第 3 期。

［72］徐志华：《时代中小学思政课教师素养提升的新思考——以崇明区中小学思政课教师队伍发展为例》，《思想政治课研究》2019 年第 4 期。

［73］杨葵、柳礼泉：《高校思想政治理论课教师的德性素养与职业自觉》，《思想理论教育导刊》2019 年第 6 期。

［74］张帆：《高校思想政治理论课教师应具有宽广的知识视野》，《思想教育研究》2019 年第 8 期。

［75］习近平：《思政课是落实立德树人根本任务的关键课程》，《求是》2020 年第 17 期。

［76］中华人民共和国国务院：《新时代高等学校思想政治理论课教师队伍建设规定》，《中华人民共和国国务院公报》2020 年第 13 期。

［77］周德军：《课堂教学中教师情感投入问题研究》，《教学与管理》2020 年第 15 期。

［78］张宝印：《高中生物新教材文本资源开发策略探究》，《考试周刊》2020 年第 48 期。

［79］张成福、谢侃侃：《数字化时代的政府转型与数字政府》，《行政论坛》2020 年第 6 期。

［80］任翠、刘忠铁、胡静：《让有信仰的人讲信仰》，《渤海大学学报》（哲学社会科学版）2021 年第 6 期。

［81］习近平：《总结党的历史经验，加强党的政治建设》，《求是》2021年第16期。

［82］冯秀军：《善用“大思政课”的三个维度》，《思想理论教育导刊》2021年第8期

［83］高其荣：《提升高校思政课教师政治素养的必要性与主要路径》，《湘南学院学报》2021年第3期。

［84］林媛红、张君辉：《论新时代高校思政课教师的素养》《广西社会科学》2021年第4期。

［85］习近平：《坚定理想信念，补足理想之钙》，《求是》2021年第21期。

［86］汪玉峰、韩超楠：《思想政治理论课教师人格魅力的鲜明特征、价值意蕴及其提升维度》，《陇东学院学报》2021年第1期。

［87］颜思思、曹钧：《五大发展理念融入学校思想政治理论课教学探析——以〈毛泽东思想和中国特色和社会主义理论体系概论〉为例》，《高教论坛》2021年第4期。

［88］殷玉新、楚婷：《优秀教师具有怎样的道德素养？——基于对71名美国“年度教师”的深度分析》，《比较教育学报》2021年第4期。

［89］张宗兰、梁大伟：《“双一流”视域下高校思政课教师核心素养的价值、内涵与提升路径》，《教育理论与实践》2021年第3期。

［90］叶澜、王枬：《教师发展：在成人成己中创造教育新世界——专访华东师范大学叶澜教授》，《教师教育学报》2021年第3期。

［91］张宗兰、梁大伟：《“双一流”视域下高校思政课教师核心素养的价值、内涵与提升路径》，《教育理论与实践》2021年第3期。

［92］张俊霞：《新时代思政课教师队伍核心能力结构及其优化》，《中学政治教学参考》2021年第28期。

［93］张意忠、谢昕琦：《高校教师教学情感：意蕴价值、弱化表征与培育策略》，《江苏高教》2021年第9期。

［94］包永梅:《大学教师专业化发展中教学伦理的边缘化及其应对》,《中国高教研究》2022年第8期。

［95］陈道红:《教师的政治素养》,《成才》2022年第18期。

［96］段志鹏、白鸽:《全球视角下未来高校教师核心素养的内涵与培育研究》,《教育理论与实践》2022年第15期。

［97］洪银兴、杨玉珍:《中国式现代化促进人的现代化:内涵与路径》,《南京大学学报》(哲学·人文科学·社会科学)2022年第6期。

［98］孙京京:《教师专业发展中情感素养的价值回归与培养策略研究》,《中国教师》2022年第6期。

［99］王淑荣、董翠翠:《"课程思政"中专业课教师政治素养的四重维度》,《河南师范大学学报》(哲学社会科学版)2022年第2期。

［100］熊晓琳、孙希芳:《高校思政课教师的核心素养及提升路径》,《思想理论教育导刊》2022年第7期。

［101］杨廷强:《新时代思政课教师的核心素养及其提升策略》,《教育理论与实践》2022年第27期。

［102］水菊芳、张阳:《提升教师素养的校本教研理解与建构》,《基础教育课程》2023年第11期。

［103］《教育部关于进一步加强新时代中小学思政课建设的意见》《中华人民共和国教育部公报》2023年第1期。

［104］王振宏、乔瑞:《教师核心素养的四因素结构模型》,《当代教师教育》2023年第3期。

［105］肖银洁、吕宏山:《教育数字化赋能高校教学新形态的风险审视与纾解路向》,《大学教育科学》2023年第2期。

三、硕博论文

［1］Russell B: Theory of Knowledge: The 1913Manuscript (Edited by

E.R.Eames），转引自刘清华：《教师知识的模型建构研究》，博士学位论文，西南师范大学，2004年，第13页。

[2] Dewey J，Bentley A. F.：Knowing and the Known，转引自刘清华：《教师知识的模型建构研究》，博士学位论文，西南师范大学，2004年，第13页。

[3] 王俊：《教师知识结构研究》，硕士学位论文，华东师范大学，2005年，第16页。

[4] 王宪平：《课程改革视野下教师教学能力发展研究》，博士学位论文，华东师范大学，2006年，第5页。

[5] 张伟平：《基于Agent的高校教学知识管理系统》，硕士学位论文，华东师范大学，2007年，第12页。

[6] 杨鸿：《教师教学知识的统整研究》，博士学位论文，西南大学，2010年，第23页。

[7] 林成堂：《教师的感情表演规则研究》，博士学位论文，华东师范大学，2011年，第16页。

[8] 孟德成：《新时期高校思想政治理论课教师素质建设的现状与对策分析》，硕士学位论文，山东理工大学，2011年，第11页。

[9] 赵卫丽：《教师道德素养对大学生德育的影响研究》，硕士学位论文，西安工业大学，2012年，第8页。

[10] 徐继红：《高校教师教学能力结构模型研究》，博士学位论文，东北师范大学，2013年，第50页。

[11] 谢文凤：《论道德态度》，博士学位论文，中南大学，2014年，第13页。

[12] 赵卿：《关于大学生道德素养培育的研究》，硕士学位论文，华东师范大学，2014年，第10页。

[13] 余丽：《新媒体时代大学生道德素养培育研究》，硕士学位论文，武汉轻工大学，2016年，第9页。

［14］陈帆:《核心素养视域下高中语文教师课堂教学能力培养研究》,硕士学位论文,江西师范大学,2018年,第43页。

［15］张震霞:《道德榜样对大学生道德素养的正向影响及其提升研究》,硕士学位论文,湖南大学,2019年,第9页。

［16］徐前芳:《核心素养背景下化学师范生教学能力研究——以湖南师范大学为例》,硕士学位论文,湖南师范大学,2019年,第28页。

［17］李丹:《新时代高校思想政治理论课教师角色定位研究》,博士学位论文,哈尔滨师范大学,2020年,第88页。

［18］唐思敏:《新时代高中思想政治课教师教学素养提升策略研究》,硕士学位论文,湖南科技大学,2021年,第5页。

［19］王艺臻:《新时代高校思政课教师的视野研究》,硕士学位论文,西华师范大学,2022年,第16页。

［20］廖康平:《基于胜任力模型的高职“双师型”教师资格认定标准的优化研究》,硕士学位论文,华中师范大学教育学院,第47页。

四、报纸

［1］习近平:《做党和人民满意的好老师——同北京师范大学师生代表座谈会时的讲话》,《人民日报》2014年9月10日第1版。

［2］习近平:《把思想政治工作贯穿教育教学全过程　开创我国高等教育事业发展新局面》,《人民日报》2016年12月9日第1版。

［3］习近平:《习近平首次点评“95后”大学生:对当代高校学生充分信任、寄予厚望》,《人民日报》2017年1月3日第2版。

［4］习近平:《做党和人民满意的好老师》,《人民日报》2017年9月10日第2版。

［5］习近平:《在北京大学师生座谈会上的讲话》,《人民日报》2018年5月3日第2版。

[6] 习近平：《在纪念马克思诞辰200周年大会上的讲话》,《人民日报》2018年5月5日第2版。

[7] 习近平：《坚持中国特色社会主义教育发展道路 培养德智体美劳全面发展的社会主义假设和接班人》,《人民日报》2018年9月11日第1版。

[8] 中共中央、国务院：《关于全面深化新时代教师队伍建设改革的意见》,《人民日报》2018年2月1日。

[9] 习近平：《用新时代中国特色社会主义思想铸魂育人 贯彻党的教育方针落实立德树人根本任务——在学校思想政治理论课教师座谈会上的讲话》,《人民日报》2019年3月19日第1版。

[10] 吴日明、尹佳炜：《坚持"让有信仰的人讲信仰"》,《新华日报》2019年4月9日第11版。

[11] 陈建强：《伏案四百分钟，只为一堂思政课》,《光明日报》2019年7月11日第9版。

[12] 曹建：《我国高校思政课专兼职教师超十二万七千人》,《光明日报》，2022年3月18日。

[13] 张惠娟：《2020全国中小学德育现状调研报告》,《人民政协报》2020年12月16日。

[14] 习近平：《习近平在清华大学考察时强调：坚持中国特色世界一流大学建设目标方向，为服务国家富强民族复兴人民幸福贡献力量》,《人民日报》2021年4月20日第1版。

[15] 习近平：《凝聚起中华儿女团结奋斗的磅礴力量——习近平总书记关于弘扬爱国主义精神重要论述综述》,《人民日报》2021年10月2日第1版。

[16] 周世祥：《融汇多学科，讲好思政课——记2021年"最美教师"陈明青》,《光明日报》2021年9月11日第4版。

[17] 习近平：《习近平在中国人民大学考察时强调：坚持党的领导传承红色基因扎根中国大地，走出一条建设中国特色世界一流大学新路》,《人

民日报》2022 年 4 月 26 日第 1 版。

［18］习近平:《高举中国特色社会主义伟大旗帜 为全面建设社会主义现代化国家而团结奋斗》,《人民日报》2022 年 10 月 26 日第 1 版。

［19］习近平:《中共中央政治局第五次集体学习时强调加快建设教育强国为中华民族伟大复兴提供有力支撑》,《人民日报》2023 年 5 月 30 日第 1 版。

［20］习近平:《习近平致全国优秀教师代表的信》,《光明日报》2023 年 9 月 10 日第 1 版。

［21］闫莉莉,《思政课教师要更好弘扬教育家精神》,《陕西日报》2023 年 12 月 7 日第 5 版。

［22］邓晖:《用数字化技术激活思政课新生态》,《光明日报》2023 年 5 月 9 日第 13 版。

［23］史册:《乐教爱生、甘于奉献的仁爱之心——弘扬教育家精神系列评论之五》,《光明日报》2023 年 10 月 12 日第 2 版。

［24］吴岩:《数字化是影响甚至决定高等教育高质量发展的战略性问题》,《人民政协报》2023 年 12 月 20 日第 9 版。

［25］万玛加、王雯静:《青海: 银龄支教, 播撒希望》,《光明日报》2023 年 10 月 6 日第 1 版。

五、网页

［1］中共中央宣传部、教育部《关于进一步加强高等学校思想政治理论课教师队伍建设的意见》, 教社科〔2008〕5 号, 2008 年 9 月 23 日。

［2］国务院学位委员会, 关于进一步加强高校马克思主义理论学科建设的意见, 学位〔2012〕17 号, 2012 年 6 月 6 日。

［3］“习近平向全国广大教师致慰问信　李克强与基层教师座谈”, 新华社, 2013 年 9 月 10 日。

［4］“习近平：做党和人民满意的好老师——同北京师范大学师生代表座谈时的讲话”，新华社，2014 年 9 月 10 日。

［5］中共中央宣传部、中共教育部党组，关于加强和改进高校宣传思想工作队伍建设的意见，教党〔2015〕31 号，2015 年 9 月 30 日。

［6］“习近平在全国党校工作会议上强调坚持党校姓党根本工作原则切实做好新形势下党校工作”，新华社，2015 年 12 月 13 日。

［7］中共中央宣传部 中共教育部党组，关于加强和改进高校宣传思想工作队伍建设的意见，教党〔2015〕31 号，2015 年 9 月 30 日。

［8］“习近平在全国高校思想政治工作会议上强调 把思想政治工作贯穿教育教学全过程 开创我国高等教育事业发展新局面”，新华社，2016 年 12 月 8 日。

［9］“习近平：全面贯彻落实党的教育方针　努力把我国基础教育越办越好”，新华社，2016 年 9 月 9 日。

［10］教育部等七部门：教育部等七部门印发《关于加强和改进新时代师德师风建设的意见》的通知，2019 年 11 月。

［11］中共中央办公厅：国务院办公厅印发《关于深化新时代学校思想政治理论课改革创新的若干意见》，新华社，2019 年 8 月 14 日。

［12］中华人民共和国教育部：教育部关于印发《普通高等学校思想政治理论课教师队伍培养规划（2019—2023 年）》的通知，教社科函〔2019〕10 号，2019 年 4 月 18 日。

［13］中华人民共和国教育部，新时代高等学校思想政治理论课教师队伍建设规定，中华人民共和国教育部令第 46 号，2020 年 1 月 16 日。

［14］中共中央宣传部 教育部，新时代学校思想政治理论课改革创新实施方案，教材〔2020〕6 号，2020 年 12 月 18 日。

［15］教育部：《新时代高等学校思想政治理论课教师队伍建设规定》，2020 年 1 月 16 日。

［16］教育部办公厅：教育部办公厅关于学习宣传和贯彻实施《新时

代高等学校思想政治理论课教师队伍建设规定》的通知，2020 年 2 月。

[17] 教育部办公厅：教育部办公厅关于学习宣传和贯彻实施《新时代高等学校思想政治理论课教师队伍建设规定》的通知，2020 年 2 月。

[18] 中华人民共和国教育部，新时代高等学校思想政治理论课教师队伍建设规定，中华人民共和国教育部令第 46 号，2020 年 1 月 16 日。

[19] 中共中央宣传部 教育部关于《进一步加强和改进高等学校思想政治理论课的意见》中华人民共和国教育部政府门户网站 。

[20]“中共中央 国务院印发《关于新时代加强和改进思想政治工作的意见》”，新华社，2021 年 7 月 12 日。

[21] 中共中央办公厅：《关于加强新时代马克思主义学院建设的意见》，2021 年 9 月 21 日。

[22]“办好人民满意的医疗教育事业——习近平总书记在政协医药卫生界、教育界委员联组会上的重要讲话鼓舞人心”，新华社，2021 年 3 月 7 日。

[23] 教育部等六部门，教育部等六部门关于加强新时代高校教师队伍建设改革的指导意见，教师〔2020〕10 号，2021 年 1 月 4 日。

[24]“中华人民共和国国民经济和社会发展第十四个五年规划和 2035 年远景目标纲要”，新华社，2021 年 3 月 13 日。

[25] 中华人民共和国教育部：教育部关于进一步加强新时代中小学思政课建设的意见，教基〔2022〕5 号，2022 年 11 月 8 日。

[26] 教育部等十部门，全面推进“大思政课”建设的工作方案，教社科〔2022〕3 号，2022 年 8 月 10 日。

[27] 教育部：《教育部关于发布《教师数字素养》教育行业标准的通知》，2022 年 12 月 2 日。

[28] 新华社：《建设中国特色、世界一流大学，习近平指出这样一条路》，2022 年 4 月。

[29] 杨玥：《周全中：扎根河湟大地，奉献三尺讲台》，人民网 – 青海

频道，2022 年 5 月 31 日。

［30］教育部：《以高质量发展推进学习型社会、学习型大国建设》，2023 年 9 月。

［31］“习近平致信全国优秀教师代表强调 大力弘扬教育家精神 为强国建设民族复兴伟业作出新的更大贡献 向全国广大教师和教育工作者致以节日问候和诚挚祝福”，新华社，2023 年 9 月 9 日。

六、英文

［1］Ajzen I: Nature and Operation of Attitudes. Annual Review of Psychology, 2001, 52（1）: 27–58.

［2］Day, C. &. Leitch, R.. Teachers' and teacher educators' lives: The role of emotion［J］. T eachingand Teacher Education, 2001（17）: 403–415.

［3］Eagly A H, Chaiken S: The psychology of Attitudes. Fort Worth, TX: Harcourt Brace, 1993.

［4］Gimmestad, M. J. & Hall, G. E. Teacher education programs: structure［J］. The International Encyclopedia of Education, 1991（10）: 5995- 6000.

［5］Haworth D, Browne G.Key Competencies. Second Edition.［EB/OL］,（19920612）［20170402］.

［6］Hamachek D, “Characteristics of Good Teachers and Implications for Teacher Education”, The Phi Delta Kappan, 1969, pp.341–345.

［7］L. Thurstone: Attitudes Can Be Measured. American journal of sociology, 1928, 33（4）: 529 - 554.

［8］McClelland, David C, Testing for competence rather than for" intelligence"［J］. American psychologist, 1973, 28（1）: 1.

[9] Osborn, M. Book reviews: The highs and lows of teaching: 60 years of research revisited [J]. Cambridge Journal of Education, 1996 (26): 455- 461.

[10] Rosenberg M J, Hovland C I: Attitude organization and Change. An analysis of consistency among attitude components. New Haven and London, Yale University Press, 1960: 3.

[11] Renfro C Manning. The Teacher Evaluation Handbook: Step–by–Step Techniques and Forms for Improving Instruction, Jossey–Bass, 1988: 125.

[12] Robert M. Gagne, Leslie J. Briggs, W. Walter: Principle Of Instructional Design. New York, NY: Holt Rinehart and Winston, 1979.

[13] Simpson, Ray. H. Teacher Self–Evaluation [M]. NewYork: Macmillan (The Psychological Foundation of Education Series), 1966: 48.

[14] Simpson R. D. and Smith K. S. Validating teaching competencies for graduate teaching assistants: A national study using the Delphi method [J]. Innovative Higher Education, 1993: 133–146.

[15] Spencer, L. M. Competence at work: Models for superior performance [M]. New York: JohnWiley&Sons. Inc, 1993: 13–14.

[16] Schutz, P.A.&Zembylas, M.Advances in teacher emotion research: the impact on teachers' lives [M]. New York: Springer, 2009, 10: 3–11.

[17] Tickle, L., New teachers and the emotions of learning teaching [J]. Cambridge Journal of Educa –tion, 1991 (21) : 319- 329.

[18] Webster's Encyclopedic Unabridged Dictionary of the English Language [M]. New York: Gramercy Books, 1989: 323.

后　记

学校是培养人才的主要场所，也是意识形态建设的主阵地。青年思政课教师作为学校思政教师队伍的中流砥柱，承担着开展马克思主义理论教育、用习近平新时代中国特色社会主义思想铸魂育人的历史使命，其核心素养的高低关系着学校人才培养的质量，更关乎国家的前途和命运。在国际形势波谲云诡、中华民族伟大复兴蓄势待发之际，青年思政课教师增强自身政治定力，练就上好思政课的过硬本领，培育对教育事业的热爱之情，适应数字化时代新要求，对于回答好培养什么人、怎样培养人、为谁培养人这个根本问题具有重要意义。

我们常说，没有好老师，哪来好课程？没有好课程，哪来好学生？这句话用到思想政治理论课教学上再适合不过了。思政课的本质是讲道理，讲好思政课的道理不是一件容易的事情。当然，也不是谁都能成为一名优秀思政课教师。可见，研究和培育思政课教师的核心素养有多么重要。特别是青年思政课教师这一年轻群体，作为未来思政课的“挑大梁者”，涵养核心素养更是必要。本书的作者一名 38 岁，一名 26 岁，都算是青年思政课教师。写书的过程，既是在尝试思考和解答自身职业发展的困惑，也是在努力回应党和国家对青年思政课教师快速成长的要求。诚然，加强思政教育刻不容缓，学校按照 1：350 配齐思政课专职教师的要求给予了大量青年教师走上思政课讲台的机会。但我们仔细观察就会发现思政教师队伍开始发生变化，年龄结构年轻化、学科多元化等特点出现了。青年思政课教师承担着知识教育和信仰教育双重任务，角色从知识的接受者转变为知识的输送者，同时也增加了许多社会角色。事实上，青年思政课教师思想新潮，善于把握时代脉搏和学生关注的热点话题，能理解青年学生的所思所想，与学生间的代际差异小。通过梳理文献，我们发现学者们对于思政课教师群体研究颇多，但聚焦于青年思政课教师群体的研究相对较少。就青年思政课教师在学校思政课教师队伍建设的梯队而言，处于中流砥柱的地位。迈进新时代，学校思政课教师队伍建设在“增量”基础上转向了“提质”。这一转变，对青年思政课教师的核心素养提出了新要求。

如叶澜老师所言：“只有真正读懂了教师，才能真正知道该如何更好地促进、帮助教师。读不懂教师，不改变教师，则一切都是空话。”基于此，我们立足于青年思政课教师核心素养培育，开启了长达四年的探究征程。四年里，反复咨询专家、查找资料、访谈调研，在一次又一次的搭建、拆除中，最终确定了政治理论、学科知识、专业道德、情感态度、教育教学和数字技术六个核心素养。分析核心素养的构成不是本书的唯一目的，如何培育这些核心素养在一定程度上更为重要。因此，笔者借助“素养冰山模型”的分析框架，基于核心素养显性和隐性、长期和短期、易测和难测等特点，分析了青年思政课教师的核心素养在培育方式、时效、成效等方面需要考虑的问题，以期对青年思政课教师素养培育有所帮助。

习近平总书记指出：“培养社会主义建设者和接班人，迫切需要我们的教师既精通专业知识、做好‘经师’，又涵养德性、成为‘人师’，努力做精于‘传道受业解惑’的‘经师’和‘人师’的统一者。”青年思政课教师核心素养培育的根本目的，是站在中国特色社会主义事业发展的全局战略高度，做好培养担当民族复兴大任时代新人的工作。青年思政课教师作为学生成长成才的引导者、理想信念的铸造者、学生价值观念的塑造者，要始终牢记立德树人的根本任务，不断养成“‘言为士则、行为世范’的自觉，不断提高自身道德修养，以模范行为影响和带动学生，做学生为学、为事、为人的大先生，成为被社会尊重的楷模，成为世人效法的榜样”。完成“筑梦人”的角色使命，在实现“教育梦”和“中国梦”的旅途中彰显青年思政课教师的真正价值。

本书得到了青海大学教学名师培育计划、青海大学一流学科建设项目的支持。在写作过程中，青海大学马克思主义学院研究生伍美橙、汪成凤、孙勇、周盈、阮森、秦惠艳、范巧巧、田菲菲、梁增雯参与了文字梳理、资料收集整理、书稿审读的工作。感谢新华出版社蒋小云老师的悉心指导和丁勇老师严谨仔细地编辑！感谢各兄弟院校的专家学者、同行学友的帮助和指点！落笔至此，书稿写作即将告一段落，但对于青年思政课教师研究的脚步却不会止步。研究这群充满朝气、踔厉奋发的青年思政课教师，让我们收获了宝贵的研究数据，亦见识到了青年思政课教师蕴含的无限能量。同时，也促使笔者坚守在思政课的教学岗位上，向习近平总书记提出的“三为、六要、八个相统一”的标准看齐。